重庆市教育科学规划青年课题：中国式现代化背景下中小学教师培训的迭代升级研究（K23YY2020010）
2024年度西南大学研究生思政项目"中国式现代化背景下研究生辅导员培训的迭代升级研究"（SWUYSZ240202）

数字化转型赋能中小学教师培训的实践路径研究

——基于美国经验的探索

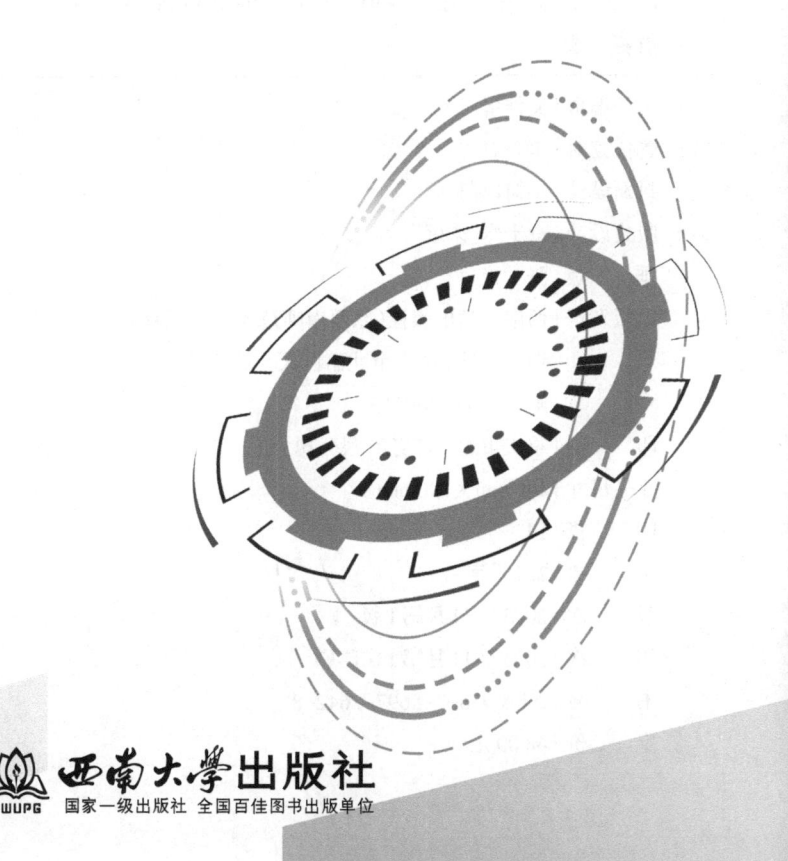

仇淼 著

西南大学出版社
SWUPG 国家一级出版社 全国百佳图书出版单位

图书在版编目(CIP)数据

数字化转型赋能中小学教师培训的实践路径研究：基于美国经验的探索/仇淼著. -- 重庆：西南大学出版社，2025.11. -- ISBN 978-7-5697-2642-8

Ⅰ.G635.12

中国国家版本馆CIP数据核字第2024684KN0号

数字化转型赋能中小学教师培训的实践路径研究——基于美国经验的探索
SHUZIHUA ZHUANXING FUNENG ZHONGXIAOXUE JIAOSHI PEIXUN DE SHIJIAN LUJING YANJIU——JIYU MEIGUO JINGYAN DE TANSUO

仇淼 著

责任编辑｜文佳馨
责任校对｜李　君
封面设计｜小树成荫
版式设计｜殳十堂_未氓
排　　版｜张　艳
出版发行｜西南大学出版社（原西南师范大学出版社）
　　　地　　址｜重庆市北碚区天生路2号
　　　邮　　编｜400715
印　　刷｜重庆市远大印务有限公司
成品尺寸｜170 mm×240 mm
印　　张｜14
字　　数｜227千字
版　　次｜2025年11月第1版
印　　次｜2025年11月第1次印刷
书　　号｜ISBN 978-7-5697-2642-8
定　　价｜48.00元

序言

党的二十大报告对教育、科技、人才进行一体部署,具有深远意义。报告明确指出,"教育、科技、人才是全面建设社会主义现代化国家的基础性、战略性支撑",到2035年,要建成教育强国、科技强国、人才强国。这进一步强化了教育在现代化建设中的基础性、先导性和全局性地位。党的二十大报告围绕"怎样办教育",提出加强教材建设和管理、完善学校管理和教育评价体系、健全学校家庭社会育人机制、推进教育数字化等创新重点,明确教育综合改革的关键领域。

2022年11月16日,中央教育工作领导小组秘书组组长,教育部党组书记、部长主持召开研讨会,就贯彻落实党的二十大精神,有力有效推动新时代教育工作,加快建设教育强国听取意见建议。他强调,要坚持以习近平新时代中国特色社会主义思想为指导,切实提高政治站位,深刻理解并把握好教育、科技、人才在党和国家未来发展中的重大作用;优化高素质教师队伍建设机制,纵深推进教育数字化发展,深化教育国际交流与合作,着力发挥教育对经济社会发展的溢出效应,努力开辟发展新领域新赛道,不断塑造发展新动能新优势。

当今世界正处于百年未有之大变局,全球化进入了反思与调整阶段,而新冠疫情也对世界各国产生了深远的影响。随着信息技术的不断变革和深入发展,国际力量从"一家独大"的单极世界向协同共治的多极世界转变,随之而来的是国际环境不稳定性和不确定性的增加。加之,当今中国正处在实现"两个一百年"奋斗目标的关键时期,改革面临着新的任务和挑战。在此背景下,赢得竞争优势的关键在于高质量的教育体系,而高质量教育体系的根本在于教师,优质的教师队伍是高质量教育体系的基石。

在新冠疫情暴发后,教育的中断和重建不断考验着教师应对危机和变化的能力。2022年,"数字化转型"再次被写入政府工作报告。"数字化转型"是指伴随信息技术飞速发展而产生壮大的系统化变革新方向,将持续改变人类生产及生活方式,开启价值转型新阶段,在新一代信息技术、网络、平台和产品等新型基础设施的支持下,通过开展数据驱动的融合创新行动,实现个人、组织、产业等多层面的系统化变革。打造能够随时应对各种突发状态、线上线下教学自由切换的新型数字化教师培训模式迫在眉睫。教师在线培训是有针对性地提高教学能力以及实现终身学习的重要途径。在线培训是一种依托互联网等电子信息技术,将培训目标、内容、实施过程、评价等因素有机结合成某种标准样式的培训模式。作为一种新型的学习形式,在线培训不是单纯地利用互联网技术将传统线下培训的内容照搬到线上,而是根据参训人员的认知水平、认知能力、学习需求、培训偏好等展开培训。比较研究美国的中小学教师在线培训模式,可以为我国中小学教师在线培训模式的理论研究和实践发展提供丰厚的资料储备,为完善我国中小学教师在线培训模式的设计和实施机制提供参考依据。

前言

党的二十大报告着眼于中国的可持续发展和民族的未来前途,明确指出"必须坚持科技是第一生产力、人才是第一资源、创新是第一动力"。这是对一个国家社会民族发展根本规律具有原创性的深刻概括。科技、人才、创新意识和创新能力的培养都离不开教育,而教育质量与教师能力和教学水平息息相关。当前,党和国家事业发展对高等教育的需要,对科学知识和优秀人才的需要,比以往任何时候都更为迫切。

在线培训是教师有针对性地提高教学能力以及实现终身学习的重要途径。受制于培训目标模糊、培训内容缺乏针对性、培训实施趋于形式化和评价方式缺乏可持续性等问题,我国中小学教师在线培训效果并不理想。美国中小学教师在线培训模式是在发现问题和解决问题的过程中发展起来的,其经验可以为我国中小学教师在线培训模式的发展带来一定的启示。

本书从系统论的视角出发,将美国中小学教师在线培训模式看作一个独立的系统,其由目标、内容、实施和评价四个子系统组成。基于认识到成人的学习是一种基于自身需要、自主驱动、自我经验的建构式学习,学习内容需与成人学习者工作、生活中的实践问题相关,因此,成人教育理论成为本书分析的基本理论支撑。本书运用文献法、案例法和比较研究法,探索了美国中小学教师在线培训模式的发展过程、现实样态、形成的特点、普适性和可借鉴性,并为我国中小学教师在线培训模式的发展提供可行性建议。主要观点和结论如下:

第一章通过对美国中小学教师在线培训模式的历史溯源发现:20世纪40年

代到60年代，美国形成了肯普模式；20世纪70年代到80年代间，形成了史密斯-雷根模式；20世纪90年代至今，形成了尼文模式。当前美国中小学教师在线培训不再以单一目标或内容框定某一固定培训模式，而是以互联网技术为媒介，充分发挥其"个性化""沉浸式""全息化"优势。

第二章阐释了肯普模式的理论建构和实践运作。肯普模式发布初期主要基于行为主义学习理论，随社会不断发展，肯普模式经过多次修改，逐步完善。eMSS项目作为肯普模式的案例代表，呈现出非线性的实施方式。该项目专为工作1—3年的新任教师设计，其在线学习环境相互独立又相互联系，参训教师可以按需选择任意学习空间。

第三章阐释了史密斯-雷根模式的理论建构和实践运作。史密斯-雷根模式作为第二代教学设计的代表模式，充分考虑了学习者的认知水平和认知特征，并在此基础上进行教学三大策略设计，从而达到学习者高效接受知识、内化知识、迁移知识的目的。美国人民大学在线教育硕士计划作为史密斯-雷根模式的实际运用案例，注重培训策略的设计，同时在培训实施过程中强调参训教师对不同教学策略的探索和运用。

第四章阐释了尼文模式的理论建构和实践运作。带有线性和非线性特征的尼文模式在教学设计中重视计算机设备以及电子信息技术的辅助运用。佐治亚州教育者准备计划作为尼文模式的现实案例，致力于为不同层级的中小学教师提供初级准备和高级准备等课程，注重将教育技术融入教育者准备计划各阶段的实施过程中，并强调用教育技术协助参训教师查询、学习、探索、解决问题和分享经验。

第五章对美国中小学教师在线培训模式的独特性、普适性及可借鉴性进行分析后，得出以下结论：第一，受互联网思维的影响，美国中小学教师在线培训模式目标的设计呈现出通过大数据技术全面分析和预测参训教师需求的特征；第二，美国中小学教师在线培训模式的设计始终秉承参训教师需要完整生命成长和专业发展的理念；第三，美国中小学教师在线培训重视以情境任务为导向，建构在线实践共同体；第四，美国带有独特性的教师专业发展标准以及政府、在线培训平台等组织协同保障培训质量。此外,美国中小学教师在线培训模式重视教师的内生需求以及个人发展差异性,且注重将认知主义、建构主义等学习理论融入在线培训项目和平台的设计中,这为我国中小学教师在线培训模式的发展提供了新思路。

  第六章根据对美国中小学教师在线培训模式建构和运行的探索,对我国中小学教师在线培训模式的发展提出四点建议:一是利用"全息化"技术全面、多维收集数据,设计符合教师需求的在线培训目标;二是关注教师个人生命成长和专业发展,为参训教师提供定制化在线培训内容;三是注重参训教师、培训教师以及在线培训平台间多样化的交互方式,促进教师间的经验交流和知识共享;四是重视中小学教师在线培训项目的质量,引入第三方和微认证评估机制,协同政府、教育机构、中小学等多方组织,建立在线培训质量保障体系。

目录

导论 ··· 001
 一、研究缘起 ·· 001
 二、概念界定 ·· 010
 三、文献综述 ·· 013
 四、理论基础 ·· 041
 五、研究设计 ·· 047

第一章 美国中小学教师在线培训模式的发展进程 ······························ 053
 一、萌芽期(20世纪40—60年代)的中小学教师在线培训模式 ········ 053
 二、发展期(20世纪70—80年代)的中小学教师在线培训模式 ········ 061
 三、成熟期(20世纪90年代至今)的中小学教师在线培训模式 ········ 068

第二章 肯普模式的建构与实践运作 ·· 081
 一、模式的建构 ·· 081
 二、实践运作:eMSS项目 ·· 088

第三章 史密斯−雷根模式的建构与实践运作 ······································ 095
 一、模式的建构 ·· 095
 二、实践运作:美国人民大学在线教育硕士计划 ···························· 102

第四章 尼文模式的建构与实践运作 ……………………………………109
  一、模式的建构 ……………………………………………………109
  二、实践运作：佐治亚州教育者准备计划 ………………………116

第五章 美国中小学教师在线培训模式的特性分析 ………………123
  一、独特性分析 ……………………………………………………123
  二、普适性分析 ……………………………………………………138
  三、可借鉴性分析 …………………………………………………147

第六章 美国中小学教师在线培训模式的启示 ……………………169
  一、目标：创新教师需求分析方法 ………………………………169
  二、内容：回归教师专业成长本原 ………………………………173
  三、实施：优化教师专业发展载体 ………………………………177
  四、保障：建立多维在线培训保障体系 …………………………182

结束语 ………………………………………………………………………189

参考文献 ……………………………………………………………………195
  一、中文文献 ………………………………………………………195
  二、英文文献 ………………………………………………………198

附录 …………………………………………………………………………203
  附录一：美国人民大学在线教育硕士计划课程 …………………203
  附录二：佐治亚州教育者准备计划相关标准、教师访问以及工资补贴…205
  附录三：美国中小学教师职后发展相关标准 ……………………212

导论

一、研究缘起

(一)价值凸显:在线培训是中小学教师职后专业发展的重要途径

2021年7月1日,教育部等六个部门发布《关于推进教育新型基础设施建设构建高质量教育支撑体系的指导意见》,将数字教育资源建设列为"教育新型基础设施建设"的六大重点方向之一。[①]2022年4月25日,习近平总书记在中国人民大学考察调研时强调:"好的学校特色各不相同,但有一个共同特点,都有一支优秀教师队伍。"我国始终把教师队伍建设作为基础工作,培养和汇聚打造中华民族"梦之队"的筑梦人。

在终身教育思潮的影响下,教师作为教育者、学习者和知识传播者,需要不断接受培训,促进自身专业能力发展。教师培训是教师终身学习和教师专业发展的重要实施形式。此外,在电子信息时代,生活中已经离不开网络,"活法变了,学法必变""学法已变,教法也必须变"。线上线下融合教学将是未来教学新常态。教师培训从实施空间上分为线上、线下两种。线下培训的特点是实体性,需要参训教师在特定时间去特定地点参加培训。从培训的实施情况看,线下培训较普遍的问题有工学矛盾、寒暑假被占用等,导致教师自愿和主动报名参训的比例较小,大部分教师主要通过单位推荐参加培训。此外,线下培训还会导致培

[①] 教育部等六部门.教育部等六部门关于推进教育新型基础设施建设构建高质量教育支撑体系的指导意见[EB/OL].(2021-07-01)[2023-12-22].http://www.moe.gov.cn/srcsite/A16/s3342/202107/t20210720_545783.html.

训教师和培训场地难以满足中小学教师逐渐攀升的培训需求。

反观在线培训,从培训的形式上看,融合了视频、文字、声音,把传统线下"面对面"的培训扩展到了间接的、纵向的、横向的和时间矢量上的四维立体模式,大幅度降低了培训成本,提高了培训效率;从培训的出发点上看,在线培训强调学习需求是教师的内生动力,激发教师自发地参与培训,并与其他参训教师和培训指导教师进行多维交互,从而实现自身的专业成长。相比线下培训,在线培训可以给予参训教师更多自主选择培训内容的权利,培训成本相对较低,对教师的学习能力、自主能力有更高的要求。截至2017年底,全国1000万余名中小学教师基本完成了教师信息技术应用能力培训。[①]2018年,教育部出台《教育信息化2.0行动计划》,强调大力提升教师信息素养,[②]教育信息化进入了"融合创新、智能引领"的新时期。[③]《教师教育振兴行动计划(2018—2022年)》明确指出:"充分利用云计算、大数据、虚拟现实、人工智能等新技术,推进教师教育信息化教学服务平台建设和应用,推动以自主、合作、探究为主要特征的教学方式变革。"因此,随着"互联网+教师教育"创新行动的深入发展,互联网在教师培训工作中的作用愈加明显。转变教师培训的方式,将其与信息技术有机结合,正逐渐成为教师培训发展的必然趋势。[④]在此期间,我国中小学教师将电子信息技术运用于课堂教学的能力会大幅提升。[⑤]

2020年,在线培训迎来了一次前所未有的发展机遇。新冠疫情打破了我国师生原本的工作和学习节奏,面对延期开学这一不可避免的疫情防控措施,教育部印发了相关指导意见,针对疫情对各级学校正常开学和课堂教学造成的影响,要求采取政府主导、学校主体、社会参与的方式,共同实施并保障学校在疫情防控期间的在线教学,充分利用互联网优势实现"停课不停教、停课不停学"。与此

---

① 中华人民共和国中央人民政府.教育部启动实施全国中小学教师信息技术应用能力提升工程2.0[EB/OL].(2019-04-02)[2023-12-22].https://www.gov.cn/xinwen/2019/04/02/content_5379158.htm.
② 中华人民共和国教育部.教育部关于印发《教育信息化2.0行动计划》的通知[EB/OL].(2018-04-25)[2023-11-22].http://www.moe.gov.cn/srcsite/A16/s3342/201804/t20180425_334188.html.
③ 任友群,冯仰存,郑旭东.融合创新,智能引领,迎接教育信息化新时代[J].中国电化教育,2018(1):7.
④ 郭俊利."互联网+"背景下高校新教师培训路径创新研究[J].湖北开放职业学院学报,2022,35(23):9.
⑤ 任友群,万昆,赵健.推进教育信息化2.0需要处理好十个关系[J].现代远程教育研究,2018(6):9.

同时，教师在线培训也迎来了爆发式增长，促进了数字化技术与教师培训的深度融合。2021年，国际人工智能与教育会议指出，新冠疫情是一场空前的全球性挑战，对教育的创新发展，特别是教育与人工智能等新技术的有机融合提出了更新更高的要求。国家发展改革委也指出要加大力度支持和鼓励各类职业人群参与在线职业技能培训，提升在线培训资源质量，完善在线培训配套服务，让广大人民在特殊时期也能通过线上方式实现专业提升。在线学习的特点在此次疫情中得到充分展现。相关调查显示，有55.31%的教师表示近期已接受相关在线培训，另有36.07%的教师表示虽然近期还没有接受相关在线培训，但接下来会有培训安排；教师接受在线教师培训的主要形式有在线直播视频（占比68.13%）、线上问答答疑（占比56.80%）、电视直播视频（占比43.84%）、线上系列教程（占比34.57%）。由此可见，教师在线培训以在线直播、线上答疑为主。对于已经接受过在线培训的中小学教师来说，在线培训在不同方面提升了其相关技能，尤其是直播技术与平台使用（占比48.70%）、多媒体幻灯片制作技术（占比44.30%）、信息搜索与资源整合能力（占比41.31%）、在线教学策略与方法（占比38.13%）、微课录制和制作技术（32.80%）等五个方面赢得了教师的较多肯定。[1]

总而言之，在这个教师职后教育越来越受重视的时代，基于大量互联网技术和电子信息技术的在线培训项目将成为中小学教师专业发展的一个重要实施方式，其能有效弥补线下培训的不足，充分发挥线上跨越时空的特点，并从中小学教师参训内在需求上着手改善培训效果。

（二）现实问题：我国中小学教师在线培训模式存在急需解决的问题

2020年，教育部印发《中小学教师培训课程指导标准（专业发展）》，明确了"师德为先、能力为重、学生为本、实践导向、分层培训"的理念，确定了教师专业发展能力项指标、教师培训目标和用于教师自我诊断的"发展水平级差表"，为中小学教师培训项目和课程设计提供了指南。开发和设计培训模式的目标、内容、实施过程以及评价标准是培训工作的重要环节。其中，在线培训目标作为内容

---

[1] 杨晓哲,张昱瑾.疫情防控下中小学教师在线教学与在线培训分析[J].现代教育技术,2020,30(3):9.

组织和设计的基本依据，同时也作为在线培训评价的参考标准，具有明确的导向性作用。因此，设计在线培训模式时，首先，需要调查中小学不同层级教师对培训的需求。同时，将教师的实然需求与社会不断变化对教师形成的应然需求结合。其次，要使培训内容符合培训目标，还要符合当下相关法律法规、政策和标准。不同中小学教师群体的培训内容有不同层次之分，可以根据教师自身发展的阶段来设置培训内容。我国学者提出应该建立明确的、有共同目标的、人际关系和谐的、能推动中小学教师专业发展的教师在线学习共同体。然而，我国中小学教师在线培训由于起步较晚，目前存在目标模糊，内容缺乏针对性，实施趋于形式化等问题。

1. 在线培训目标模糊

中小学教师在线培训的目标是提升中小学教师专业能力，从而最终提高学生学习成绩。黄荣怀指出，"以学习者为中心"是目标设计的要领。在规划和设计培训目标前应对参训教师进行充分、详尽的调查，其中包括学习动机、学习需求、学习能力、学习习惯等。然而我国在线培训开发者缺乏对参训教师需求的科学、完整的调研，导致培训目标模糊不清，参训教师不能根据自身认知特点、认知水平和个性化的需求，有针对性地选择在线培训项目。目前高校开展的在线培训多是顶层设计，基于师资建设、学科建设等需求，由学校职能部门集中统一安排，如人事处、教务处、科研处等，依托国家教育行政学院、高校辅导员在线等培训平台，规定完成时间、学习内容、学习形式，大致分为线上课程、回答问题、撰写心得等模块。学习完成后，可在线下载培训电子证书，至此培训完成。此外，出于对效率价值的追求，我国的在线培训开发者在设计在线培训目标时更多考虑易操作性。这种定位模糊，缺乏对教师专业发展中现实问题聚焦的在线培训目标，不仅不能发挥在线培训"因材施训"的优势，而且还会增加参训教师的倦怠感，降低其积极性。

2. 在线培训内容缺乏针对性

盲目选择中小学教师在线培训的内容是当前我国在线培训项目的通病，呈现出"流行什么学什么"的现象。这既是对参训教师积极性的打击,也是对培训人力、物力以及财力的浪费。另外,把教师参训需求与教师岗位要求简单等同,而在线培训内容也只是片面迎合社会、学校等组织的需求,导致本该处于主体地位的教师需求被客观化、边缘化。现阶段在线培训还存在内容"拼盘化"这一突出现象:对不同层次、不同形式和不同主题的培训课程进行随意划分;培训中专题多次出现、培训缺乏针对性、课程间关联性差。在新冠疫情期间,我国学者杨晓哲与张昱瑾对北京、上海、湖北、浙江、河南等23个省市地区的中小学教师进行了在线培训需求调研,其中,只有约十分之一的教师认为相关培训完全满足了他们的需求,约三分之一的教师认为培训比较满足其需求,约三分之一的教师认为培训不太满足其需求,还有将近五分之一的教师表示目前接受过的培训完全不能满足其需求。[①]此外,对培训模式的过度依赖,造成在线培训内容重形式而缺乏实用性的问题,导致培训内容"模式化"。"现实蠢蠢欲动,设计还在路上"这句话非常形象地形容了我国当下参训教师与在线培训之间的矛盾。我国当前对中小学教师在线培训内容的开发和设计还处于"前设计时代",具体表现为照搬线下培训或其他培训项目的内容。由此可见,我国当前中小学教师在线培训缺乏对参训教师需求的前期调研,培训内容存在"拼盘化""模式化"的现象,导致培训内容缺乏针对性,培训效果达不到预期。[②]

3.在线培训实施趋于形式化

在线培训为中小学教师整体质量的提高提供了较为便利的途径,尤其随着"全国中小学教师继续教育网""中国教师研修网""全国高校教师网络培训中心""高校教师专业发展云平台"等教师在线培训平台不断完善和创新,我国中小学教师在线培训实现了跨越式发展。[③]但是,在线培训"冰火两重天"的现象尤为明显。作为当前国家大力推进的教师培训形式,在线培训有充足的资金和政策支持,各类在线培训机构都加大力度投入人力和财力进行中小学教师在线培训项

---

① 杨晓哲,张昱瑾.疫情防控下中小学教师在线教学与在线培训分析[J].现代教育技术,2020,30(3):9.
② 任家熠,吴国帅.OBE教育理念视域下的教师培训课程设计实践与反思[J].中小学教师培训,2019(9):10-11.
③ 武丽志,李立君.培训、学习与发展——教师远程培训平台的际代研究[J].中国电化教育,2014(11):74.

目研发。大量在线培训项目涌入市场后,许多学校为了跟随"潮流",开始要求教师参加在线培训。然而,相当数量的在线培训项目虽然在形式上披上了"在线"的华美外衣,但是项目的内容依旧照搬线下培训内容,大多线上培训资源以单向传输视频的形式呈现。调查发现,当前在线培训课程的播放形式多为移动终端自动播放,中途不需要额外的操作;培训课后习题的设计停留在浅表,参训教师甚至可以不需要学习课程内容,直接在网络上搜索习题答案,在线培训平台对参训教师参训过程的监管往往流于形式。在线培训平台的培训模式本身缺乏对参训教师的监管,并未真正发挥"在线"优势为不同层级、不同能力的教师定制个性化培训内容。由此可见,要真正发挥在线培训的优势,促进我国中小学教师在线培训的发展,就要理解在线的内涵,将参训主体、培训内容和实施方式融为一体。在线培训的本质不是面对面培训的再现,而是利用电子信息技术模拟各种实际情境,高效配置培训资源的个性化培训方式,比如在视频中嵌入问题、知识点、测验、模拟互动等,创造一对一交互、教师公开课等机会。我们在设计在线培训的实施方法时,应该意识到在线培训不是以技术为中心的培训方式,而是以我国中小学教师专业发展为中心,以网络技术为依托的培训方式。

4. 在线培训评价缺乏可持续性

我国市场化的中小学教师在线培训机构在进行评估方案设计时,单纯强调参训教师对是否有名师教学、是否有最前沿的在线培训技术的关注,忽略了参训教师本身的体验,以及在培训结束后对培训知识的迁移和运用,导致评估结果与参训教师的感受不符,出现培训评估结果脱离培训实际效果的现象。在线培训开发者应该意识到,中小学教师参加培训是基于长远的视角,希望通过培训促进自身专业发展,最终实现终身学习。目前,许多中小学教师在线培训项目片面追求评价后"昙花一现"的成绩,主要表现在通过鉴定和给教师培训项目排序来判断培训项目或者培训机构的优劣,呈现出"管理主义"倾向。当前的评估集中在对学习与行为层面的评估,突出对教师培训期间专业知识与技能的学习考察,以此作为培训效果优劣的主要依据。此种评估方法注重结果导向性,仅依据简单的问卷或评价工具对教师培训效果进行判断,较少对教师参训前后的变化程度进行评判,忽略了教师的差异性,如教师学术水平、认知特点的差异。这种凭借少量信息进行判断的做法虽然符合以效率为核心的价值观,降低了评估工作的难度,加快了评估进度,但是缺乏对教师持续性和发展性的评估,可为后续中小学教师在线培训项目的开发和完善提供的经验较少,在一定程度上制约了我国中小学教师的专业发展和中小学教师在线培训模式的发展。

(三)理论困惑:针对中小学教师在线培训模式的研究不够突出

自中国共产党第十九届中央委员会第五次全体会议明确提出"建设高质量教育体系"之后,这一具有纲领性、引领性和导向性的政治话语随即成为中国教育理论界与实践界共同的高频词,成为政策话语、理论话语和实践话语合而为一的代表。这是在中国提出并引发的大讨论,但却是全球各国共同的理想追求和发展目标。没有一个国家不追求"高质量"的教育及其体系,尽管对其有不同的理解方式和实践方式。基于这一共同目标,在中国提出,在中国建设和在中国研究与实践的"高质量教育"究竟如何体现"中国特色",又由哪些特质或要素构成?这就成为不能不回答的两个重要问题。整体来看,高质量教育体系的"中国特色",表现为"中国方向""中国立场""中国目标""中国问题""中国文化""中国体系""中国学派",并最终汇聚为"中国贡献"。联合国教科文组织2021年发布的研究报告《人工智能与教育:政策制定者指南》指出,人工智能(Artificial Intelligence,AI)有望解决当今教育面临的部分重大挑战,革新教学实践,最终加快迈向可持续发展目标4的进程。2017年7月,国务院发布的《新一代人工智能发展规划》明确提出,利用智能技术加快推动人才培养模式、教学方法改革,构建包含智能学习、交互式学习的新型教育体系。2019年5月,习近平总书记向国际人工智能与教育大会致贺信,强调要充分发挥人工智能优势,加快发展伴随每个人一生的教育、平等面向每个人的教育、适合每个人的教育、更加开放灵活的教育。[1]教师在线培训模式的完善和发展一直是教育界各学者研究的重点,目前已有大量对我国教师在线培训模式不同视角的研究,也有对不同国家教师在线培训模式

---

[1] 习近平向国际人工智能与教育大会致贺信[N].人民日报,2019-05-17(1).

构建的描述、比较研究。具体来说,当前对我国教师在线培训模式的不同维度划分进行研究已成为此类研究的趋势,比如对培训模式的目标、内容、实施过程及评价进行研究。其中,对我国教师在线培训模式的研究中,既有关于构建新在线培训模式方法的研究,也存在解决已有在线培训模式问题策略的研究。此外,当前对发达国家,比如对美国、英国、日本在线培训模式的描述和比较研究多于对发展中国家在线培训模式的研究,我国学者希望通过对发达国家在线培训模式构建的研究,借鉴其成功的经验。然而,我国现有在线培训的研究并未很好解决中小学教师在线培训模式构建和完善的实践性问题,较多研究仅仅是纸上谈兵,缺乏实践指导意义。

中小学教师有别于其他学段的教师,比如高校教师,中小学教师在线培训项目的内容设计应充分考虑中小学学生的特殊性:儿童和青少年正处于身心发展的关键阶段。因此,我国应该进一步加大对中小学教师研究的关注力度。此外,中小学教师在线培训模式的构建是一个动态变化的过程,一个时期的在线培训不能完全适应于另一个时期,同样,中小学教师的参训需求也在不断产生变化。这是因为,中小学教师在线培训模式具有较强的历史性特征,其建构处于社会历史文化背景、经济发展背景以及教育体制背景等因素的影响之中。这些因素构成的背景在不同程度、不同方式下对在线培训开发者、参训教师等主体产生影响,最终形成不同的在线培训模式。若在线培训的实施与参训教师的需求不匹配,说明该种在线培训并不能满足教师的参训需求,也不能解决中小学教师日常教育教学活动中实践性的问题,那么,该种在线培训即便有中小学教师参加也是低效甚至无效的。

(四)他者参照:美国中小学教师在线培训模式具有较强借鉴性

张祥龙曾说过:"我自认还没有那样的能力,能够完全不求助于西方而让华夏的古文献自己说出新话语,获得当代的新生命。"[①]比较研究不同国家的中小学教师在线培训模式,可以为我国中小学教师在线培训模式的理论研究和实践发

---

① 张祥龙.从现象学到孔夫子[M].北京:商务印书馆,2022:9.

展提供丰厚的储备,为完善我国在线培训模式的设计和实施提供参考依据。美国作为在线培训开展较早、规模较大的国家,其在线培训是在发现问题、解决问题这一过程中逐渐发展起来的。在面临相似问题时,美国已有经验可以为我国在线培训模式的设计和完善提供参考依据,比如,培训目标与内容要充分考虑参训教师的实际需求,把教师的需求放在中心地位;对在线培训订立标准以保障质量。

在新冠疫情的影响下,许多中小学应要求与在线培训平台和机构合作开展了在线培训,一开始,许多中小学教师对在线培训不熟悉,甚至非常抗拒,虽然后来他们渐渐接受了在线培训,并认为在线培训是教师培训的未来发展趋势,但他们在线上培训中暴露出的问题,如在线培训保障技术较弱、参训教师信息技术应用能力不足、线上教育师生互动和情感交流不足等,引人深思。究其原因,是我国在进行在线培训模式设计时并未突出互联网技术跨时空、个性化的优势,仅仅僵化地将线下学习内容"拿来"播放,缺少师生间的交互。此种现象与我国缺乏相关在线教育的经验有关,因此,借鉴美国在线培训模式的成功经验对于提高我国中小学教师在线培训效果有良好的积极作用。

制定在线培训的标准,保证网络教学的质量也是美国在线培训的一个重要经验。北美网络学习委员会作为保障美国在线教育质量的重要组织,在2007至2009年相继发布了《全美网络课程质量标准》《全美网络教学质量标准》《全美网络项目质量标准》,以保证美国在线培训课程内容的质量。北美网络学习委员会还将在线培训指导教师、领域内专家、教育技术专家引入网络课程评估工程(The Online Course Evaluation Project)中,保障美国在线课程的整体质量。其评估专家会根据培训目标的制定、内容的针对性、在线培训的界面、培训特色与媒体实用性、教育技术与项目的融合性等方面对在线培训项目进行评估。[①]由此可见,美国在线培训模式在设计和开发之前,就已经订立具体质量标准和要求,使其不仅符合州或国家的要求,也能保证在线培训的开发者充分了解教师的个性化要求。

---

① 叶宝生,曹温庆.从网络课程、网络教学和网络项目的三个标准看美国网络教育[J].电化教育研究,2010(9):88-89.

美国长久积累的大量成熟经验与实践成果,对我国中小学教师在线培训模式的理论与实践发展具有积极的指导意义。但是,不同国家国情不同,对中小学教师专业发展的要求也有所差异。因此,借鉴美国中小学教师在线培训模式设计和实施的经验时,应该结合我国的历史、国情和现实状况,使美国经验"本土化"。

二、概念界定

(一)中小学教师职后培训

从培训的词源意义上追溯,"培"和"训"最早除了有"养""育""修"的内涵外,还涵盖了"导""道""说教"等内容。直到近代,"培训"才逐渐与一般的教育行为区分开,[①]比如,《辞海》对"培训"的解释清晰简洁,即"培养训练"。[②]培训的英文"train"则有"训练、培养、教育、修整"等含义。随着"训练"的作用越来越突出,"培训"的内涵逐渐聚焦于以技能提升为主要目的,具有规范组织形式的在职进修形式。因此,培训可以被界定为运用科学的方法和技术,从专业知识、专业技能以及日常态度等方面为参训者提供学习内容的行为,其目的是帮助参训者提高、更新专业知识和技能以胜任工作岗位,调节参训者的态度和心理以应对更多挑战。黄甫全认为,教师培训的含义为通过提供完整的、连续的学习经验和活动来促进教师专业的、学术的和人格的发展。[③]教师培训在西方又被称为在职教师的教育与培训(In-service teacher education and training)。马丁和郑兰琴认为:"教师培训是指教师进入岗位以后参与的学习活动。这种学习活动即培训,是有计划和有组织的,但不包括教师个人自由选择的学习活动。"[④]《中华人民共和国教师法》(2009年修正)第四十条第三项规定:"中小学教师,是指幼儿园、特殊教育机构、普通中小学、成人初等中等教育机构、职业中学以及其他教育机构的教

[①] 凌云志.行动导向的教师培训者培训研究[D].长春:东北师范大学,2019.
[②] 夏征农,陈至立.辞海:第六版彩图本[M].上海:上海辞书出版社,2009:1713.
[③] 黄甫全.新课程中的教师角色与教师培训[M].北京:人民教育出版社,2003:128.
[④] 马丁,郑兰琴.培训课程设计与开发[M].北京:中国铁道出版社,2011:5.

师。"中小学教师职后培训的特点是中小学教师教学内容、教授学生的心理特点、认知特点、认知水平等所决定的。实践性是中小学教师突出特征之一,因此中小学教师职后培训应从实际出发,为参训教师创设情境,解决参训教师日常教育教学中的实践问题,比如对课堂的管理能力,对信息的收集、提取、分析能力等,帮助教师在情境中建构新的知识,[1]其专业成长可以通过参加职后培训这一方法手段实现。中小学教师职后培训会受到不同时期社会、经济、科技发展的制约,以及不同社会背景下对中小学教师要求变化的影响,中小学教师职后培训的内涵、理念、目标、内容、形式、评价等方面也会随之调整。[2]

(二)在线培训

在线培训被美国培训与发展协会(ASTD)定义为借助互联网(Internet)、企业内部网(Intranet)、企业及其相关的组织之间建立的内部网络(Extranet)、卫星广播(Satellite Broadcast)等电子数字技术来传递教学内容的学习方式。[3]作为一种新型的远程学习形式,在线培训不是单纯利用互联网技术将传统线下培训的内容照搬,而是一种把参训人员认知水平、认知能力、学习需求、培训偏好考虑在内的新兴培训方式。依托电子信息技术、虚拟现实技术的学习被称为在线学习(E-learning),这种新型学习方式通过互联网将学习者彼此连接,对教育实践、学习过程都产生了较大的影响,在一定程度上改善了学习的结果。彭文辉等人认为,网络学习行为是一种学习者通过内生的学习需求刺激,在自我评估认知特点、认知水平以及学习习惯和偏好后,主动调控自身行为和认知系统而展开的,依托互联网的,获得新知识的行为。[4]相较于在线培训来说,在线学习的侧重点在于新知识的获得,认知能力的提高,而培训更侧重于实践,如提高解决工作问题的能力。当然,在线培训也是一种新型学习方式,寓于在线学习之中。换句话

---

[1] 张坤香."TMS共同体"教师培训课程研修模式的建构与实践[J].中小学教师培训,2019(7):8-9.
[2] NEWSTROM J W.Leveraging Management Development through the Management of Transfer[J].Journal of Management Development,1986,5(5):33-35.
[3] ROSENBERG M J.Beyond E-learning:Approaches and Technologies to Enhance Organizational Knowledge,Learning,and Performance[M].San Francisco:Pfeiffer,2006:148-149.
[4] 彭文辉,杨宗凯,黄克斌.网络学习行为分析及其模型研究[J].中国电化教育,2006(10):32.

说,在线培训是利用电子信息技术、虚拟现实技术、大数据技术和移动设备促使学习者能力提高的学习活动。其中,在线培训的人员配置、实施流程、职责分工等都对在线培训的实施有影响。[①]因此,本研究认为在线培训是一个依托互联网、企业内部网等电子数字技术的,培训内容个性化,注重知识共享的,以更新专业知识和提升工作所需技能为主要目的的,规范的进修方式。

(三)在线培训模式

在牛津词典里,"Model"一词的意思有small copy、design、description of system、example of copy等,可译为:模型、模式、设计、系统描述、可仿效的样板等。在《现代汉语词典》中,"模式"的定义为:某种事物的标准形式或使人可以照着做的标准样式。"模式"通常指研究后抽象出来的方法论以及一种可以指导行动的简化结构,其在教育学中大致有三层含义:第一,模式是指教育在一定社会背景和历史条件下形成的具体样式;第二,模式指的是能够反映某个国家教育制度特点的模型;第三,模式还可指向某种教育和教学过程的范式,反映了活动过程的程序、方法和特点。[②]李荣生和刘宇认为培训模式是指学校、企业等相关组织实施培训工作的标准形式,其中包括培训项目的确定,培训目标、内容、实施步骤、质量保障的设计等步骤。[③]培训模式则是将培训各组成要素,培训目标、内容、实施过程及评价进行分析和归纳,同时将各要素的关系及培训过程抽象成直观表达的理论标准范式。比如,用于企业培训的系统培训模式、所罗门模式和用于教师培训的双重心模式、任务驱动式模式等。

科密特认为大多数培训模式由五个步骤构成:分析培训需求,根据预期效果设计培训模式,制定培训框架(确定培训资源、通知参训人员),实施培训,评价培训效果。[④]在线培训模式是参照某种标准形式,同时利用电子通信技术、计算机

---

① 申文缙.教师专业发展视域下德国职教师资培训体系研究[D].天津:天津大学,2017.
② 刘朝锋.综合化背景下美国小学教师职前培养模式研究[D].长春:东北师范大学,2016.
③ 李荣生,刘宇.企业培训模式发展及其在国企的构建[J].中国培训,2007(7):8.
④ BURLEY K.The Five Phases of Training Model[EB/OL].(2019-01-25)[2023-11-20].https://bizfluent.com/info-8302159-five-phases-training-model.html.

网络技术、多媒体技术、手机无线网络等对学习者进行培训的行为模式。[1]美国学者道德拉斯认为在线培训模式是在线培训设计团队利用互联网功能,将培训目标分解为可教授的基本组成部分,并有效地对学习者学习的体验进行排序,以使学习者能够达到终端学习效果,同时在设计过程中应考虑学习者与教师、学习者与课程界面、学习者之间的互动以及学习者与培训内容之间的交互关系。

美国中小学教师在线培训的主要目的是要为中小学教师建构一个平等合作的在线学习共同体,帮助中小学教师进行知识更新,提高中小学教师的批判性思维能力和创新能力,让中小学教师拥有足够的能力来应对社会不断发展带来的挑战和机遇。[2]中小学教师在线培训的开发和设计会受到相关政策的影响,比如美国政府发布了《不让一个孩子掉队法案》(*No Children Left Behind Act*)[3]、《变革美国教育——技术推动学习》(*Transforming American Education—Learning Powered by Technology*)等,对教师培训提出了明确要求。美国中小学教师在线培训模式还会受到社会发展对教师的要求,学生对教师素质的要求,"好教师"标准变化对中小学教师的要求,学校对中小学教师的要求和参训教师自身发展的需求等因素的影响。通常情况下,美国各州的发展对中小学教师要求的变化是制定在线培训模式时需要考虑的主要因素,这是因为社会发展的要求会直接影响教师参加培训的需求以及学校对教师的需求。

三、文献综述

(一)关于国内中小学教师培训模式的研究

目前,关于国内中小学教师培训模式的研究可以从线上培训模式和线下培训模式两个视角出发,主要分为目标、内容、实施方法、评价方法、我国当前在线培训模式存在的问题和解决策略,以及在线培训的优势和未来走向几个维度。

---

[1] 徐莉莉.在线培训:澳大利亚教师入职培训的重要补充[J].外国中小学教育,2008(9):52-54.
[2] 齐道芳.美国中小学教师在职培训的历史发展研究[D].武汉:华中师范大学,2018.
[3] 胡永斌,龙陶陶.美国基础教育信息化的现状和启示[J].中国电化教育,2017(3):39-40.

1. 关于国内中小学教师线下培训模式的研究

靳希斌在《教师教育模式研究》一书中指出,自20世纪80年代以来,我国中小学教师培训模式根据培训的内容和形式可分为:反思模式、"教培研"一体化模式、校地合作模式、分层模式、主题核心模式等。[1]中小学教师培训目标应该是多层次的,首先应确认不同教师的参训需要。概括地说,社会、学校各方对教师提出的要求除去教师个人已有的能力,就是教师的学习需求。即在设计培训目标时,既要研究内在目标,又要研究外在目标,并使二者互相统一。分层分析法通常用于对学习需求的分析,同时对参训教师的个人背景、职业阶段等进行分层分析。总的来讲,中小学教师培训的内容和实施方法应该与培训目标保持高度一致,如果培训的内容与其目标不相匹配,那么培训毫无意义。具体来说就是中小学教师培训内容的设计和培训实施所有的设置,包括教学活动、参训教师和培训教师交流的过程、培训的实施手段、培训内容组织等,都指向特定的培训目标。培训目标是培训实施后想要得到的结果,其既是参训教师学习的方向,又是培训项目开发者在设计培训内容时要瞄准的目标。培训目标不仅受到参训教师需求影响,也受到学习媒介和资源的影响不断变化。因此,在设计培训目标时,不应为了"模式"就锁定目标,而应该综合考虑,随时修正目标。[2]杨龙立指出,开发教师职后培训目标时应先评估现状,收集大量资料,发掘教师对相关培训的期望和要求,比如可以借助SWOT(Strengths、Weaknesses、Opportunities、Threats)分析法进行现状分析。[3]

面对我国当前教师职前培养和职后培训的机构和组织勾连性较弱,内容连续性较差等问题,应该建立教师职前职后一体化培训,促进教师终身教育体系的形成。[4]余莲提出教师的领导能力、教育教学能力以及管理能力的提高是当前教

---

[1] 靳希斌.教师教育模式研究[M].北京:北京师范大学出版社,2009:159.
[2] 杨开城.浅论课程开发理论中的角色分析和知识组件[J].教育理论与实践,2004,24(5):46-47.
[3] 杨龙立.校本课程的设计与探讨[M].广州:广东教育出版社,2005:24,140-142.
[4] 周南照,赵丽,任友群.教师教育改革与教师专业发展:国际视野与本土实践[M].上海:华东师范大学出版社,2007:7.

师线下培训模式的主要内容。①合理的教师培训应包含恰当的学习内容和学习过程,应与参训教师的生活、工作经历紧密联系,还应关注参训教师的情感世界,设计有针对性的培训内容,帮助其有效利用时间进行高效学习。培训内容从结构上来分,通常包括本体性课程、条件性课程和实践性课程。教师线下培训内容的设计可以以日常教育教学中所遇问题为体系,案例为基础,采取主题模块设计;也可根据不同地区的需要,设计具有地方特色的内容。沈霞提出"综合—探究—创新"的科学教师培训模式,该模式要求在培训课程内容上突显"综合"与"探究"。②胡华认为,中小学教师培训的三大主要内容是:学科知识、教学知识与方式以及教学反思能力。③同时,还应该关注教师在线培训的课程内容、学习资源和学习活动。

周洪宇认为我国中小学教师培训应该打破原有模式严格计划性的特点,创新中小学教师培训模式,使其能够及时且敏锐地反映出社会变化对中小学教师提出的新要求。杨开城、李波等人认为在中小学教师培训实施的过程中,教师参与度越高,培训的效果就会越好。教师参与度不只表现为对培训过程中提出的问题做单向、简单的回答,而是以各种丰富多样的行为参与到培训内容的学习中去。王杰指出,设计合理的、丰富的培训课堂活动可以提升课堂氛围,提高参训教师的学习兴趣。于建川认为多元评价的方法,除了对培训的主体——参训教师进行评价外,还应该引入参训教师对培训指导教师、培训项目的评价,学生家长对参训教师培训后变化的评价,学校对参训教师的评价等。④孙景源认为中小学教师线下培训评价主要是对课程效果的评估,评价设计的基本原则是可行性原则,各类的评价方式和评价指标的设定都应该符合参训教师的实际状况。⑤王云阁指出,基于课程指导标准的中小学教师培训,可以为参训教师提供"自我会诊"表格,以便教师自我诊断,分层施训,培训基本框架为"临床会诊—知识补

---

① 余莲.个性化教师培训的反思及策略[J].高等继续教育学报,2014,27(2):75.
② 沈霞.初中《科学》教师培训模式新探[J].上海师范大学学报(基础教育版),2006,35(11):68.
③ 胡华.我国中小学科学教育研究的现状与未来发展——基于2009~2018年期刊论文的分析[J].上海教育科研,2020(1):32.
④ 于建川.国外教师校本培训的经验及其启示[J].中小学教师培训,2003(2):62-63.
⑤ 孙景源.新课程师资培训模式研究[M].济南:山东大学出版社,2004:141-142.

给—实践体验—自我反思—跟进回访",体现了"诊测、补给、实践、反思、跟进"五位一体的整体架构。①评价的主要作用是评估在培训项目中特定目标和意图的实现程度,以分析培训实施的有效性并确定相应的改进培训项目的策略。胡庆芳认为需要将形成性、终结性评价相结合,评估参训教师的培训效果。②

从中小学教师培训的影响因素来看,设计符合参训教师年龄层次、专业发展阶段和学习需求的中小学教师职后培训,有利于因材施教;按照参训教师所教授学科设计培训,可以突出不同学科的特色。有学者提出中小学教师培训应该考虑教师的自由度。教师自由度是指学习者在多大程度上可以调整培训课程中的预设,包括任务、媒体、学习规则等,合理设置自由度可以提高培训实施中教师的自主性。影响中小学教师培训的因素可分为内在因素和外在因素。内在因素包括参训教师的认知特点、认知水平、参训动机、参训积极性、学生家长的支持等;外在因素有社会变化对人才不同的要求以及科技因素、社会经济发展因素等。《教师教育改革与教师专业发展:国际视野与本土实践》一书指出,我国人口众多,各个地区的发展并不平衡,想要通过传统的教师培训模式创建一个全国性、高质量的教师职前职后一体化培训体系几乎不可能,因此利用电子信息技术整合和优化教育资源,对我国教师职前职后一体化培训体系的建立具有重要推动作用。③严薇薇等人认为注意力控制是影响学习的认知因素之一,包括注意力分配与注意力转移两种认知模式。④而注意力则是充斥着多样化信息的大数据时代的稀缺资源。⑤中小学教师培训实施的过程就是一个教与学的过程,其中,教师、学生、课程内容和实施手段是主要组成部分,教师与学生作为教学活动的主导和主体又是最为活跃的因素。因此,参训教师与培训指导教师的关系是设计

---

① 王云阁.基于课程指导标准的新教师培训模式研究——以大兴区小学语文学科为例[J].中小学教师培训,2019(3):20.
② 胡庆芳.中小学教师培训课程建设研究[J].教育发展研究,2011,31(Z2):91.
③ 周南照,赵丽,任友群.教师教育改革与教师专业发展:国际视野与本土实践[M].上海:华东师范大学出版社,2007:9.
④ 严薇薇,旷小芳,肖云霞,等.基于深度学习技术的注意力转移模式的挖掘——以二语学习者的眼动数据为例[J].电化教育研究,2019,40(8):30.
⑤ ATHREYA B H, MOUZA C.Thinking skills for the digital generation:The development of thinking and learning in the age of information[M].Switzerland:Springer,2017:97-98.

中小学教师职后培训时需要纳入考虑的因素。有学者指出中小学教师培训的内容是培训开发者和参训者之间交流和沟通的桥梁，它应该按照教师接受的方式设计，把参训教师的需求、个人经验和已有知识基础等都考虑在内。在中小学教师培训的话语设计中，较多采用行动研究、自我体验和课程反思等形式。所谓行动研究是指让参训教师在充满行动的思考和充满思考的行动中理解、接受培训内容。自我体验包括内在和外在体验两个维度，其目的是让参训教师在课程中以个人经验作为出发点，养成自主学习的习惯，获得经验性知识。课程反思则包括内部和外部因素反思两个层面。[①]杨龙立认为影响教师专业发展的因素是多样化的，主要包括教师所处学区的经济水平、教育资源、对教师的要求、师资水平等。[②]周洪宇认为，建立我国中小学教师培训体系时应考虑城乡教育均衡化的需要、以人为本的培训理念，以及教师培训国际化的发展趋势等因素。[③]

2. 关于国内中小学教师在线培训模式的研究

胡庆芳提出在设计中小学教师在线培训目标时，应该听取大学学科专家意见，这是因为大学学科专家拥有学科前沿知识，以此可以完善在线培训的学科知识模式。[④]在线培训目标包括培训的总体目标、章节的目标和每节课程的具体目标。每章和每课的目标应包括知识学习和认知过程领域中尽可能多的方面。每个小目标都必须为大目标服务。教育目标是参训教师必须达到的最低目标，可以根据参训教师的行动时间、准确性、完整性等来判断。王钦敏和余明芳认为应从建构教师师风师德、扩展教师专业知识以及增强教师专业自信心几方面考虑中小学教师在线专业发展的目标。[⑤]

从中小学教师在线培训的自身特点来看，在线培训课程目标不仅要有较强的指导性，而且要体现教师明显的专业特色。在线培训目标既要达到中小学教师的客观职业要求，又要考虑中小学教师对于自身发展的主观需求。参训教师

---

① 孙景源.新课程师资培训模式研究[M].济南：山东大学出版社，2004：18-20.
② 杨龙立.校本课程的设计与探讨[M].广州：广东教育出版社，2005：139-150.
③ 周洪宇.教师教育论[M]北京：北京师范大学教育出版社，2010：84.
④ 胡庆芳.中小学教师培训课程建设研究[J].教育发展研究，2011，31(Z2)：90-91.
⑤ 王钦敏，余明芳.高中数学骨干教师培训课程设置的目标与途径[J].中小学教师培训，2016(11)：15-16.

的学习需求和当代社会生活的需求等不同因素都会影响中小学教师在线培训目标的设置。具体来说，社会地位、经济水平、学校对教师的支持、职位晋升等都会造成教师理想状态与实际状态之间的缺口。这些因素相互关联，并影响培训目标的设置。孙世梅认为"在线"的一大特点是突破了时空限制，因此，我们应该充分发挥这一特点，一方面，最大限度地将教学资源和人力资源整合；另一方面，通过异步环节，进行碎片化互动、学习、答疑，最终形成相互支撑、相互补充的在线资源体系，提高参训教师的投入度和积极性。[1]有学者认为在确定在线培训目标时应发挥"在线"的优势，充分考虑参训教师的个体差异，并设定灵活性和多样性的在线培训目标。此外，教师专业发展的目标应该与教师内生的需求相统一，并强调知识、技能和价值观的"三维"整合，其中教师的教学能力和解决问题的思考方式需要特别注意。[2]秦瑾若和傅钢善认为在STEM在线培训项目的实施中，互联网技术、3D打印技术、电脑、平板电脑等技术工具已经取代了黑板、粉笔和实体的教室。参训教师利用先进的学习工具和信息技术，在情境中进行"沉浸式"学习，此种身临其境的培训方式促使参训教师将所学知识迁移到日后的实际教学中，并创造性地解决问题。[3]

中小学教师在线培训的内容设置应该基于培训目标和培训对象的特点。培训内容应该拓宽参训教师的知识面，提高其教育教学技能，深化其专业情意，又关注个人价值与社会效益。[4]培训课程的内容也应相对丰富，如学习任务单、学习支架、培训地图、微课程、实践案例、学习评价单等。苏炜认为中小学教师在线培训的内容除了教师实践技能，如教学计划制订、课堂管理、与学生和学生家长相处的能力、信息收集和处理能力等外，还应该包括传统教育学理论知识和所教授学科前沿知识的更新和补充，如中小学语文、中小学数学、中小学地理、中小学

---

[1] 孙世梅.在线培训的"应为"与"不为"[J].教育理论与实践,2021,41(5):38.
[2] 蒋维加,周赞梅.论农村中小学教师培训课程体系的构建[J].当代教育理论与实践,2012,4(1):39.
[3] 秦瑾若,傅钢善.STEM教育:基于真实问题情景的跨学科式教育[J].中国电化教育,2017(4):69.
[4] 王姣姣.教师培训课程研究的新视角——以11份"国培计划"课程方案为例[J].教育理论与实践,2015,35(14):36.

政治、中小学生物等学科课程知识。①此外,根据性质,在线培训课程可分为必修课程、专业核心课程、专业选修课程、选修课程、实践课程等;根据结构,在线培训课程可分为入门课程、专业课程、高级课程等;根据内容,在线培训课程可分为学科前沿知识拓展课程、师德师风课程、教育技术运用课程、教育学知识进阶课程、儿童和青少年心理发展课程、儿童和青少年身体发展课程、科学研究课程、信息收集和处理课程等;根据呈现方式,在线培训课程可分为同步交互课程、异步交互课程、点对点视频课程、语言交流课程、视频播放课程、微型碎片课程等。马宁等人指出,将知识图谱工具引入在线培训,采用教师协同建构知识图谱的方式,可以有效解决在线培训中知识内容缺乏结构性的问题,促进教师实践性知识的增长。②卢秀则提出,在设计在线培训内容时,应走出"学习内容就是知识和技能"的固化思维误区,依托知识,培育情感,最终内化知识,习得方法。③张巧文针对广西乡村学校薄弱科目缺乏师资且师资水平不高的问题,提出基于"互联网+"采用"双师教学"的新型培训模式,在开展教学的同时,也为教师提供伴随式的教师培训。④2022年,河北省"国培计划"参考了"国培计划"课程标准,众多专家、教师培训者及参训教师共同、动态地制订了培训课程计划。2021年,浙江省"名师校长培养工程"则是通过网络实时互动,根据各个参训教师的特点和需求配备相应的指导老师,并为其规划两年内的专业发展目标及发展计划。⑤

祝智庭等学者在《现代教育技术——走进信息化教育》一书中指出,教育技术学是现代教育科学发展的重要成果,教育技术参与教育过程,改变了整个教育

---

① 苏炜.中小学教师远程培训课程内容与方式的研究——网上培训课程模式研究[J].山西广播大学学报,2015(3):14.
② 马宁,谢敏漪,马超,等.网络环境下知识图谱协同建构对教师实践性知识的效果研究[J].教师教育研究,2019,31(4):95-96.
③ 卢秀.教师在线培训课程设计的问题及优化——基于全视角学习理论的分析[J].中国成人教育,2022(12):41.
④ 张巧文.基于互联网+的"双师教学"模式的应用策略——以广西乡村小学语文教师专业能力培训为例[J].电脑知识与技术,2021,17(33):245-246.
⑤ 焦建英,唐琼一,茅育青.小班化教师同步在线培训设计实施与问题反思——以小学道德与法治浙派名师培养项目为例[J].中小学教师培训,2022(8):22-23.

过程的模式。①促进教育公平、提高教育质量和发展"互联网+"教育是我国教育发展面临的三个"新常态"。②随着电子信息技术和虚拟现实技术等的快速发展，当前中小学教师职后培训的实施有了丰富多样的技术支持，除了视频课程、主题讨论、领域内专家实时报告等传统在线培训的实施形式外，运用新兴教育技术的在线培训实施方式层出不穷。同时，发挥电子信息技术的优势，建立预设性和生成性资源库，想参训教师之所想，急参训教师之所急。目前，中小学教师在线培训项目实施方式之一是同时以教师和学生为中心，既能发挥教师指导作用，又能充分体现学生认知的双主体实施方式。张云舒等人提出了"在线理论学习、在线实践学习及线下实践操作"三个环节紧密相扣的在线培训方式有利于参训教师对知识的吸收和内化。③"主题导向型""任务导向型""实践导向型""问题协作型""观摩实践课堂型""协作分享型"等中小学教师在线培训模式根据不同参训教师的参训需求、认知水平、学习偏好等进行了培训内容的定制。山东省省级校长培训立足于扩展在线培训外延，依托数字技术，关联"智库（Think Tank）""研究（Research）""预测（Prediction）"等环节，构建了"培训+智库+研究+预测"（OTRP）一体化的在线培训模式。④教师本位的在线培训课程以教师需求为主，可以发挥互联网个性化的特点，为教师定制菜单式的在线培训方案，供参训教师自主选择。此外，在实施在线教师培训时，应按照参训教师的认知特点、认知水平将其分组进行培训，还要注意在线培训带来的隐性效果。

教师在线培训的实施方式可以由定在学习转向泛在学习。通过随时随地、使用任意设备、任意媒介学习，大大拓宽参训教师获得知识和信息的媒介和时空范围。⑤设计在线培训的实施过程时还应考虑媒体的多元性，也就是说在线培训

---

① 祝智庭.现代教育技术——走进信息化教育[M].北京：高等教育出版社，2001：74.
② 顾明远.中国教育发展面临三个"新常态"[EB/OL].(2015-10-20)[2023-11-20].https://www.sohu.com/a/36708810_120194.
③ 张云舒，刘巧云，陈思齐，等.基于"互联网+"的言语康复师培训模式的构建与实施[J].残疾人研究，2019(1)：75.
④ 周凯，黄雯，毕诗文，等.大数据分析视域下中小学校长在线培训的设计与实施策略——基于山东省中小学校长培训的实践探索[J].中国教育学刊，2021(12)：53.
⑤ 闫智勇，吴全全，徐纯.职业教育课程模式的演进历程与发展趋势[J].职教论坛，2019(1)：54-55.

内容的呈现方式应该包含丰富的媒体形式,比如视频、音频、PPT等。[1]孙世梅认为参训教师也是一种培训资源,各参训教师既有差异性又有互补性,应该加强参训教师间的合作学习,构建学习共同体,发掘参训教师潜能,从而生产新的资源。[2]实践反思、自主学习、参与互动、行动研究、经验共享等都是我国中小学教师在线培训模式的实施形式,应该根据不同的培训目标、内容、学习者的学习习惯以及外部环境等来设计,目前哪种培训模式的实施方法效果最好尚无定论。另外,在线培训开发者应该改变教师"一讲到底"这种培训实施的方式,采用讨论式、对话式、观摩式、沙龙式等形式,增加参训教师与培训教师交互的机会,改变单边讲授的培训现状,提高参训教师的学习参与感。培训开发者还可以参与到培训课程中去,收集反馈信息,了解目标是否达到,培训内容是否完整传达,实施的方法是否落实,并及时纠偏,对可能出现的问题做出预测。

从中小学教师在线培训的评价来看,在线培训评价主要是针对参训教师培训效果的评估,各类的评价方式和评价指标的设定都应符合参训教师的实际状况。[3]中小学教师在线培训课程评价可以利用互联网技术,通过定期收集、分析和整理数据来评估培训项目设计和实施的合理性,以及培训目标的实现度,并通过数据分析和整理的结果改善日后的在线培训项目。曾煜认为需要建立多元一体的评价理念和模式。[4]我们可以发挥电子信息技术和大数据技术的优势,通过发放电子调查问卷、视频访谈来评估在线培训项目质量。王姣姣指出,积极收集和分析教师对培训课程的评价和反馈是确保培训课程质量的重要手段,可以有效防止培训课程取向的偏离。[5]还有学者认为中小学教师在线培训的评价指标不应单从参训教师所展现的培训效果这一静态结果进行评估,而是应该持续性

---

[1] 杨开城,李波,窦玲玉,等.应用LACID理论进行STEM课程开发初探[J].中国电化教育,2020(1):100-102.
[2] 孙世梅.在线培训的"应为"与"不为"[J].教育理论与实践,2021,41(5):38.
[3] 孙景源.新课程师资培训模式研究[M].济南:山东大学出版社,2004:10-11.
[4] 曾煜.中小学教师培训课程价值取向的重构:工具理性与价值理性的整合[J].中国成人教育,2014(10):90.
[5] 王姣姣.教师培训课程研究的新视角——以11份"国培计划"课程方案为例[J].教育理论与实践,2015,35(14):37.

跟进参训教师在回到工作岗位后是否把在线培训的学习内容运用到其日常工作教学当中,学生是否获得发展,学生成绩是否提高等方面。周凯等人认为培训从训前设计到训中、训后环环相扣,一步出错便会影响后期工作的开展和效果,应该利用电子信息技术的实时性、自动化、模式化等优势,最大限度地减少人工操作带来的失误。[1]

在线培训模式的评价方法通常被分为三个类型:从培训目标是否达成进行评价,即目标取向型在线培训评价;从在线培训实施过程是否顺利,参训者是否满足、是否得到能力提高进行评价,即过程取向型在线培训评价;从参加培训的教师、在线培训指导教师、培训机构等利益相关团体的视角出发进行评估,即主体取向型在线培训评价。其中目标取向型在线培训评价通常使用定量的方法,将在线培训的预期结果与实际培训结果相比较,评估的结果较为客观、科学。过程取向型在线培训评价则强调对在线指导教师在培训过程中的教学实施表现,参训教师参加培训过程中的学习表现进行评估,注重在线培训教师与参训教师之间的相互影响。主体取向型在线培训评价是将在线培训项目的相关利益团体都看作评价的主体,如参训教师、在线培训指导教师、在线培训机构、相关企业、学校等。主体取向型在线培训评价方式认为评价主体之间是一种平等的、相互交流的关系,注重对评价情境的理解而不是控制,同时在评价过程中提倡价值多元,尊重差异。[2]综合托马斯·R.古斯基教授提出的评价模型,我国学者陈霞提出了六维度的培训评价框架:参训教师培训积极性、参训教师对在线培训的反馈、参训教师在线培训的学习效果、参训教师对培训内容的实际运用、培训内容迁移后对实际教学质量的改变以及对所教授学生学习的促进。[3]此外,我国目前教师在线培训已趋于常态化,培训效果的评估不该仅限于随机抽样样本,而是基于大容量样本,动态全面掌握此次培训的质量脉络。

---

[1] 周凯,黄雯,毕诗文,等.大数据分析视域下中小学校长在线培训的设计与实施策略——基于山东省中小学校长培训的实践探索[J].中国教育学刊,2021(12):56.
[2] 聂永成,董泽芳.知识生产模式转型背景下应用型高校课程变革的路径探讨[J].湖北社会科学,2020(1):149-150.
[3] 陈霞.教师培训学习结果的多维度解析[J].教育科学,2011,27(4):37-38.

我国在线培训起步比美国晚,但是发展迅速,出现了较多中小学教师在线培训模式。比如,借助慕课(Massive Open Online Course,简称MOOC)平台整合学习资源,并通过PPT、视频等形式呈现课程内容,实现教师随时随地进行学习。还有在线培训将翻转课堂与C2C(Customer to Customer)模式结合,给予教师个性化培训需求充分的关照,提高教师参训积极性。此外,微课是当下中小学教师在线培训运用较多的培训模式,相较其他在线培训课程,更加关注一个具体的知识,其通过短视频的方式呈现,促进中小学教师有效利用碎片时间学习。当下在线培训的模式正逐渐向C2B(Customer to Bussiness)和O2O2O(Online to Offline to Online)转变。C2B模式是指由参加在线培训的学习者直接向相关在线培训机构提出对培训内容的需求以及培训过程中所需的服务支持,在线培训机构按照参训者的要求进行在线培训的研发和运行,并提供相关服务,即"私人定制"模式。杨晓宏和周效章认为,教育界开始逐步接受C2B模式,C2B模式可以利用大数据算法对参训教师实施较为精准的测评,从而得知参训教师的知识水平、学习能力、学习偏好等,为其提供"私人订制"化的在线培训方案。[1]杨晓哲和张昱瑾认为,中小学教师在线培训缺乏应用导向,培训前期缺乏实地调研,因此培训效果难达预期。[2]龚明斌与周赞梅认为,在线培训的兴起较大程度上解决了优质教师培训资源稀缺的问题。[3]针对中小学教师培训问题,杜志强认为"互联网+个性化"为教师培训注入了新血液,要构建个性化资源和平台,体现其量身定做的优势。[4]李江、夏泽胜认为当前我国中小学教师在线培训有个性化、碎片式、交互式的特点,在线培训根据参训教师的个性化需求,为其定制生成性、个性化的培训计划,凸显了教师培训的生态发展,同时建构培训需求相同的教师在线学习共同体,构建伴随式为主体的评价机制,为教师培训的变革开拓了新思路。[5]于晶和

---

[1] 杨晓宏,周效章.我国在线教育现状考察与发展趋向研究——基于网易公开课等16个在线教育平台的分析[J].电化教育研究,2017,38(8):68.
[2] 杨晓哲,张昱瑾.疫情防控下中小学教师在线教学与在线培训分析[J].现代教育技术,2020,30(3):8-10.
[3] 龚明斌,周赞梅.中小学教师培训MOOCs模式研究报告[J].教师,2020(7):102-104.
[4] 杜志强.走向"互联网+个性化"的中小学教师培训[J].教育科学研究,2021(2):93-95.
[5] 李江,夏泽胜."互联网+"时代的教师培训:模式更新、价值证成与行动路径[J].教师教育研究,2020,32(4):38-39.

郑霁鹏提出了基于SECI模型的远程教育教师培训模式建构。[1]王晨和刘男认为O2O2O模式可以实现良好的教学闭环,该模式不仅可以为参训教师提供个性化的学习内容,还可以在培训结束之后为参训教师提供反馈信息,通过线上、线下结合的形式使在线培训更加高效。[2]

有学者认为,我国中小学教师在线培训内容设计通常注重学术性的、理论性的知识,而忽略日常教育教学的实践性问题、日常教学方法及策略等,导致对参训教师实际工作的提高不大,从而对在线培训产生倦怠。张坤香指出在设计在线培训目标时,在线培训开发者往往出于对效率和易操作性的追求,而忽略了中小学教师日常教学中突显的现实问题。[3]何善平与王晓梅指出,我国当前中小学教师在线培训课程存在直接将学术性较强的大学教师教育课程浓缩后照搬到中小学教师在线培训中的问题。[4]我国中小学教师基数较大,其年龄、专业水平、学历、工作经验、工作能力、综合素质、学习方法等都有所差异。然而,目前很多中小学教师在线培训课程并未以不同教师个性化的特点和需求作为设计培训内容的标准之一,导致既未发挥互联网个性化的优势,又未达到"因材施训"这一目标。[5]任家熠和吴国帅认为中小学教师在线培训设计还处于"前设计阶段",主要体现在照搬线下培训的内容,未能满足"互联网+"时代中小学教师对在线培训多元化功能、个性化表达、动态化呈现和广泛化连接的诉求,可操作性和及时反馈性较弱。两位学者还指出许多培训效果在中小学教师日常工作中才能体现出来,因此持续性的评价机制正是中小学教师在线培训所需要的。然而,当前我国多数在线培训项目对于评价的设计往往停留在培训结束那一刻,并未持续跟进在线培训结束后中小学教师日常教育教学情况。[6]任友群和王旭卿提出,教学设

---

[1] 于晶,郑霁鹏.远程教育教师培训模式构建——以国家开放大学辅导教师培训为例[J].高等继续教育学报,2021,34(1):25-26.
[2] 王晨,刘男.互联网+教育——移动互联网时代的教育大变革[M].北京:中国经济出版社,2015:130-133.
[3] 张坤香."TMS共同体"教师培训课程研修模式的建构与实践[J].中小学教师培训,2019(7):5-10.
[4] 何善平,王晓梅.主题性培训:对中小学校长培训的战略思考[J].陕西教育学院学报,2007(1):1-4.
[5] 曲正伟.我国教师培训课程资源建设的现存问题及政策框架[J].教育科学研究,2019(1):78-79.
[6] 任家熠,吴国帅.OBE教育理念视域下的教师培训课程设计实践与反思[J].中小学教师培训,2019(9):9-13.

计者应该将电子信息技术、计算机等工具交给学习者,把这些工具作为他们表征所学知识的媒体,促进学习者利用自身经验和辅助工具完成知识建构的过程,提升知识迁移的能力。

我国学者针对在线培训目标缺乏实践性,培训内容不能满足参训教师需求以及评价缺乏持续性和全面性提出了部分解决策略。菜单式的在线培训内容可较全面地包含中小学教师的个性化需求,可供参训教师自主选择。陈沛与关惠文提出,若中小学教师专业发展和自身发展与日常工作、生活脱节,就缺乏了发展的生长点,教师专业发展需要情境式的、实践性的在线培训形式。[①]在设计实践取向在线培训时应注意随时更新培训素材,注意培训素材与现实问题的联系。在设计中小学教师在线培训内容时要平衡个人、岗位、组织和社会的需求,从多个方面出发,设计多元化的在线培训内容。刘晓燕认为实践性的中小学教师在线培训内容绝不是简单呆板的实践指导手册,而是基于不同理论,对参训教师进行指导,帮助其有能力将在线培训的内容迁移到日常教学活动中,并不断进行反思。[②]张聪与张华阳指出在线培训评价设计需要遵循科学性、全面性、目标性、可操作性、可接受性原则。[③]滕飞认为,可以从中小学教师在线培训的预期学习成果进行反推,逆向设计在线培训的目标,剔除无关紧要的培训内容,从而呈现出有针对性和实效性强的在线培训目标。[④]不同的教育目标群体都有指导性的总体教育目标。每个在线培训机构都应该明确潜在服务对象的认知水平、认知特点,并根据参训教师的不同水平进行培训主体的层级划分,实施分层培训。要注意到,不同的参训教师培训需求不同,如提高实际教学水平的需求、提高学科专业知识的需求、提高对学生心理认知水平的需求等,中小学教师在线培训应该利用互联网的优势,充分进行在线培训模式的创新。

从中小学教师在线培训模式的优势来看,在线培训可分为同步和异步培训两种类型。同步在线培训有师生之间教学临场感强,师生和生生之间互动充分,

---

① 陈沛,关惠文.中学语文新教师混合式培训课程设计与实施[J].中小学数字化教学,2019(8):58.
② 刘晓燕.教师教育课程的实践取向:基于默会知识的思考[J].教育探索,2016(1):109-111.
③ 张聪,张华阳.面向翻转课堂教师培训课程评价指标体系的构建研究[J].教育导刊,2019(2):45-48.
④ 滕飞.反向设计:教师培训课程开发的有效路径[J].中小学教师培训,2019(8):11-15.

参训者参与感较强的优势;异步在线培训则可以让参训者灵活安排学习时间,提供教学视频给参训者重复观看。马小明提出在线培训具有高效分配培训资源,学习时间灵活,学习内容自主化,促进教育公平等优势。①周玉霞等人在调查研究了我国云南省某小学后发现,在线学习可以合理分配教育资源,方便参训教师利用闲暇的碎片时间学习,并将不同地区的教师联系起来,为其提供直接交流的机会,从而进一步促进教育公平的实现。②金长征认为,随着电子技术的不断革新,依托虚拟现实技术、大数据计算的在线培训被越来越多地运用到各个领域,促使在线培训新实施方式的出现,比如微课堂、直播课堂等,也有效地拓展了传统教育的应用边界。③在线培训实现了对教师知能结构、教学行为及其结果的精准分析。电子信息技术的有效应用不仅可以动态记录和分析教师知能结构的变化,而且通过对智能教学系统(Intelligent Tutoring System)中教师教学行为数据、学生学习行为及结果数据的统计和相关分析,能够对教师教学实效、教育过程诸角色扮演、教学语言、智能媒体的应用等进行精准分析,发现教师知能结构以及教学中存在的问题与不足,从而进行教师画像。智能培训系统(Intelligent Training System)可以以此为依据,有针对性地设计教师培训的内容和具体培训活动。④

吕森林认为,在线培训可以利用搜索引擎、公众号、社交圈、定向广告投放等形式推广,同时将线上和线下推广相结合,扩展在线培训的用户群体,提高用户对在线培训的接受度和忠实度。⑤"意愿-情境-行为"模型呈现出影响在线培训的因素有:参训教师参与培训的意愿、参训教师自身的能力和背景、在线培训的学习情境以及在线培训相应的支持服务等。⑥田阳等人指出培训的效果是其

---

① 马小明.以问题解决促进在线教育下的深度学习[J].教育与装备研究,2019,35(3):74-77.
② 周玉霞,朱云东,刘洁,等.同步直播课堂解决教育均衡问题的研究[J].电化教育研究,2015(3):52-57.
③ 金长征.关于推动"互联网+教育"促进教育供给侧结构性改革的建议[J].中国科技产业,2017(4):25-26.
④ 刘洋.AI赋能教师培训:教育意蕴及实践向度[J].电化教育研究,2021,42(1):64-66.
⑤ 吕森林.玩转互联网教育:平台搭建+课程制作+运营推广+行业案例[M].北京:人民邮电出版社,2016:117-129.
⑥ 刘艳春,张庆普,李占奎.基于扎根理论的MOOC在线深度互动影响因素[J].开放教育研究,2017,23(5):67.

面临的主要质疑,其中在线培训的社交行为较为明显地影响着培训效果,学员参与度、知识分享情况、参训教师对培训教师的信任度对培训效果产生直接影响;参训教师的学习动机、网络关系则对在线培训结果有间接影响。[1]在设计在线培训项目时,应该着重考虑以上影响因素。有学者提出,传统教育机构可以利用自己较好的行业声誉、影响力以及客户忠实度开拓在线培训市场,将自身的资源优势和声誉优势用到在线培训项目的开发和宣传中,有助于开发新的在线培训市场。姚志奋则认为,开发和设计中小学教师在线培训项目可以利用大数据技术获取参训教师的信息,对数据进行计算和分析后,推出符合参训教师需求的在线培训产品和服务。[2]

综上,当前关于我国中小学教师培训模式的目标、内容、实施方式、评价的理论和实践研究较为丰富,这些研究对中小学教师在线培训模式的开发和实施存在的问题进行了探索,并提出解决方法。但是,大多数研究只是停留在表面,泛泛而谈,并没有对中小学教师在线培训的具体案例进行深入分析,找出其中优势和不足,所提出的解决方案缺乏实践指导性。深入具体案例分析正是本研究的关键立足点,通过对美国中小学教师在线培训模式具体案例的目标、内容、评价等方面进行探索和实效性分析,结合我国的社会背景和中小学教师的认知特点和认知水平,反思我国现存问题,提出完善中小学教师在线培训模式的建议。

(二)关于国外中小学教师培训模式的研究

与国内中小学教师培训模式的研究相同,目前关于国外中小学教师培训模式的研究也可分为线上培训模式和线下培训模式两个维度。其中,关于国外中小学教师在线培训模式的历史发展进程、培训目标、培训内容、培训的实施方式和评价方式的维度划分较为清晰。

---

[1] 田阳,冯锐,韩庆年.在线学习社交行为对学习效果影响的实证研究[J].电化教育研究,2017,38(3):53-54.
[2] 姚志奋.大数据时代在线教育网站双边网络效应研究[J].电化教育研究,2015,36(6):46-47.

1.关于国外中小学教师线下培训的研究

英国培训专家约翰·丹尼斯在其《成人教育的教与学》一书中指出教师培训的内容及其实施方式是相互关联的,教师培训的目标决定其内容和实施方式。他认为不同类型的培训内容通常有独有的、个性化的表现形式,因此一体化的教师培训目标、内容和实施方式十分重要。英国还十分注重中小学教师的可持续发展,如推行教师职业"入职简介"制,以解决中小学教师职前培养和职后培训脱节的问题。[①]在德国,中小学教师培训目标不仅强调教师专业能力和专业知识的积累,而且重视教师交叉学习学科知识和跨学科能力的发展。同时,根据学习、实践和继续教育三个不同的阶段设计不同的教师职后培训课程目标。在法国,多样性和多元化成为中小学教师职后培训目标设计的核心词,其主要根据参训教师不同的专业发展阶段来设定培训模式和目标,有效提高参训教师的适应性及课程的针对性。美国学者梅里尔·哈明认为一个充满创造力的课堂应该看到自信好学的学生;有较强的自我管理意识和自学能力的学生;自愿参与到课堂当中的学生;轻松愉快地置身于人际关系中的学生;勤奋、专注、好奇且富有创造力的学生。以上五个方面被称为"五品质",也正是教师参加职后培训后将培训内容运用到实际教育教学中想达到的最终目标。[②]

自20世纪50年代以来,在英国,教师职后培训的内容强调知识和能力并重,不仅注重教师实践能力的提升,还注重在实践中学习这一培训模式。王泽农和曹慧英指出,日本的教师职后培训内容中不仅注重教师自身专业发展,也重视师德的培养和形成。[③]《美国中小学教师》一书中提到,美国中小学教师职后专业发展的形式较为多样,教师既可在高校系统性学习后获得相应学位,如学位进修教育或教师进修证书项目,又可参加培训机构组织的培训获得学分,完成职后培训任务,如暑期学校、研讨班或讲座。[④]谢赛认为,从20世纪中叶至今,美国中小学教师专业发展的内容从重视教师教育学理论知识和学科知识逐步转向了重视教

[①] 靳希斌.教师教育模式研究[M].北京:北京师范大学出版社,2009:218.
[②] 梅里尔·哈明.教学的革命[M].罗德荣,译.北京:宇航出版社,2002:3-9.
[③] 王泽农,曹慧英.中外教师教育课程设置比较研究[M].北京:高等教育出版社,2003:64-68.
[④] 赵勇,王安琳,杨文中.美国中小学教师[M].北京:北京师范大学出版社,2008:125.

师教育教学能力,重视教师能力是否达到标准,最终转到重视教师所教授学生的成绩上。①易长发认为国外中小学培训主要分为课程本位的培训及教师本位的培训。课程本位的培训形式包含:学位导向型培训模式,其帮助参训教师获得更高学位,如英国在中学教师中实行的研究生教育证书(PGCE)、教育学士(BED);学科导向型培训模式则是专门针对某一学科的中小学教师,为其更新和扩充学科最前沿的知识,提供学科特有的概念教学策略等,提高中小学教师教学能力和信心;时代导向型培训模式,其内容随时代变化而变化,培训内容主要包括帮助参训教师掌握最新教育技术,为教师提供最新教师标准的理解等。②英国中小学教师职后培训主要包括:教师自主学习、参加校内研讨活动、参加校外系统培训三种类型。③李锐提出教育专业课程、教学方法课程、特殊教育课程、教育硕士和博士课程以及学术课程是美国中小学教师在线培训课程的主要类别。④从20世纪开始,芬兰提高了对中小学教师学历的要求,为中小学教师提供博士水平的培训项目,并将培训内容聚焦于"教育,社会与文化""学习与互动"两方面。⑤

美国教育学者丹尼斯·斯帕克斯和苏姗·劳克斯-霍斯利认为中小学教师职后培训在实施环节可以采取讲授式、引导式、探究式、参与改进式、培训观察和评估式等方式。⑥芬兰推出一种"合作行动"的芬兰中小学教师职后培训的创新方式,该培训方式将参训教师划分为多个小组,为参训教师创设情境和任务,鼓励参训教师运用已有知识和经验,相互协作,解决问题。由于教师的任务与其实际教育教学紧密相关,在"合作行动"结束后不仅可以提升教师对实践问题的解决能力,还可以为教师创造一个学习共同体。⑦日本中小学教师职后培训体系主要由:大学培训、根据教师从业时长的培训、根据教师职务的培训等几个模式组

---

① 谢赛.美国教师教育课程价值取向的转型[J].江苏师范大学学报(教育科学版),2014,5(S2):30-33.
② 易长发.外国中学教师继续教育培训模式例析[J]比较教育研究,1999(3):41-43.
③ 单中惠.教师专业发展的国际比较[M].北京:教育科学出版社,2010:57.
④ 李锐.美国教师的在职进修[J].中学教师培训.1992(Z1):72.
⑤ TIRRI K.The Last 40 Years in Finnish Teacher Education[J].Journal of Education for Teaching,2014,40(5):605-606.
⑥ 裴跃进.国外教师专业发展的五种模式简介及对我们的启示[J].中小学教师培训,2006(11):60-62.
⑦ 宋保平.芬兰教师教育的"职前"和"职后"[J].现代教学,2013(3):71-72.

成。①外国学者马尔什等人提出了培训课程的四个要素,即教师、学习者、教材及环境,并将其列为中小学教师职后评价的对象。以上四个要素在不同评价主题中重要程度不同,相应评估的信息来源也有所差异。比如,有关教师评价的相关信息,可能来自学生、学生家长或其他教师。在评价的主题设计完成后,则应该开始设计获得评估数据的方法,即评价方法。②

宋保平认为,国外中小学教师培训模式的开发和设计理念受到建构主义学习理论的影响,因此,国外中小学教师培训通常为参训教师模拟与日常教育教学相似的情境,激发参训教师对知识的内化学习,在已有的经验和知识的基础上建构新的知识。③20世纪90年代,美国提出创办了教师专业发展学校(Professional Development School),专门培养教育专业人员或为在职教师提供职后培训的机会,其强调参训教师间相互合作解决问题,以及提高教师反思的能力。④进入21世纪后,美国教师发展委员会将"教师培训"(Staff Development)重新定义为"教师专业发展"(Teacher Professional Development),⑤同时还提出情境标准、实施标准和课程标准共同构成教师专业发展的指导标准。该指导标准是根据对教师能力和水平的预期以及社会对学生能力的要求所决定的。美国教师专业发展标准不仅考虑了教师自身发展需要,还将学生发展与教师的能力紧密联系。美国还根据教师专业发展标准提出高质量教师培训应该为参训教师传递教育平等的理念和态度;为参训教师提供有实践性的教学策略,便于教师内化后运用于将来的教育教学;为参训教师提供与学生家长及其他利益相关者更好沟通的指导。⑥《比较教师教育》一书中提到,法国对其中小学教师的评估考核是持续性的,教师从入职到退休都需要不断接受能力评估。为了确保法国中小学教师职后培训的质量,《继续教育组织法》于1971年由法国政府颁布,其对中小学教师接受职后培

---

① 靳希斌.教师教育模式研究[M].北京:北京师范大学出版社,2009:320-321.
② MARSH C J, WILLIS G. Curriculum: Alternative Approaches, Ongoing Issues [M]. New Jersey: A Simon&Schuster Company, 1995:255-258.
③ 宋保平.芬兰教师教育的"职前"和"职后"[J].现代教学,2013(3):71-72.
④ 谌启标.教师教育大学化的国际比较研究[M].福州:福建教育出版社,2008:29-31.
⑤ 马丁,郑兰琴.培训课程设计与开发[M].北京:中国铁道出版社,2011:90.
⑥ 郑百伟.美国教师专业发展标准及其实施研究[J].外国中小学教育,2005(9):27-29.

训的权利、义务、时间、培训内容等都做出了相应规定。[①]

从国外中小学教师培训模式的价值取向来看,以美国、加拿大为代表的能力导向价值取向源于能力本位教育(Competency Based Education,简称CBE)。这种价值取向从专业职位的需求出发,了解岗位所需能力,确定培训目标,最终实现参训教师专业能力的发展。[②③]外国课程专家普林特提出了五个课程价值取向:学术理性主义取向、人本主义取向、社会重建主义取向、认知过程取向和技术学取向。其中,学术理性主义取向通过对学习者学术研究能力、学科知识的拓展,达到学习者理性发展,其注重学习者理性解决客观世界中问题的能力;人本主义取向注重学习者品德、情感、态度、价值观的正确建设和发展;社会重建主义取向基于社会对学习者不断变化的要求,以及社会突出问题设计培训内容,注重提高学习者解决问题的能力。[④]艾斯纳和瓦莱斯在《课程概念的冲突》一书中清楚地说明了课程价值取向的作用:尽管有关课程取向的问题在课程分类和课程理论方面存在一些冲突,但是在课程取向方面建立起来的一些模式,对于研究课程的人们来说,用其认识具体课程的一些特征,要比用一般的哲学观点,如实用主义、现实主义、理想主义有更多的实用价值,也比那些学生中心、学科中心或社会中心等关于课程的提法要精确得多。[⑤]

2. 关于国外中小学教师在线培训模式的研究

外国学者简认为通过在线培训可以实现双赢局面,一方面,利用在线培训可以节省培训成本,提高中小学教师教育教学能力,从而提高教育质量;另一方面,得益于在线培训的特点,中小学教师可以利用碎片时间灵活培训,自主选择培训

---

① 肖甦.比较教师教育[M].南京:江苏教育出版社,2010:87.
② 易艳明,吉利.德国能力导向职教思想的理论、实践与价值取向研究[J].中国职业技术教育,2014(24):55-56.
③ FORD R,MEYER R.Competency-Based Education[J].Procedia Manufacturing,2015(3):1473-1474.
④ PRINT M.Curriculum Development and Design[M].2nd ed.Sydney:Allen&Unwin,1993:45-57.
⑤ EISNET E W,VALLANCE E.Conflicting Conceptions of Curriculum[M].California:McCutchan Publishing Corporation,1974:16-17.

内容，满足自身参训需求。[1]自20世纪90年代美国思科公司研发出了在线学习（E-learning）培训课程及远程实验室设备起，全面E-learning时代就开启了。然而，在线培训刚刚起步时并未考虑到参训者的兴趣、参与度等因素，许多学员仅仅浏览在线培训的视频，完成测试，缺失了相互交流、知识共享的重要环节。根据在线培训的特点，参训教师培训参与度的提高应注重在线交互行为以及扩展参训教师的培训体验两方面。[2]外国学者迪克森提出，为参训教师提供一个激发双向交互的学习环境可以提高参训教师的学习兴趣。[3]美国学者阿兰和理查德认为信息技术时代的教育重心从说教式教学转向探究性学习[4]，因此在线培训应该是建构的，充分体现出开放性和实践性，避免传统单方面传输的弊端。20世纪60年代，斯坦福大学教授威尔伯在对电视机教学和传统线下教学的效果通过科学设计和统计处理的方法对比研究后提出，利用电视的学习效果与传统线下课堂教学效果没有显著差异，学生可以通过电视机技术又快又好地学习。有研究者认为，参训教师在线交互行为具体表现为：学习资源共享，经验交流以及师生和生生间的在线提问、反馈、反思。金则认为，在线培训除了让参训教师观看课程视频，与培训教师和其他参训教师交流互动外，还应该对其学习过程的感知、调控及情感支持等方面体验加以关照，即通过为参训教师提供有针对性的在线培训内容，适合的在线培训实施方法以及合理的评价机制，让参训教师在在线培训这个过程中感到满意。[5]还有学者认为，依托新型社交媒体的在线培训模式可以提高在线培训客户的忠实度。

　　TMS（导师—学员—服务人员：Tutor-Members-Servant）共同体教师培训，是一种将在线指导教师、参训教师以及在线培训项目的管理者共同视为在线培训

---

[1] BELL J.E-learning：Your Flexible Development Friend？[J].Development and Learning in Organizations，2007，21（6）：7.
[2] 尹睿，徐欢云.国外在线学习投入的研究进展与前瞻[J].开放教育研究，2016，22（3）：89-90.
[3] DIXSON M D.Creating Effective Student Engagement in Online Courses：What Do Students Find Engaging？[J].Journal of the Scholarship of Teaching and Learning，2010，10（2）：1-3.
[4] 阿兹·柯林斯，理查德·哈尔弗森.技术时代重新思考教育[M].陈家刚，程佳铭，译.上海：华东师范大学出版社，2013：9.
[5] KIM C，PARK S W，COZART J，et al.From Motivation to Tngagement：The Role of Effort Rregulation of Virtual High School Students in Mathematics Courses[J].Educational Technology & Society，2015，18（4）：261-268.

主体的中小学教师在线培训模式。该模式希望通过在线指导教师为参训教师输出有针对性的内容,在线培训项目管理者提供技术支持、资源支持,从而有效提高参训教师的教育教学能力,并努力建构一个中小学教师在线学习共同体。[1]吴方平等人指出,国外中小学教师在线培训不是照搬线下的,而是根据参训教师不同特点设计个性化的在线培训内容,其中不同特点包括参训教师的学习能力、理解能力、专业能力等。另外,碎片化的学习时间能较好契合中小学教师繁忙的日常工作,因此,通常在线培训视频的时长都较短。同时,国外的中小学教师在线培训会聘请助教参加在线培训论坛的讨论,及时为参训教师解答疑惑。国外中小学教师在线培训的大纲清晰地呈现了在线培训的相关信息,比如,培训所需时间、学费、培训计划和进程、参训所需材料及能力、相关教学活动等,帮助参训教师更好地了解在线培训项目的具体内容。[2]

齐格罗斯和斯旺认为,电子信息技术在中小学教师在线培训发展中,除了可以为参训教师提供随时随地学习的可能性、定制化的培训内容、与在线指导教师同步和异步交互的机会外,还将全球的中小学教师和教学资源连成一张巨大的网络,中小学教师、领域内专家、在线指导教师可以在其中进行观点的探讨、知识的共享、经验的交流等,形成一个在线学习共同体,促进教育资源的优化配置和教育公平的发展。[3]美国共享资源平台的开发人员包括:进行教学实践的中小学教师、相关学校和学区(或学区联盟)、在线培训机构、教育技术研发公司。进行教学资源共享的实施方法主要有三种:第一种是中小学教师可自发地将自己设计的PPT、板书、教学计划设计方案等上传到iTunes(苹果公司出品的一个播放软件)的播放列表中免费共享,也可以在"付费教师"(http://www.teacherspayteachers.com/)与"知道时间"(http://www.timetoknow.com/)等网站进行自主交易。第二种是学校或学区可以建立一个数字教育资源共享平台,根据学区内教师的意愿进行付费或者免费的资源共享。第三种是教育技术研发公司或在线培训机构向平

---

[1] 张坤香."TMS共同体"教师培训课程研修模式的建构与实践[J].中小学教师培训,2019(7):6-8.
[2] 吴方平,马书云,王慧,等.国外高校物理慕课研究[J].科技资讯,2017(4):162-163.
[3] LINDBERG J O, OLOFSSON A D. Online Learning Communities and Teacher Professional Development: Methods for Improved Education Delivery[M].Hershey, PA: Information Science Reference,2010:114-130.

台上传资源,需付费下载。[1]

　　还有学者提出,一个基于大数据技术收集潜在学习者信息,为在线学习者精准画像,识别在线学习者学习风格、学习偏好的自适应学习系统,不仅可以为学习者提供个性化知识,还可以根据个人学习风格的不同来设计网上学习的模式,提高培训效率。[2]艾洛斯在《远程开放在线学习的复杂性:对教师发展的影响》的主题演讲中提到:要创设一个公平、可持续的在线学习共同体,就必须考虑参训教师的需求、培训内容的针对性、培训实施方法的简洁性,以及师生、生生同步、异步交流的技术支持。[3]近年来,美国中小学教师在线培训加强了教师与管理者、研究者之间的联系。由于网络技术应用的广泛性和访问的便利性,美国中小学教师在线培训平台已经开始尝试将领域内的专家引入在线培训中与参训教师和培训教师组成在线学习共同体。参训教师有机会学习领域内专家的思维方式和研究方式,或直接参与到专家的研究活动中。[4]据统计,超过85%的美国大学为中小学教师提供在线培训课程,许多公司也建立了在线教育平台。

　　从国外中小学教师在线培训的内容设计上来看,陈永明在《现代教师论》中强调,美国中小学教师在线培训的内容不仅贴近学校生活和教学实际,还涵盖了教师作为"人"的价值观的形成问题,比如,如何理解和对待我们生活的社会？如何看待教师这一职业？从而促进参训教师对自己职业更深层次了解。[5]由于美国各州对中小学教师的要求存在差别,中小学教师在线培训的内容也有所不同,因此在设计培训课程内容时需考虑各州的地域差异以及教师专业发展的多元化目的。总体上看,美国教师在线专业发展的内容呈多样化的趋势发展,主要包括教育学理论探究、教育技术与教学融合、学生心理和身体发展、课堂管理、教学计

---

[1] 刘晓琳,胡永斌,黄荣怀,等.全球视野下美国K-12混合与在线教育的现状与未来——与K-12在线教育国际联盟副主席艾雷森·鲍威尔博士的学术对话[J].现代远程教育研究,2015(1):4-5.

[2] LO J J, CHAN Y C, YEH S W.Designing an Adaptive Web-Based Learning System Based on Students' Cognitive Styles Identified Online[J].Computer & Education,2012(58):209-211.

[3] 李薇,付饶,陈娜.提升可持续远程在线教育的能力——"第26届ICDE世界大会"综述[J].中国远程教育,2016(1):63-65.

[4] 王美.教师在线专业发展(oTPD):背景、研究、优势及挑战[J].教师教育研究,2008(6):13-15.

[5] 陈永明.现代教师论[M].上海:上海教育出版社,1999:72-88.

划定制等。[1]齐道芳认为美国中小学教师培训发展到今天,已经形成了完善的在线培训模式。尤其是在20世纪80年代以后,美国信息技术如火如荼的发展推动了中小学教师在线培训内容的多元化发展,涵盖了专业知识、信息技术、课堂管理、特殊学生教学等方面,同时根据时代变化对中小学教师提出的新标准、新要求,培训内容也进行了及时的更新和完善。[2]拉脱维亚在欧洲社会基金的支持下,国家教育中心启动了教师专业发展方案,强调课程设计需确保教师专业能力的各个方面都得到发展,一方面需涵盖不同的知识领域,另一方面需要培养实际能力以促进决策和指导。[3]该项目正在拉脱维亚六所高等教育机构中实施,项目计划到2023年实现23个新的信息技术教育课程方案的落地。

从国外中小学教师在线培训模式的实施过程来看,澳大利亚政府在发布了STEM教育的相关法律法规和政策建议后,如"拥抱数字时代""重建STEM学校教育主动权"等,促进了"CSER数字科技教育教师培训"等一系列中小学教师在线培训项目的实施。[4]2014年,西班牙发布的《教师共同数字能力框架》强调中小学教师的信息素养应该为在线培训的主要内容。2016年,芬兰为了促进其中小学教师职后发展,发布了《教师教育发展计划》(*Teacher Education Development Programme*)。在2008—2019年,澳大利亚、希腊和西班牙等国家将提高中小学教师教育水平作为教育政策的侧重点。在2015—2019年,智利、挪威也将教师教育质量的提高定为优先发展级。克里斯在《教师在线专业发展:新型模式与方法》(*Online Professional Development for Teachers:Emerging Models and Methods*)一书中提出,传统的线下教师专业发展与教师在线专业发展相比,有较多不足,教师在线培训可以加强培训内容的针对性,提高培训效率,利用电子信息技术,实现世界各地教师的经验交流与知识共享。美国对中小学教师在线培训模式的研究起

---

[1] 吴斯.美国中小学教师在职进修的研究[D].大连:辽宁师范大学,2013.
[2] 齐道芳.美国中小学教师在职培训的历史发展研究[D].武汉:华中师范大学,2018.
[3] OECD.Preparing Teachers and Developing School Leaders for the 21st Century: Lessons from Around the World, International Summit on the Teaching Profession[EB/OL].(2020-01-14)[2024-01-05].https://www.OECD-ilibrary.org/education/preparing-teachers-and-developing-school-leaders-for-the-21st-century_9789264174559-en.
[4] MURPHY S,MACDONALD A,DANAIA L,et al.An Analysis of Australian STEM Education Strategies[J]. Policy Futures in Education,2019,17(2):122-130.

步较早,《培训杂志》在1996年就刊载了基于局域网培训的论文。但由于受到当时技术水平的制约,在线培训发展较为缓慢。2005年后美国加大在线培训设计、开发与运行的资金投入,大型开放式网络课堂MOOC(Massive Open Online Course)应运而生。[1]MOOC通过互联网技术的支持,旨在达到共享学习资源的学习目的。[2]除了以呈现课程视频为主的MOOC平台外,许多可以实现同步或异步交流的在线培训平台也相继出现。[3]

外国学者罗珊娜等人认为,国外中小学教师在线培训的实施强调合作、参与和对话,同时还需形成具有地区特色的培训形式。研究表明,协作式在线培训模型可以提高教师的自我效能感。[4]阿尤布提出互联网技术在中小学教师培训计划中的应用有助于研究人员和教师推动教师学习共同体的形成和发展。[5]布莱尔指出,参与式学习与对话式教学可以提高教师培训效果,并使其学会反思以促进自身专业发展。[6]另外,学者菲什曼指出,中小学教师在线培训可以在考虑参训教师的认知水平、认知特点、专业水平后,采取主题式的、任务驱动型在线培训项目的开发和设计。[7]美国学者让·莱夫及爱丁纳·温格在《情境学习:合法的边缘性参与》一书中提出了情境学习这一概念,其认为学习需要在特定的情境中,在学习者相互交流合作中发生,是一个让学习者接触社会、走进社会、社会化的过程。因此,中小学教师在线培训可以利用虚拟现实等新兴技术,为参训教师创设沉浸式的学习场景,让参训教师直面日常教育教学中和在社会中的问题,并在

---

[1] 尹睿,徐欢云.国外在线学习投入的研究进展与前瞻[J].开放教育研究,2016,22(3):89-94.

[2] 杨景煜.The Evaluation of a MOOC——Learning English for Academic Purpose from Future Learn[J].海外英语,2018(10):249-251.

[3] WEN Y,TIAN Y,WEN B,et al.Consideration of the Local Correlation of Learning Behaviors to Predict Dropouts from MOOCs[J].Tsinghua Science and Technology,2020,25(3):336-340.

[4] ZWART R C,KORTHAGEN F A J,ATTEMA-NOORDEWIER S.A Strength-Based Approach to Teacher Professional Development[J].Professional Development in Education,2015,41(3):579-585.

[5] KAFYULILO A C.Professional Development Through Teacher Collaboration:An Approach to Enhance Teaching and Learning in Science and Mathematics in Tanzania[J].Africa Education Review,2013,10(4):671-684.

[6] STEVENSON B.Third Spaces and Video-Stimulated Recall:an Exploration of Teachers' Cultural Role in an Indigenous Education Context[J].Educational Action Research,2015,23(2):290-300.

[7] FISHMAN B J,MARX R W,BEST S,et al.Linking Teacher and Student Learning to Improve Professional Development in Systemic Reform[J].Teaching and Teacher Education,2003,19(6):643-650.

工作场景中发现解决问题的方法。①此外,设计在线培训的实施方式时还应考虑媒体的多元性,也就是说在线培训内容的呈现方式应该包含丰富的媒体形式,比如视频、音频、PPT、情境创设等。②还有一些学者调查研究了一种名为"P2R-WATA"的中小学教师在线培训的实施方式,此方式可以有效提高中等水平在职教师的教学能力。③

从国外中小学教师在线培训模式的评价方法来看,外国学者唐纳德·L.柯克帕特里克提出将中小学教师在线培训的预期结果与实际结果相比较来评估在线培训的质量,该评价模型包括对参训教师反应评估、学习评估、行为评估和成果评估四个方面。④托马斯·R.古斯基在唐纳德·L.柯克帕特里克教授的理论基础上,又提出除了从参训教师反应、学习结果等方面进行评估外,还可以从参训教师对新知识和新技能的迁移效果,以及参训教师回到教学岗位后所教授学生成绩变化方面进行评估。⑤美国K-12在线学习协会(iNACOL)是一个保障所有学生都能获得世界一流教育和高质量在线学习机会的组织,它已制定了《国家在线课程质量标准》(*National Standards for Quality Online Programs*),并得到了大多数州的认可。⑥该标准主要从三个模块分析了在线教育和教学的质量:课程和课程设计、教学方法、学习者绩效评估以及39个辅助指标。《国家在线课程质量标准》确保每个课程和教学方法都经过深思熟虑,并全面评估学生的成绩。⑦

于建川提出美国在多元评价理论的指导下,采用多元评价的方法将学员评价、培训教师的评价、培训机构的评价、第三方专家的评价等结果都纳入最终评

---

① 程明喜.改革开放以来我国中小学教师培训课程价值取向研究[D].长春:东北师范大学,2019.
② 杨开城,李波,窦玲玉,公平.应用LACID理论进行STEM课程开发初探[J].中国电化教育,2020(1):99-103.
③ FAN Y-C,WANG T-H,WANG K-H.A Web-Based Model for Developing Assessment Literacy of Secondary In-service Teachers[J].Computers & Education,2011,57(2):1728-1728.
④ KIRKPATRICK D L.Evaluating Training Programs: Evidence VS.Proof[J].Training and Development Journal,1977,31(11):9-10.
⑤ GUSKEY T R.教师专业发展评价[M].方乐,张英等,译.北京:中国轻工业出版社,2005:58-63.
⑥ PAPE L, WICKS M, the iNACOL Quality Standards for Online Programs Committee. National Standards for Quality Online Programs[S].Vienna:International Association for K-12 Online Learning,2009:1-5.
⑦ 林协民,兰瑞乐,韦书令,等.中美K12在线教育比较研究[J].中国教育信息化,2018(21):18-20.

价的范围中,以多维度的视角看待在线培训项目。①芬兰则重视从全科的角度评估教师的教学能力。外国学者安娜也指出应该将参训教师回到工作岗位后对在线培训所学内容的应用效果纳入在线培训的评估中。秦磊还认为国外的中小学教师在线培训评价主要以参训教师反馈意见的形式呈现。在线培训开发者十分重视参训教师的意见反馈,参训教师不仅在培训结束后需要反馈,在培训期间也可以随时提出对培训的看法以及改进建议。在线培训开发者则会依据参训教师的建议进行评估,及时调整、完善在线培训计划。②智利在2013到2017年实施了良好的教学框架计划,提出改进档案袋的评分机制,在某种程度上将私营部门纳入教师评价框架。③该框架概述了教师评估的四个要素,即档案袋、自我评估指南、同行评价的访谈和第三方参考报告。霍尔和兰登在对新西兰中小学教师进行研究后,发现教师参加培训和其掌握的专业知识直接影响着教师的地位和教师评估的结果。④李和中和石靖提出日本的在线教育主要包括基础教育、高等教育和成人教育和培训几个阶段。⑤

综上所述,多数文献是基于发达国家中小学教师在线培训模式进行总括性的研究,但是缺乏对发达国家中小学教师在线培训模式的理论分析,并未探索具体案例在实践中的适用范围。其中,通过对美国中小学教师在线培训模式文献梳理后发现,美国作为联邦制国家,各州的中小学教师职后发展标准有所差异,且受实用主义影响,美国中小学教师在线培训模式呈现实践性的特征。这为我国中小学教师职后发展东西部不平衡、城市乡村差异大,以及中小学教师在线培训模式的设计缺乏针对性以及实践迁移较弱的现象提供了新的思考方向。另外,现有研究中专门以职后中小学教师为研究主体的涉及较少,更多的是关于教

---

① 于建川.国外教师校本培训的经验及其启示[J].中小学教师培训,2003(2):61-63.
② 秦磊.农村教师培训实效性评价体系研究——基于农村教师专业成长的视角[D].哈尔滨:东北师范大学,2012.
③ AITSL.One Teaching Profession: Teacher Registration in Australia[R/OL].[2024-02-03].https://www.aitsl.edu.au/docs/default-source/national-review-of-teacher-registration/report/one-teaching-profession---teacher-registration-in-australia.pdf.
④ HALL D,LANGTON B.Perceptions of the Status of Teachers[R].Wellington:Ministry of Education,2006:26.
⑤ 李和中,石靖.日本在线教育:发展历程、特点、瓶颈与对我国的启示[J].社会科学家,2021(2):136-140.

师的职前在线培养以及高校学生的在线教育。由于中小学教师所面对的儿童和青少年正处于身心发展的特殊时期,在该时期为儿童和青少年提供优质教育尤为重要,因此,将中小学教师的专业专门作为研究主体进行研究可以区分中小学教师和其他学段教师专业发展的不同需求,为中小学教师提供专门的在线培训服务,提高中小学教师的质量。

(三)研究述评

综合以上几方面文献来看,"教师在线培训"是一个热门的研究话题,其中关于在线培训、中小学教师在线培训各维度(目标、内容、实施、评价)及理论和实践的研究都较为丰富,且研究视角及方法都呈现出多元化趋势。随着电子信息技术的不断更新和发展,在线培训的优势愈发凸显出来,各国也越来越重视将中小学教师专业发展与互联网技术相结合,提高参训教师的学习效率,以及在线培训的针对性。但是,现有研究中专门涉及"中小学教师"在线培训模式内容的比例较低,鉴于中小学学生正处于其身心发展的关键时期,中小学教师相对诸如高校教师在一定程度上更为特殊,如中小学教师应更注重实践能力的提高而不是对专业理论知识深层理解和探究。因此,对中小学教师在线培训模式的发展和完善方式的研究还需进一步加强。同时,考虑到中小学教师所教授学生的特殊性,还需将中小学教师在线培训项目运用到实践中,检测其可行性和实效性。

通过对国外中小学教师在线培训模式文献梳理后发现,当前对发达国家,比如对美国、英国、日本在线培训模式的描述和比较研究多于对发展中国家在线培训模式的研究,我国学者希望通过对发达国家中小学教师在线培训不同模式构建和运作的探究,借鉴其成功的经验并吸取其失败教训,为我国中小学教师在线培训模式的发展提出可行性建议。然而,现有在线培训的研究并未很好解决我国中小学教师在线培训模式构建和完善的实践性问题,较多研究仅仅是在纸上谈兵,缺乏实践指导意义。美国作为联邦制国家,各州中小学教师职后发展标准有所差异,且受实用主义影响,美国中小学教师在线培训模式呈现实践性的特征。同时,美国作为教师在线培训发展较早的国家,已经逐步建立起一套较为完善的中小学教师在线培训模式。这为我国中小学教师职后发展东西部不平衡、城市乡村差异大，以及中小学教师在线培训模式的设计缺乏针对性以及训后实践迁移较弱的现象提供了新的思考方向。

关于美国在线培训模式的研究还需有针对性地把握"中小学"教师的在线培训模式的开发、设计、实施和评价，以及其具体培训项目的适用范围和实践性。从宏观的视角出发，探究美国中小学教师在线培训模式的发展进程，以及形成不同类别在线培训模式的背景性因素；从微观视角出发，基于在线培训模式的目标、内容、实施过程及评价几个维度，探寻美国中小学教师在线培训模式设计、实施、评价等方面的特点。此外，中小学教师在线培训模式的构建是一个动态变化的过程，不同时期的在线培训项目有不同的科技水平、经济水平、社会要求以及不同中小学教师的参训需求也不尽相同。这是因为，中小学教师在线培训模式具有较强的历史性特征，教师在线培训模式的建构处于社会历史文化背景、经济发展背景以及教育体制背景等因素的影响之中。这些因素构成的背景在不同程度、不同方式下对在线培训开发者、参训教师等主体产生影响，最终形成不同的在线培训模式。

因此，梳理美国中小学教师在线培训模式的历史演变过程，探究不同社会背景下美国中小学教师在线培训模式的发展依据，阐明美国不同中小学教师在线培训模式的理论依据和实践样态，对理解影响中小学教师在线培训模式形成和发展的因素有重要意义。同时，为了解决当前我国中小学教师在线培训模式在设计时目标模糊、内容缺乏针对性、在线培训形式化等突出问题，需要将美国中小学教师在线培训模式的发展经验本土化，立足于我国现实背景，关注我国社会对中小学教师不断变化的要求，以及我国中小学教师特有的学习和思维方式等影响因素，形成真正契合我国中小学教师的在线培训模式。

四、理论基础

(一)系统论

系统论是从整体的视角出发,以系统的思维整体把握一个事物的内部生长逻辑和外部发展规律,运用整体性的观点解决事物发展的矛盾。[1]系统论自诞生以来,就拥有较为多样的内涵,可以解决较多实践性的问题、分析社会现象、探索现象的规律等。系统论认为一个事物是由无数内部的子系统构成的,它们相互影响、相互制约,也就是说,系统论将解决的问题或研究的对象看作一个既有内部子系统共同协作,按照自身逻辑发展,又与外界相联系的有序整体。[2]系统论在探索事物并促进其发展时坚持四个特性:整体性、层次性、协同性和开放性。其中,整体性是指其研究对象是一个有机整体,存在于一个更大的系统中,与大系统中其他子系统相互独立又相互作用;层次性是结构的基本特点[3],是指其研究对象内部由不同子系统构成,通过子系统间的影响来推动或阻碍事物发展;协同性是指不同事物之间,以及事物内部的子系统间若要发展,则需其协调合作;科学性是指系统是可以变化的、开放的、有多种分类可能性的[4];开放性是指系统绝不是一个封闭、完全独立的体系,而是与不断与外部发生能量与信息交换的有机体。只有不断与外界交换信息,才能保持系统本身的活力,实现系统的动态优化。

从系统论的视角来看中小学教师在线培训模式,可以这样说,中小学教师培训模式是一个有机整体,其内部由不同的子系统构成:目标、内容、实施与评价,其中目标可以指引内容的选择和设计,内容则会影响实施方法的选择,评价又会被实施的质量影响,同时作用于下一次培训目标的设定。另外,我国中小学教师在线培训模式与美国中小学教师在线培训模式是两个相对独立的系统,但又存

---

[1] 郭滇华,杨春芳.系统论视阈下教育现代化发展政策调适体系构建[J].行政管理改革,2021(4):69-72.
[2] 詹成付.深入理解"坚持系统观念"[N].人民日报,2020-11-12(9).
[3] 吴彤.多维融贯:系统分析与哲学思维方法[M].昆明:云南人民出版社,2005:25-30.
[4] 卡尔·雅斯贝斯.历史的起源与目标[M].李夏菲,译.桂林:漓江出版社,2019:117.

在于中小学教师在线培训模式这一更大的系统中。从开放性来说,中小学教师在线培训模式存在于教育体系中,而教育系统则寓于社会系统之中,因此中小学教师在线培训模式的运行、保障和发展受到社会因素、经济因素、政治因素、科技因素的影响。模式的优化需要建立在与外部不断交换信息的基础上,即中小学教师在线培训模式的发展要考虑社会、政治、科技等因素的影响。此外,美国中小学教师在线培训模式与我国中小学教师在线培训模式是两个存在于中小学教师在线培训中的子系统,两个子系统间可以相互交换信息,如中国借鉴美国模式,将美国模式本土化,或美国借鉴中国模式。

(二)成人教育理论

1.成人教育的学习观

1928年,美国著名心理学家桑代克撰写的《成人学习》(*Adult Learning*)一书通过实验验证了成人学习能力与年龄之间的关系。此研究打破成人难以进行有效学习的刻板印象,证实成年人拥有较强的学习能力。成人教育是指在成年人生活的任何阶段,为其提供的有目的、有组织的非传统教育活动。[①]随着对成人学习能力研究的不断深入,研究者们在理解成人学习者的学习能力的基础上,对影响成人学习能力的因素进行了深入研究。研究表明,影响成人学习的因素包括内在因素,如心理因素(智力、个性、个人经验)和身体健康等;外部因素如教育、职业、周围环境等。成人学习发生的实际过程及其背后的理论成为20世纪80年代专家们研究的重点。美国成人教育学家诺尔斯对成人学习特点,即学习的必要性、学习者的自我概念、学习者的经验角色、学习倾向、学习准备和学习动机进行了分析。[②]具体来说,成人学习相较于青少年学习的特征是:第一,成人学习是出于自身需要和个人的愿望,动机明确;第二,成人学习是自主驱动的;第三,个人经验是成人学习的重要资源,其学习的新知识是在个人经验的基础上建

[①] 叶忠海.成人教育和职业教育关系研究[J].教育研究,1996(2):20-21.
[②] 马尔科姆·S·诺尔斯,等.成人学习者:成人学习和人力资源发展之权威[M].龚自力,马克力,杨勤勇,等译.北京:北京师范大学出版社,2016:53-59.

构起来的;第四,成人学习通常在问题中心(Problem-centered)或任务中心(Task-centered)等目标下发生;第五,成人学习者学习的内容与解决工作、生活中的实践问题相关;第六,成人学习者通常受内部学习动机激发,比如自我发展的意愿,改善生活现状的愿望等。[1]诺尔斯提出六种普遍的人类需求:生理、成长、安全、新体验、情感和认可,他认为这些是学习动力的主要来源。诺尔斯承认个人有不同的需求模式,这些需求在不断地变化,聪明的教育者会帮助成年人认识到他们的需求。成人教育也能适应成人的需求变化和兴趣。成人教育对个人和社会在理想方向上的发展具有一定的责任。

由此可见,第一,中小学教师作为成人学习者,其学习能力较强,年龄的增长并未降低教师的学习能力,因此,中小学教师可以且有必要通过不断更新自身知识来提升自己;第二,中小学教师学习过程中受到内、外在因素共同影响,内在因素可以激发中小学教师的学习欲望;第三,相对儿童学习者来说,教师拥有丰富的个人经验和工作经验。经验则是中小学教师在学习过程中将新知识与已有知识相连接的媒介。另外,教师最终的学习目的也不只是学习某一理论知识或获得专业的技能,其更多的是联系自身经验,不断更新自身经验和知识库,最终实现终身学习。由此可见,在进行中小学教师在线培训模式的内容和实施方式的开发和设计时,应在参训教师已有经验的基础上,创设与日常工作相关的学习内容和学习情境,激发参训教师的学习积极性。此外,批判性思考作为成人学习者另一学习特点,在线培训实施的方式应强调参训教师之间以及参训教师和培训教师之间的交互,促进参训教师在交互中进行反思。

成人学习主要在与其日常工作和生活相关的情境中,因此,为中小学教师创设一个基于日常教育教学的情境进行意义的建构十分必要,这就涉及了建构主义理论。建构主义(Constructivism)也可称为结构主义,建构主义理论是认知心理学派的一个分支,强调学习者主动学习,认为学习是一个在已有知识基础上建构新知识的过程,而这一过程常常是在社会文化互动中完成的。[2]建构主义最早

---

[1] 凌玲.成人学习基本理论——诺尔斯的观点[J].成人教育,2017,37(8):11-12.
[2] 郭建荣.建构主义视野下外语教师角色探析[J].中国成人教育,2011(11):88-89.

的提出者可追溯至皮亚杰。皮亚杰的理论是以唯物辩证法为根基的,他认为儿童对外部世界的认识是在不断与周围事物相互作用中建构起来的,从而发展自身认知结构。[1]建构主义理论自从20世纪90年代被教育界接受后,被大量运用到教学设计模型中充当理论基础的角色。建构主义课程观注重在课程设计上突出学生的"学",以学生为中心,学生的角色则从知识被动接受者和知识灌输对象转变为积极的信息加工主体、主动建构知识的人。而教师的角色则要从知识灌输者转变为学生知识建构的组织者、推动者和指导者。另外,电子信息技术不再是教师传授知识的手段,更多的是将电子信息技术运用于学习情境的创设,协作交流平台的建设中,是学生在情境中主动建构知识,协作学习的工具。[2]王竹立结合建构主义理论以及电子信息技术和大数据等技术在实际教学中的运用,提出了新建构主义理论。相较建构主义理论,新建构主义理论也认为学习应该建立在情境中,在已有经验和知识基础之上。[3]本研究中,史密斯-雷根模式、肯普模式是在行为主义或认知主义的理论上建构起来的,但是教学设计模式与学习模式并非一一对应的简单关系,其拥有较强时代性,需要符合时代特征和社会需要,因此,在建构主义理论推出并被大量运用到教育界中后,以上模式都带上了建构主义的特征。[4]

建构主义下的教学设计模式都强调利用互联网技术和信息电子技术为学习者模拟真实的情境,将学习、电子信息化应用和创新融为一体,重视网络学习过程中的合作学习及个性化学习。其鼓励学习者根据个人学习的需要以及兴趣,对学习内容进行个性化的选择。基于构建主义理论设计的教学模式,如尼文模式强调将创新纳入课程目标和内容中去,围绕学习者需求及面临的具体实践性问题展开设计。课程内容尽量避免无用信息和冗余信息,同时,给予学习者自主选择课程内容的权利,激发学习者自主学习和建构新的知识。此外,交互作为当

---

[1] 何克抗.建构主义的教学模式、教学方法与教学设计[J].北京师范大学学报(社会科学版),1997(5):74-75.
[2] 何克抗.建构主义——革新传统教学的理论基础(中)[J].电化教育研究,1997(4):25-27.
[3] 王竹立.面向智能时代的知识观与学习观新论[J].远程教育杂志,2017,35(3):3-8.
[4] 张军征,刘志华.对我国当前教学设计模式分类观点的思考[J].中国电化教育,2004(3):12-14.

前基于建构主义的中小学教师在线培训模式中理想学习环境的重要的一环,在进行在线培训模式开发时,也应该依托电子信息技术,将师生之间和生生之间的同步交互、异步交互作为重点设计、开发的步骤之一。总之,当前基于建构主义理论下的在线培训模式设计符合网络学习时代的要求,对在线培训模式的制定有较大指导意义。

另外,20世纪50年代后,计算机技术和信息技术的不断发展,为心理学家分析和推断学习者的心理提供了一个重要工具。信息加工认知论是由心理学家加涅提出的,他认为学习是一个由学习者不断接收信息、储存信息、提取信息,同时与周围环境不断作用的过程。另外,加涅提出学习可以分为若干阶段,每个阶段都会发展不同的信息加工,每个阶段接受信息、储存信息和提取信息时所发生的事件就是学习事件。教师教学的过程,就是影响和刺激学生信息加工的过程,因此教学阶段应与学习阶段相对应。学习事件是由学生内部发生的,而教师教学影响学生的学习发生则是外部条件。[1]信息加工理论将学习的过程分为动机、领会、习得、保持、回忆、提取、作业和反馈八个阶段,在这一过程中,个体对信息的加工又可以分为刺激、编码、存储和提取四个环节。[2]

从信息加工认知论可知,学习发生需要有动机的激发,学生自身内部学习需要与教师外部通过视听内容的刺激后,信息在被编码后,储存在短期记忆中。想要获得长期信息的记忆,教师需要帮助学生选择合适的编码方式。另外,教师还需注重培养学习者信息检索的能力,以便于今后需要运用习得的信息时,能准确提取信息并运用。当然,学习发生后的作业阶段也尤为重要,该阶段可以帮助教师准确、及时地掌握学习的情况,并给出反馈,强化学习的动机。本研究中不论肯普模式、史密斯-雷根模式还是尼文模式,都具有将学习者心理过程进行认知分析的优点,将信息加工认知论较好地结合到教学设计模式中。总的来说,按照信息加工认知论,可以将教学过程分为分析学习者学习需求,教师组织教学内容,教师选择实施教学内容的方式,以及教师给予学习者反馈几个部分。

---

[1] R·M·加涅.学习的条件和教学论[M].皮连生,王映学,郑葳,等译.上海:华东师范大学出版社,1999:3-5.
[2] HAYDEN S C W, OSBORN D S, PEACE C, et al.Enhancing Agency in Career Development via Cognitive Information Processing Theory[J].British Journal of Guidance & Counselling,2021,49(2):304-309.

2. 成人教育的教学观

成人学习的发生基于自身经验，寓于日常生活和工作的情境之中，因此成人教学应将实践性知识和理论性知识结合，为成人学习者创设一个解决日常工作和生活问题的情境，并注重成人自主学习、协作学习的过程。成人教学强调培养成人学习者在工作岗位中协调问题、解决问题的能力。行动导向教学法则是较为适合成人学习者的教学方法，其理论可以溯源到建构主义学习理论、项目制学习理论、问题导向学习理论、范畴学习理论。总的来说，此种教学方法认为学习者学习是在主动学习，不断反思的过程中发生的，而不是一个通过外部因素控制的过程。因此，在行动导向的教学法中，教师充当引导者、指导者、学习过程组织者的角色，更多的学习发生则需要学习者自主进行，与其他学习者交流、分析、协作。[①]行动导向教学法结合了建构主义和行为主义教学的理论观点，即强调学习者在外部刺激，出现学习需求后，在实践中学习，通过实践性的课程内容和课程实施方式来建构新知识，获取相关经验。

行动导向教学法有四个特点：第一，行动导向教学法强调学习者的自主行动性。行动导向的教学内容通常根据学习者工作岗位所要求的能力，以及维持该工作环境所需行动这些外部刺激来开发、设计、实施及评价。行动导向教学的实施过程中，以情境式、沉浸式的实施方式为主导，项目式的主要教学模式，将学习者完成工作岗位需求放在中心地位，让学习者通过情境体验，连接已有经验，完成新知识的构建。第二，行动导向教学法注重教学流程的完整性，其认为学习者可以在完整的教学流程中发现问题、探索解决方法最后解决问题，帮助学习者获得能力提升。[②]第三，行动导向教学法强调协作学习，协作学习不仅是学生之间通过相互合作、交流，共同完成学习任务，实现学习目标，还是学生和教师之间双向的协作交流，最终教师的教学内容顺利进行，学生也通过与教师交流学习完成知识的建构和内化。第四，行动导向教学法主张教师转变角色，在教学过程中主动充当引导者、组织者和支持者，而不是单向灌输知识。由行动导向教学法可

---

① 韩茂源.行动导向教学法的理论释义及实践解读[J].黑龙江高教研究,2011(6):146-147.
② 壮国桢.高职教育"行动导向"教学体系研究[D].上海:华东师范大学,2007.

知,项目式的教学组织方式较为适合参训教师有效学习,在项目式的教学方式中,可为参训教师提供主题式的,与其教学实践有关的情境任务,促进参训教师间协同合作,便于教师在情境中学习。

五、研究设计

(一)研究问题

信息时代知识更新的速度让人们意识到学习是贯穿人一生的一件事,"前半生学习,后半生工作"的思想已不再适合当前社会的发展。终身教育思潮也促使教师进行继续教育和职后培训的需求大大增加。在"互联网+"时代背景下,我国教育部、各地政府都出台政策推动"互联网+教育"的发展。"互联网+教师教育"是"互联网+教育"的产物,可以有效弥补线下教育的不足。比如线上教育可以降低教师培训所需场地资源的需求;打破时空限制,教师可以利用空余时间接受网上培训,不需要脱岗离职;培训者可以根据不同参训者的需求进行课程制定,参训者也可以在丰富的网络课程中自主选择适合自身需求的课程,实现"因材施训"。然而,我国中小学教师在线培训的开发者在设计之初并未了解清楚教师对在线培训的需求,甚至盲目"跟风"制定培训内容,导致不同培训中的目标和内容设定上重复过多,缺乏科学性、逻辑性,难以满足日益增长的中小学教师专业发展的需求。而美国教育信息化的发展较早,且一直紧跟时代步伐,其中小学教师在线培训模式是在发现问题和解决问题的过程中发展起来的。同时,美国中小学教师在线培训模式的设计遵循美国实用主义原则,充分挖掘和分析教师的学习需求,以开设实践应用课程为主,促进了教师专业知识的更新与职业能力的提升。因此,在面临相似问题时,美国的经验可以为我国中小学教师在线培训的发展带来一定启示。

综上所述,依托互联网信息技术的在线培训模式既可以满足中小学教师对职后培训迅速增长的需求,又可以打破时空限制实现随时随地学习。但是,我国中小学教师在线培训目标、内容存在模糊,不能满足教师需求,在线培训流于形式等问题。因此,基于以上现实矛盾,本研究旨在通过探索美国小学教师线上培训模式的设计、实施和评价保障,总结其成功做法和经验,反思我国中小学教师在线培训模式的不足,为我国中小学教师在线培训模式的发展提供可行性建议。

(二)研究目标

本研究基于我国中小学教师在线培训模式研究不能满足现实需要的现状,将美国成熟的、多样化的中小学教师在线培训模式表现形式作为研究对象,总结其经验与启示,解决我国中小学教师在线培训模式的问题。具体研究目标为:

1. 理清美国中小学教师在线培训模式的历史演变,阐明美国中小学教师在线培训模式开发和运行的理论基础、现实图景与存在价值;

2. 依据美国中小学教师在线培训模式开发和运行的理论与实践,反思我国中小学教师在线培训模式的设计和实施现状,并根据美国成功经验,结合我国当前研究与实践现状,提出可资借鉴的建议。

(三)研究内容

本研究主要以美国中小学教师在线培训模式为研究对象,围绕其设计和运行的理论与实践展开研究,旨在通过演绎美国中小学教师在线培训模式的开发与运行,分析其经验的可借鉴之处,将其经验本土化,为我国中小学教师在线培训模式的发展提供可行性建议。据此研究内容设定为:

1. 美国中小学教师在线培训模式是什么,从历史与现实两个角度,阐释其理论与实践的历史演变与现实图景;

2. 美国中小学教师在线培训模式的实践应用,通过分析美国中小学教师在线培训模式的具体案例,明确美国中小学教师在线培训模式的实效性和实用性;

3. 美国中小学教师培训模式的经验与启示,通过反思我国中小学教师在线培训模式的理论与实践现状,提出对我国中小学教师在线培训模式的发展建议。

(四)研究方法

1.文献法

文献法是指对已有的文献进行提取、收集、分析文献的方法。同时,通过对已有文献的分析结果,了解某专业领域研究的进展,并发现研究的不足。文献是进行研究的基础,其贯穿整个研究的过程,从选题到形成研究报告都离不开文献的检索和运用。[1]本研究由于条件限制,不能去到美国进行实地调查和访问,因此,利用中国知网CNKI、维普、万方、人大复印资料、Elsevier、ProQuest Education Journals、Web of Science、Springer ebook等中英文数据库以及Google等网络搜索引擎,收集、整理和归纳美国中小学教师在线培训模式的历史发展过程,现状以及发展趋势;同时,大量收集关于美国中小学教师培训模式的典型案例以及总结其特点的文献有助于在提炼美国在线培训模式开发和运行的特点时找到切入点。

2.案例法

案例法以典型的实际案例为素材,将理论和实践相结合,通过具体的分析使人们进入特定的研究和实践过程,建立真实的研究与实践感受,以寻求解决研究与实践问题的方案。本研究将利用案例法对美国中小学教师在线培训进行描述分析,还原其模式设计和实施的真实场景,学习其模式设计中各因素结合的内在逻辑,以明确美国中小学教师在线培训模式的具体操作过程及特点。

3.比较法

研究中采用比较法可以探寻事物本质和其发展规律,通过对事物进行描述、分析、比较找出事物的异同点、可借鉴之处以及可避免的错误。本研究拟对美国中小学教师不同在线培训项目的设计过程及其具体实践进行探析,并针对我国中小学教师在线培训模式现存的问题,提出可行性建议。

---

[1] 裴娣娜.教育研究方法导论[M].合肥:安徽教育出版社,1995:89-91.

(五)研究步骤

第一,本研究结合所掌握的国内外相关文献,选取美国作为研究国,美国中小学教师在线培训模式作为研究对象,通过对美国中小学教师在线培训模式进行深入研究。本研究将系统论作为分析模式的理论依据,从整体的视角看待美国中小学教师在线培训模式,认为美国在线培训模式由目标、内容、实施和评价四个子系统组成。四个子系统相互影响,又相互独立。同时,美国中小学教师在线培训模式存在于美国社会这一更大系统中,其设计和发展受到美国社会、政治、经济和科技等因素的影响。此外,美国中小学教师在线培训模式的优化也要基于与外部体系不断交换信息的基础上,依据外部系统的要求进行不断更新。

第二,本研究将梳理美国中小学教师在线培训模式的历史发展进程。本研究认为美国中小学教师在线培训模式的演变过程与信息技术的发展紧密相连,因此,本研究结合美国信息技术的产生进程以及三大类教学设计模式的发展基本情况,将美国中小学教师在线培训模式分为三个发展进程:萌芽期主要依托视听技术进行远程培训;成长期主要依托电子计算机和多媒体技术进行在线培训;成熟期主要依托电子信息技术和虚拟现实技术进行在线培训。成人教育理论作为基本理论的支撑,本研究认为成人学习者与儿童学习者相比,有独特的认知特点和认知能力。成人学习是出于自身需要,自主驱动的个人的愿望,动机明确,学习内容需与解决工作、生活中实践问题相关,且成人学习新知识的过程是在个人经验的基础上建构起来的。本研究根据教学设计模式线性和非线性的分类方式,选取史密斯-雷根模式和肯普模式,以及将线性和非线性教学模式相结合的尼文模式为代表,探讨美国中小学教师在线培训的三种模式。

第三,本研究将对以上提出的三种模式进行理论和实践应用的探索。本研究发展初期的肯普模式是基于行为主义学习理论发展起来的,认为学习的发生受到外部刺激的影响,肯普模式将教学看作一个椭圆、非线性的结构形式,将学习者需要放于中心地位。而史密斯-雷根模式一开始则是基于认知主义学习理论发展起来的,认为学习发生不仅受到外部因素的刺激,还需要内部需求的激发,史密斯-雷根模式将教学看作一个线性的模式,将教学设计分为三个模块。

尼文模式则将线性和非线性教学设计模式结合,认为教学的开发、设计、实施和评价是一个循环往复,不断进行的非线性过程。但从教学开发的前期研究、教学实施以及终结性评价这一视角来看,又是一个线性的过程。三种模式虽然在当初形成时受到社会主流学习理论的影响,但是在社会发展中,不断完善,体现出集中学习理论。三种模式主要依托本研究依托建构主义、行为主义和认知主义三种学习方式。本研究根据以上三种模式的设计过程和标准,分析美国当前中小学教师在线培训模式的具体案例的成效和问题。从在线培训模式的目标是否满足中小学教师学习需求,内容选择是否给予参训教师充分自由度,实施的方法是否发挥"在线"的优势以及评价标准是否客观且具有持续性几方面对美国中小学教师在线培训进行分析。

第四,本研究以比较的视野对美国中小学教师在线培训模式进行系统、全面的研究,借鉴学习其成功经验和失败教训,以此进一步完善我国中小学教师在线培训模式的开发和运行。首先,从历史的维度对美国中小学教师在线培训模式的演变进行梳理,从现实角度演绎分析美国现阶段中小学教师在线培训模式的现实样态,以把握美国中小学教师在线培训模式演变的过程、背景性因素以及现实图景。其次,对美国现有中小学教师在线培训模式的具体个案进行分析并总结其特点,体会美国中小学教师在线培训模式中的目标、内容等子系统的内在逻辑。最后,结合美国中小学教师在线培训模式的发展历程,以及特点,总结美国中小学教师在线培训模式可以用于我国在线培训模式开发和实施的经验,为我国中小学教师在线培训模式的发展提供可行性建议。

第一章
美国中小学教师在线培训模式的发展进程

王炳照认为历史意识的形成对"把握研究对象的历史发展脉络、找到研究的思路和视角、最终确定研究问题"[1]有重要引导作用。本章将美国中小学教师在线培训模式的变化过程分为了三个阶段:萌芽期、发展期和成熟期。萌芽期的美国中小学教师在线培训模式主要基于行为主义学习理论,以提升中小学教师数量为目的;发展期的美国中小学教师在线培训模式以电子计算机与多媒体技术为依托,主要基于认知主义学习理论,以提高中小学教师对教育技术认识和掌握水平为主要目的;成熟期的美国中小学教师在线培训以电子信息技术和虚拟现实技术为依托,将认知主义、行为主义和建构主义相结合,以满足教师个性化和多样化参训需求为主要目的。本章将追溯美国中小学教师在线培训模式的演变发展脉络,具体梳理社会背景变化对其在线培训模式设计理念、内容建构等方面的影响。

一、萌芽期(20世纪40—60年代)的中小学教师在线培训模式

从宏观视角来看,美国中小学教师的在线培训模式开发和实施会随当下社会因素、经济因素、科技发展因素、特定教育目标、教育技术等环境与条件的变化而变化,可见,美国中小学教师在线培训模式发展具有内在的逻辑性。从微观视

---

[1] 王炳照.人文社会科学研究的历史意识[J].北京师范大学学报(社会科学版),2009(3):22.

角来看,美国中小学教师在线培训模式的不同形式在多重外力的推动下逐步显现,比如各州政府不同时期教师培训政策、各州中小学教师在线培训模式理念和原则、各州中小学教师在线培训技术的发展、各州对中小学教师的要求以及不同的教师专业组织的发展对中小学教师在线培训的影响。

（一）时代背景:"八年研究"对教师培训的转向

随着20世纪经济危机的爆发引起美国经济大萧条后,失业人口剧增,受教育程度直接影响获得工作机会。失业人口为了重新获得工作机会,重返校园接受教育,获得更高层次学历成为大部分人的最优选择。为了提升中小学学生学习的成果,美国中小学教师的聘任标准被逐步提高,中小学教师的社会地位和薪资待遇得到进一步重视。中小学教育的课程制定以及与中学、大学课程衔接的一系列问题引起美国教育各界广泛的思考,"八年研究"计划由此诞生。该计划尤为关注教师作为"人"的成长和教师专业发展在教育教学和学校管理中发挥的作用。"八年研究"计划为了保证中学毕业生掌握的技能能够在进入大学后与大学知识较好衔接,或进入社会后足够迎接社会的挑战,将中学课程目标框定于入学与就业两个方面。结合"八年研究"计划对中学毕业生课程内容的定位,教师在线培训重视教师与社会不断变化对教师提出新要求之间的联系,关注在线培训课程中知识和技能的实用性,利用在线培训的优势给予参训教师更多的自主性,选择真正需要的培训内容,满足参训教师的多种需求。

在此期间,第二次世界大战结束后,美国通过倾销军火、物资等获得了大额利润,这为之后美国国内生产总值的提高、美国社会结构的转型,以及第三次科技革命的发展提供了丰厚的物质基础。20世纪50年代后,美国社会发展、经济增长进入黄金期。[1]经济繁荣的美国逐渐兴起第三次科技革命,这场理论科学与应用科学的双重革命,改变了社会对人才的需求,从"劳动密集型"向"知识密集型"转化,颠覆了前两次科技革命表现出的由生产到技术再到科学的次序,变更

---

[1] 刘沛汉,魏承均.当代世界政治经济与国际关系[M].合肥:安徽教育出版社,1989:97.

为由科学到技术再到生产的新型方式,改变了科学、技术与生产的关系。[1]由于对社会人才需求的要求不断提高,直接影响到对中小学教师的要求,美国对教师职后专业的发展不断提高,逐步转变为理论与实践运用紧密结合。此外,为了提高中小学教师职后专业发展的质量,美国全国教师教育评估委员会(National Council for Accreditation of Teacher Education,简称 NCATE)成立,负责发布和认证教师专业发展标准,统一全国教师资格认证体系。[2]美国第一个全国性的教师教育专业标准于1957年由NCATE发布,其中教师职后专业发展的目标、内容、实施方式、教育资源和技术的运用等方面被强调[3],较快地推动了美国中小学教师专业发展的质量。1965年,《中小学教育法》(Elementary and Secondary Education Act of 1965)发布,教育法根据美国当下社会中小学学生的期望和要求提出一系列加强基础教育的措施。同时,这也提高着对中小学教师教育教学水平的要求。

(二)培训目标:"得到一个教师"转向"得到一个合格的教师"

从20世纪开始,美国社会的不断发展促使其对中小学教师产生了更高的要求。同时,心理学和新的教育哲学观念也推动了新教育理念的出现。中小学教师在线培训模式为了适应快速发展的美国社会对社会成员提出新要求,比如对新兴技术掌握能力、创造能力以及公众对于中小学教师的素质要求逐渐提高,进行了不断的调整和发展。美国社会对中小学教师的要求已从"得到一个教师"向"得到一个合格的教师"转变。由于美国进入工业社会后迅速发展,中小学教师专业发展却不能充分适应社会的变化,基础教育的质量面临严峻挑战。一方面,在第一批婴儿潮中出生的婴儿在20世纪50年代后普遍成为入学适龄儿童,美国中小学入学人数大幅提升。另一方面,正在进行扩充的美国初等教育加剧了美国小学教师的短缺。为了迅速扩充中小学教师的数量,美国各中小学都相应降低了教师聘任的标准,导致一批合格率较低的中小学教师进入了教育行业,导致

---

[1] 李盛兵.研究生教育模式嬗变[M].北京:教育科学出版社,1997:102.
[2] 石芳华.美国全国教师教育评估委员会(NCATE)简介[J].比较教育研究,2002(3):60.
[3] HALL A W.National Board Certification: The Impact on Teaching Practices of Three Elementary Teachers [D].East Tennessee:East Tennessee State University,2012.

美国初等教育的水平和中小学学生成绩下降。在此期间,随着美国通信技术和多媒体技术的发展,中小学教师在线培训改革的呼声日益高涨。[1]改革内容包括:第一,改变以往在线培训内容设置浅显,且严重脱离中小学教学实际的状况;第二,提高中小学教师的基本素养,如管理课堂能力、与学生沟通能力、组织课程内容能力等没有获得适当培训机会的素养;第三,灵活安排在线培训时间,凸显在线培训跨时空的优势;第四,改变中小学教师对教育学知识、学科知识、教学技巧、教学研究方面知识掌握的情况,以及信息缺乏和滞后的状况,给予参训教师有针对性的在线培训。[2]

(三)模式基础:行为主义学习理论与视听技术的发展

20世纪以来,随着电力的普遍使用,视听技术被广泛应用于教育领域,加上大众传媒的大规模发展,视听教育(Audio-Visual Education)在中小学教师培训中迅速发展起来,并最终推动教师在线培训从单一的函授教学形态向多载体教学(Multi-Media Teaching)的形态转化。20世纪30年间,"世界广播大学"应运而生,至此,美国中小学教师在线培训采用印刷材料、录音、录像等多种媒体并用的实施形式,大大丰富了在线培训的实施载体,使得在线培训内容传播形式多样化。另外,在20世纪20—50年代之间,行为主义盛行,从而产生了行为主义学习理论,其强调研究学习者的行为,注重教师的"教",认为具体的行为反应取决于具体的刺激强度,并被逐渐运用到当时美国中小学教师远程培训中。因此,当时社会中小学教师在线培训模式主要体现为通过外部刺激,比如培训活动、培训任务来刺激参训教师进行学习。

20世纪50年代以后,电视机的制造技术突飞猛进,随着电视机普及率的提高,电视逐渐被运用到中小学教师远程培训中。在此期间,美国家庭电视机的拥有率大幅提升,依托电视台技术的中小学教师远程培训不仅可以提高培训效率和培训内容传输速度,还可以优化教育资源的配置,因此视听技术的使用使美国

---

[1] 栗洪武."教师教育"不能取代"师范教育"[J].教育研究,2009,30(5):69-70.
[2] HODENFIELD G K, STINNETT T M.The Education of Teachers: Conflict and Consensus[M].Englewood Cliffs: Prentice-Hall,1961:30-40.

中小学教师远程教育的实施方式产生了革命性的变化。(如表1-1)

表1-1 20世纪50年代美国建立教育电视台的重要事件

时间	事件
1950年	美国教育委员组织召开了关于将电视融入教育的会议
1952年	美国联邦通讯委员会划定242个频道给教育电视
1953年	美国第一个教育电视台是休斯敦的KUHT-TV电视台,该台于1953年正式播出教育节目

美国教育电视台的建立一定程度上缓解了美国教师短缺,以及其他教育资源分配不均的问题,比如教育电视可以将教育资源轻松传输到相对偏远的地区进行在线培训。另外,依托电视台进行的中小学教师培训还大大降低了传输培训内容、教师的交通费、传统培训的场地费等费用。因此美国各州纷纷效仿,成立具有地方特色的教育电视台,还在许多学区加大资金投入,为教师培训和学生学习配备用于远程教育的电视机。

在美国的教育电视台中,由高校或教育机构管理的比较著名的电视台包括:亚利桑那大学管理的KUAT(频道6)、丹佛学校委员会管理的KRMA(频道6)、伊利诺伊大学管理的WILL(频道12)、内布拉斯加大学管理的KUON(频道12)、俄亥俄州立大学管理的WOSU(频道34)和密尔沃基职业与成人教育委员会管理的WMVS(频道10)。另外,1952年后十年间,美国为发展教育电视台做出了不懈努力。(如表1-2)

表1-2 1952年到1962年美国教育电视台发展状况

时间	事件
1952年	美国联邦通讯委员会为教育划拨了242个电视频道,专门播放教育节目,又授权公共电视台播放教育电视节目
1953年	美国得克萨斯州的休斯敦建立了世界上第一个教育电视台
1958年	美国政府颁布了《国防教育法》,为教育电视的发展提供了资金政策,此后,美国的各地区纷纷建立教育电视台
1960年	美国已有50多个教育电视台
1962年	美国总统签署了通讯法案,联邦政府拨款来发展教育电视台

电台分为单一机构电台（Single-Agency Station）、社区电视台（Community Station）和州立网络电视台（State Network Station）。其中单一机构电台主要由各高校、教师组织出资运行，是专门的远程培训机构。（如表1-3）社区电视台是从社区整体发展水平的视角出发，评估社区教育水平和文化知识后，对社区居民进行相应知识普及。（如表1-4）州立网络电视台是在州的统一规划下联合州内各家教育电视台组成一个网络，每个电视台都是其中的一个成员。该机构可以实现教育电视节目在州内的互享，从而降低教育电视节目的制作费用。（如表1-5）

表1-3 单一机构电视台基本情况

教育电视台	频道	管理机构
KUAT	6	亚利桑那大学
KRMA	6	丹佛学校委员会
WILL	12	伊利诺伊大学
KUON	12	内布拉斯加大学
WOSU	34	俄亥俄州立大学
WMVS	10	密尔沃基职业与成人教育委员会

表1-4 社区电视台基本情况

教育电视台	频道	管理机构
WQED	13	匹兹堡大都市教育电视台
WTTW	11	芝加哥教育电视台委员会、芝加哥公共学校、地区学院和大学
KCTS	9	华盛顿大学、公共学校、图书馆和学院
KETC	9	圣·路易斯教育电视委员会
KQED	9	海湾区教育电视委员会

表1-5 州立网络电视台基本情况

教育电视台	频道	管理机构
WAIZ	2	阿拉巴马教育电视委员会
WBIQ	10	阿拉巴马教育电视委员会
WCIQ	7	阿拉巴马教育电视委员会
KETA	13	俄克拉荷马教育电视局
WUFT	5	佛罗里达教育电视委员会
WJCT	7	佛罗里达教育电视委员会
WTHS	2	佛罗里达教育电视委员会
WEDU	3	佛罗里达教育电视委员会

(四)模式样态：肯普的非线性模式主导

二战后，美国中小学教师在线培训受益于科学技术的快速发展，电视机等教学设备和新式教学手段被运用到中小学教师远程培训之中，一些难以用语言表达的内容通过这些教学媒介传授给参训教师，其形象化、个性化、实践性的演示特点为参训教师日后将培训内容转化到实际教育教学中提供了良好基础。同时，大量电化直观教具的装置、评定和测验参训教师培训效果的在线分析工具等源源不断地融入中小学教师在线培训日常中。现代化技术的广泛使用，改变了教师各自为战的状态，开始逐步形成在线学习共同体。此外，一些中小学教师在线培训还为适应不同参训教师所教学生的差异采取了分组在线培训的方式。在强大外部商业力量的驱动下，中小学学校纷纷购置或自制了大批的教学幻灯片、图片和电影片，电影教学逐渐成为教师在线培训的重要工具。尤其在第二次世界大战结束后，美国教育总署把当时部队培训用的大批视听教育器材分发给了学校，这为中小学教师在线教育提供了物质支持。此外，战时从事远程教育的专家纷纷重返学校，继续为学校开展远程教育工作。同时，战争中对在线教育运用的巨大成功也激发了战后学校对在线教育的兴趣和热情，学校对在线教育的投入迅猛增长。为了提高中小学教师远程培训的效率和质量，许多学校与教育管

理部门合作，成立了视听资源中心。（如表1-6和表1-7）

表1-6 视听资源中心资源

视觉	听觉	书籍	社区资源	博物馆	教学补给
幻灯片 电影票 图片图表 地图、地球仪 视听设备 微缩影片	收音机 录音机 录音带 电视 录音记录	课本 书籍 杂志 课外读物 活页书	工商企业 原材料 政府部门 人力资源	展览 立体模型 师生作品	绘图纸 实验设备 实验材料 体育设施 音乐设施 幼儿园设施

表1-7 视听资源中心的服务范围

应用培训	采购器材	供应	维护	制作
在职培训 会议 演示讲习 评价 应用设计 设备使用 指导选择	验收 评价标准	目录 录音材料 视觉材料 展品 书籍 教学供应 板报	收音机 录音机 投影幻灯机 科学设备 书籍 地图和地球仪 影片和幻灯片	幻灯片 照片 动画片 展览品 立体图片 电影短片 海报 使用手册

此外，该时期的中小学教师在线培训模式的开发和设计受行为主义学习理论的影响，此种理论较为注重在线指导教师的"教"，而忽略参训教师的"学"，强调知识来源于外部的刺激，可在技能和作业训练中刺激参训教师学习的发生。该时期的在线培训模式将外部刺激作为教师学习发生的唯一动力，为参训教师创设一个学习环境，设计了大量的训练和培训任务来提高其教育教学能力，以此快速提高参训教师的教育教师水平，消除不合格教师。该时期的中小学教师在线培训模式可以概括为肯普模式。肯普模式作为一代教学设计模式的代表，其较好吸收了行为主义学习理论，教学设计呈现出非线性、周期性的特征。得益于肯普模式非线性的特征，在线培训开发者可以按照自己的习惯和喜好来确定模式的起点，这也为刚刚萌芽的在线培训模式提供了较为灵活的模式设计指导。同时，视听技术的迅速发展，有效降低了中小学教师在线培训的成本，大量中小

学教师在线培训的项目涌出。

美国社会各界人士在1957年苏联人造卫星上天后,将军事技术的落后归咎于美国教育质量较低上。教育质量不高主要源于教师的低质量,因此,美国教育界人士提出要通过教师专业发展来提高教师的质量。教师专业发展应该是多方面的,不仅要为教师巩固专业理论知识,还应该为教师提供持续性的、终身性的学习机会。[1]该时期的中小学教师远程培训主要以视听技术为基础,单方面向参训教师灌输知识,从而刺激参训教师学习行为的发生。另外,这个时代中小学教师在线专业发展的标准和体制还受到五次教育改革的影响。第一,福特基金会通过对中小学教师在线培训改革提供资金支持,进一步完善了教师资格认证的标准;第二,《教师职业的新地平线》的发表意味着中小学教师专业发展标准的全面完善;第三,兰斯对教师认知特征的研究结果被运用于中小学教师在线培训项目的开发和设计中;第四,科南特发表的《美国教师教育》被用于指导教师教学的改革;第五,由美国教师教育学院协会出版的《现实世界的教师》也指明了中小学教师在线培训的方向。

二、发展期(20世纪70—80年代)的中小学教师在线培训模式

(一)时代背景:信息技术迅速发展对教师教育技术运用的要求提高

20世纪60年代后美国政治、经济、社会的快速发展在对中小学教师在线培训提出新要求的同时,也为其提供了丰富的物质条件和硬件基础。在此期间,美国完成了第三次工业革命,同时迎来了信息革命,不论是中小学教师在线培训的开发者还是参训教师都面临着前所未有的挑战,在线培训项目开发者需要跟随信息技术的脚步,将最新的在线培训技术运用于中小学教师在线培训项目当中,而参训教师则需要适应、学习、掌握新兴技术,并运用于实践教育教学中。从政治角度来看,各国的竞争归根结底是教育的竞争,教育质量的高低很大程度上与

---

[1] HUTTNER J,SMIT U,MEHLMAUER-LARCHER B.ESP Teacher Education at Interface of Theory and Practice: Introduce a Model of Mediated Corpus-Based Genre Analysis[J].System,2009,37(1):99-108.

教师教学水平的高低呈正相关。因此，需要高效运用教育技术，开发和设计中小学教师在线培训项目，以提升中小学教师的教育教学水平。由于美国各州对其教师标准逐渐提高，当时中小学教师的专业水平和业务水平普遍不能满足社会快速发展的需要，因此，美国各州要求中小学教师接受在职培训教育以适应社会对其提出的更高要求。美国国家专业教学标准委员会（National Board for Professional Teaching Standards，简称NBPTS）从1987年成立以来，就持续发布和完善美国中小学教师专业发展的标准，这也深深影响着美国中小学教师在线培训模式的变化和发展。美国国家专业教学标准委员会在1989年发布的《教师应该知道什么和能够做什么》（What Teachers Should Know and Be Able to Do）中，提出了五项核心建议。建议重点在教师资格认证、中小学学科以及中小学教师专业发展层次方面提出优秀中小学教师的标准。[1]

（二）培训目标：提高教师对教育技术的掌握能力

20世纪60年代后，得益于电子计算机的诞生以及信息技术的不断发展，越来越多的信息技术被运用到中小学教师在线培训的项目当中。在美国的《国防教育法》（National Defense Education Act）以及《中小学教育法》中，都指出要为新兴信息技术融入教育领域的研发提供资金支持。在当时的美国社会中，各类高校、培训机构等都推出了中小学教师在线培训项目，这种改变推动单一教师职业机构垄断中小学教师在线培训被逐步废除，中小学教师在线培训逐步向市场化发展，为中小学教师在线培训项目的设计和发展注入了新鲜血液，带动各学院、在线培训机构间良性竞争。20世纪60年代到80年代中后期，美国中小学教师在线培训正式进入了发展初期，在逐渐积累的在线培训技术、新理念的基础上，越来越多的新兴技术，比如电子计算机、多媒体技术等被应用于中小学教师在线培训的活动中。在此期间，中小学教师对现代化技术的掌握和运用一度成为在线培训内容的重中之重。同时期发展出现并发展起来的还有认知主义学习理论，

---

[1] National Board for Professional Teaching Standards.What Teachers Should Know and Be Able to Do[EB/OL].[2024-04-15]. https://www.accomplishedteacher.org/_files/ugd/0ac8c7_25be1413beb24c14ab8f6e78a20aa98f.pdf.

该理论被逐步运用到当时的中小学教师在线培训模式的设计当中,不仅出现了以认知主义学习理论为主要依据的中小学教师在线培训模式,之前以行为主义学习理论为主要依据的中小学教师在线培训模式也逐步将认知主义学习理论的观点加入培训设计当中。

(三)模式基础:认知主义学习理论和互联网技术的发展

美国联邦政府依据相关法令,拨款资助各州、各学区,促进中小学教师专业发展,其中在线培训也随着多媒体技术和信息应用技术的发展逐步成为中小学教师专业发展的重要部分。为了将新兴信息技术和多媒体技术尽快融入中小学教师在线培训发展中,提高中小学教师对新兴技术的理解和运用水平,针对中小学教师在线培训项目的研发和运行累计等,美国联邦政府提出在1959—1962年间每年拨款8亿多美元。[①]在线培训机构除了对中小学教师日常实践中所需教学技能进行培训和提高外,还会对中小学教师的教育学理论知识、学科专业知识等进行训练与更新,为中小学教师提供多样化的在线培训内容,希望借此提高参训教师的总体基本素养。此外,各州立大学也按照本州教育管理部门规定的教师专业标准,为中小学教师开设在线培训项目,以培养为本州服务的师资人才为在线培训项目的核心目标。20世纪70年代,中小学教师在线培训从单一的远程教育形式向多种媒体共存的实施形式转变。一种主打新型远程学习、多媒体教学的学校应运而生,该类学校为了突出"在线"的特点,通常取名为远程教育大学、空中大学、开放大学等。在资金投入方面,《公共广播法》的颁布为教育电视的发展提供了充足的资金支持,这也直接推动了以公共电视为主要实施媒介的在线培训的大力发展。至此,该时期美国中小学教师在线培训逐步转变为依托信息技术和多媒体技术,并集中各地优质资源的模式。

1975年,个人微型计算机出现并迅猛发展,在一定程度上推动了在线培训的发展,各类在线培训课件、软件被运用到中小学教师在线培训当中。1976年,在当时的美国社会中,在线培训开发和运行最成功的,凤凰城大学(The University

---

[①] 曹惠容.试论美国教师教育经费来源的特点及其对我国的启示[J].中国高教研究,2009(1):33-34.

of Phoenix)成立。1976年10月,美国借鉴英国经验,在各地建立起"教师中心",进一步推动了中小学教师职后培训的发展。"教师中心"使用线上线下混合教学的方式,[①]线上通过为教师提供自主学习、互相交流、共同进步的平台,促进建立教师学习共同体。线下教师中心则设有研究室、图书馆等学习区域,教师可以学习、研发新的教学方法,研究如何组织有效的教学内容等。"教师中心"对中小学教师的教育教学水平和学科理论知识的全面提高起到了重要作用。从20世纪80年代开始,个人计算机(PC)在学校中逐渐普及,美国各院校开始独立制作或从其他院校购买日常教育教学及教师在线培训所需的课件等资源。随着信息传播技术的快速发展,各院校、在线培训机构间相互合作,共同承担开发和设计中小学教师在线培训项目以及运行和传输在线培训内容所需资料的费用。

20世纪70年代美国中小学教师数量的短缺问题得以缓解后,教师质量问题又引起新一轮的讨论和关注。20世纪80年代初,美国教育部部长贝尔就当时美国教育质量较低的问题,选出18位专家进行研究调查。调查结束后,《国家在危机中:教育改革势在必行》(*A Nation at Risk: The Imperative for Educational Reform*)报告发表。报告指出为中小学教师提供职后专业发展的机会是提高美国教育质量的重要路径,并提出较多教师专业发展改革的建议。20世纪80年代前,美国实行终身制的教师资格制度。随着社会发展对中小学教师要求的不断提高,终身制的教师资格认证制度已不能满足当下社会对教育质量的要求,因此,年限制的教师资格认证制度应运而生。年限制的教师资格证书规定教师要在5到7年内更换资格证书,申请更换证书时教师不仅需要达到规定的任教年限,掌握更高水平的教育教学能力技巧,还需要提供任职期间参加培训的记录,任职期间参加的培训应该达到要求修满学分的最低标准,或者教师可以通过获得更高学位换取高一级的教师资格证书。与此同时,经过中小学教师在线培训又一段时间的实践,美国教育界意识到仅仅以"补救"的方式,"自上而下"地、机械地开展中小学教师在线培训远远达不到提高教育质量的目标,也不能仅仅依照外在的标准开展中小学教师培训活动,应该结合中小学教师自身需求以及社会的要求,把中

---

① 王维臣.美国中学教师的在职培训[J].外国中小学教育,1992(3):37-38.

小学教师"模塑"成社会或时代潮流真正需要的人。另外,认知主义在该时期盛行,在线培训开发者逐步将认知主义学习理论的观点运用到中小学教师在线培训模式的设计当中。他们发现,片面通过外部刺激训练中小学教师的教育教学水平较难实现知识的内化和迁移,在设计培训内容前,应该充分考虑参训教师的内部认知水平,结合外部刺激因素,辅以快速发展的在线培训手段,使参训教师自主参与培训,从而激发参训教师的学习热情。可以说,这样的在线培训形式针对性强,且颇具实用性。

就在线培训课程的具体内容方面,在新技术革命的冲击下,美国中小学教师在线培训中教会参训教师掌握和学会实践运用现代新兴技术的实用型内容占有很大比重。为了迎合时代需要,美国中小学教师在线培训还涉及人口与环境问题、团结与和平问题等内容。但在同时,美国联邦政府组织相关教育协会和教育专家共同探讨教师职后专业发展问题,并先后发表了《准备就绪的国家:21世纪的教师》(*A Nation Prepared: Teachers for the 21st Century*)、《明天的教师》(*Tomorrow's Teachers*)等研究报告。许多教育家分析后认为当前中小学教师在线培训内容偏重课程,且具有为取得学位而学习的不良倾向。他们认为中小学教师在线培训应以教师从事的日常教学活动为主要内容,通过课堂中所产生的教学实际问题为切入点,帮助参训教师将培训所学知识高效转化到实践应用中去。[①]在在线培训的实施方面,实施手段逐渐从依托视听技术转变为依托信息技术和多媒体技术,美国各州、各地区成立了教育技术的研发公司以及在线培训机构相互协调,相互合作,推动美国中小学教师在线培训的发展。

20世纪80年代后,中小学教师培训对互联网技术的运用逐步达到高峰。1988年发布的《充电！教与学的新工具》(*Power On! New Tools for Teaching and Learning*)报告为教育政策制定者提供了教育技术的发展方向。报告指出,应该增加各个学校学生对信息技术的了解和运用;为教师的培训提供技术支持;鼓励教师在线培训技术的研发;支持教师参与教育研究,增强教育实践和研究之间的联系。此外,报告还指出要将信息技术和多媒体技术与教育教学过程更好地融

---

① 文进荣.教师继续教育课程体系研究[J].教育与职业,2015(3):91-92.

合,各州政府和联邦政府应该发布相关政策促进教育技术与日常教育教学的融合。此外,先后发布的《为学习联网:教育的新课程》和《成人素养与新技术:终身的工具》两个报告,都指出了新兴信息技术对成人学习的重要性。在处于成长期的中小学教师培训模式中,中小学教师在线培训不仅可以利用互联网技术集中和传输有效信息,还可以为参训教师创设一个在线讨论平台,供参训教师们以及在线培训指导教师进行问题回答、主题讨论、经验分享等,促进在线培训共同体的构建。

(四)模式样态:史密斯-雷根的线性模式主导

发展期的中小学教师在线培训模式可以概括为以认知主义学习理论为基础的,二代教学设计模式的代表:史密斯-雷根模式。随着互联网技术的发展,知识获取更加方便、快捷,美国各州根据更新后的基础教学的内容对中小学教师在线培训内容做出相应修改。第一,删除落后的技术内容,将最新发展的技术加入培训内容中;第二,提供针对中小学教师实际需求的培训内容;第三,在线培训内容加强理论联系实际。美国中小学教师在线培训课程的内容主要由高校专家负责认定,高校专家对中小学教师日常教育教学所产生的实践性问题不熟悉,导致美国中小学培训内容出现了理论脱离实际的现象。为了避免该现象再次发生,在中小学教师在线培训内容的改革中,认定在线培训内容的团体除高校专家外,还加入了中小学教师群体。由此可见,认知主义学习理论下的中小学教师在线培训模式,让中小学教师充分参与培训内容设计阶段,分析参训教师的特征、学习环境,了解其需求和所处水平,并根据参训教师的认知特点来设计培训内容的组织方式、传递方式和管理方式。

调查显示,美国佛罗里达州超过九成的中小学教师参加了在线培训项目,且反馈在线培训项目可以提供更有针对性的内容。以上中小学教师在线培训的改革与认知主义学习理论的发展和盛行紧密联系,认知主义学习理论强调知识的内化,而不是机械的复制,教师需要为学习者创设一个学习环境,关注学习者内心组织,形成认知结构的过程。因此,当时美国中小学教师在线培训的设计开始关注参训教师的认知特点和认知能力。但是，美国在线培训刚刚开始发展时过分强调其商业价值和实际应用价值，仅把目光集中在电子技术设备的投入使用上以及教会中小学教师如何使用电子技术设备上，缺少将电子技术设备与教育理论融合的培训内容，较少进行理论研究。大多数在线培训专家仅把自己视为媒体技术人员和在线培训的实施者，其主要工作集中在指导参训教师使用电子设备、制作电子视听材料，以及为参训教师提供日常教育教学活动中所需的视听资料。

进入信息化社会后，人们获取信息的速度、方式都发生了前所未有的变化，教师能够熟练掌握信息技术并在教育领域运用，才能紧跟社会变化的步伐。美国教育各界意识到教师不再是先学先知之师和信息的权威拥有者或者唯一的传播者。信息便捷、快速、精准的传播方式大大拓宽了学生获取信息的方式，中小学教师应该意识到自己已经不是学生获得知识的唯一途径，教师应该从知识灌输者转变为学生获取知识的组织者和引导者，促进学生形成自主学习的习惯。美国社会要求中小学教师具备良好的信息素养，即信息意识、信息道德、信息知识、信息能力。具体来说，信息素养要求中小学教师可以利用信息技术，对四面八方获取的信息进行集成、筛选和分析，并找出有效信息运用于日常教育教学中。同时，信息素养还要求教师有及时更新学科前沿信息的能力，以及集成学生相关学情分析数据的能力。

国际知名在线教育专家基更把在线培训分为四种类型：政府在线培训机构、私立在线培训机构、在线教学大学和传统大学开设的在线培训课程。得益于互联网技术的兴起和广泛运用，该时期的中小学教师在线培训的技术媒介由信息技术和多媒体技术向互联网技术转变，"在线"的特征愈发凸显。特别是进入互联网时代后，电子邮件等工具的出现更加速了信息传播的速度和准确度，对中小学教师在线培训模式的发展来说，互联网扩大了信息获取的范围，增加了知识获得的方式，便利了教师之间交互的手段。相较之前几个阶段的教师在线培训的实施，该阶段的实施更加贴合真实的课堂，在线培训不再局限于在线培训教师单向传输知识和经验，而是实现了同步和异步的信息交流方式，如电子邮件交流或互联网聊天平台交流。尽管新技术的产生和发展为中小学教师在线培训提供了新的活力,但是由于技术和经济的限制,在20世纪90年代以前,将计算机网络教学真正与教育理论相融合的中小学教师在线培训并不是十分普及,更多的是形式上利用互联网技术来提高中小学教师对于新兴的电子邮件、网络聊天室等技术的熟悉和运用。

三、成熟期(20世纪90年代至今)的中小学教师在线培训模式

(一)时代背景:全球化背景下对教师多样化要求

自20世纪90年代起,信息通信技术(Information Communication Technologies,简称ICT)的飞速发展为信息时代的到来打下良好的基础。以微电子(Micro-Electronics)、计算机和电子通信(Telecommunications)技术为核心的信息技术(Information Technologies,简称IT)在不断革新和进步,为中小学教师在线培训的飞速发展奠定了良好的技术基础。以双向(Two-Way)、交互(Interactive)为特征的卫星电视(Satellite TV)、直播课堂教学、电子远程会议等新兴科学技术的不断发展,推动中小学教师在线培训飞速发展,中小学教师在线培训变得开放灵活。网络教学(Networked Teaching)、在线教学(Online Teaching)、电子远程教学(Tele-Teaching)、电子远程学习(Tele-Learning)、虚拟教学(Virtual Teaching)等新兴电子信息技术被纷纷运用于中小学教师在线培训中。[①]

得益于科学技术和电子信息技术的不断创新、发展,美国中小学教师在线培训在20世纪90年代后进入了飞速发展期,总的来说具有两个特点:一是实现了以视频会议系统为主的实时双向中小学教师在线培训形式;二是实现了以互联网为主的自主式、个性化中小学教师在线培训形式。[②]《美国学校改进法》于1994年颁发,创立了教育技术办公室(Office of Educational Technology,简称OET)

[①] 丁兴富.远程教育的实践发展和理论成熟[J].现代远距离教育.2000(1):9-10.
[②] U.S.Congress,Office of Technology Assessment.Power On! New Tools for Teaching and Learning[R].Washington,D.C.:U.S.Government Printing Office,1988:11-16.

负责推动教育技术的研发,同时,还投入资金创立了教育技术创新专项基金,奖励优秀教育技术成果。中小学教师在线培训模式随着20世纪90年代建构主义学习理论的推出,逐渐发展到成熟期,虽然前期在线培训模式仍然带有行为主义和认知主义的观点,但是都逐步引入建构主义学习理论。中小学教师在线培训模式的开发者意识到,教师这一职业实践性强,教师需要在实际情境中进行学习,且教师作为成人学习者,有其独特的认知方法,因此,中小学教师在线培训模式都注重教师在培训创设的情境中自主学习,在已有的经验基础上建构新的知识。

  此外,从2001年《不让一个孩子掉队法案》发布开始,美国中小学教师专业发展的目标也由只重视学生成绩的提高,转向了教师个人专业成长和学生成绩提高相结合。《不让一个孩子掉队法案》提出"高质量教师"的标准是持有相应教师资格认证证书和相关学科学位证书,将关注点放在了教师的输入(如测验成绩、所学专业、工作年限、学历学位)上。[1]2010年,奥巴马政府提出"有效教师"就是"优秀教师"的概念,可见"优秀教师"已不再单纯注重教师输入,而是逐步转向与教学实践相结合上。美国于2014年发起了"数据决策项目"(The Data for Decisions Initiative),该项目规定中小学教师资格认证需要考核教师的数据素养能力。截至2014年2月,已有19个州将教师数据素养技能列为获取教师资格证的一项要求。[2]2015年底,《让每个孩子都成功法案》(Every Student Succeeds Act)提出重新塑造教师评价体系,使其成为教师专业成长的工具。[3]2016年,美国颁布了第五个国家教育技术规划《为未来做准备的学习:重塑技术在教育中的角色》,其中利用跨系统通用的关键数据元素(如定义、业务规则和技术规范等),从而提高教育数据的共享程度已成为美国各州、各级各类学校、教育机构共同努力的方向。至此,美国教师专业发展的评估不再单纯关注学生的学习成果,而是将教师

---

[1] 段晓明.美国田纳西州教师评价政策:问题与改进[J].当代教育科学,2021(1):58-59.
[2] Data Quality Campaign.Teacher Data Literacy: It's About Time[EB/OL].[2023-12-17].https://dataqualitycampaign.org/wp-content/uploads/2016/03/DQC-Data-Literacy-Brief.pdf.
[3] PENNINGTON K,MEAD S.For Good Measure? Teacher Evaluation Policy in the ESSA Era[R/OL].(2016-12-05)[2020-07-05]. https://bellwether. org/wp-content/uploads/2016/12/Bellwether_ForGoodMeasure-GPLH_Final1216-1pdf.

的生命成长和专业成长纳入评估标准中,重视教师的差异性和内生的需求,体现对教师的生命关怀。

(二)模式目标:教师个性化发展

近年来,美国各州相继出台了相关政策和规定,提高中小学教师学历层次要求,其中达到硕士及以上学位的已被一些州纳入规定范围,如华盛顿州就要求中小学教师除了持有所教授学科的相关学位外,还需要持有教育硕士学位,才能更新下一层级的教师资格证书。[1]美国提出了"五者型"教师培养目标,即教师应当成为学者、教学者、交往者、决策者和示范者。具体来说,就是中小学教师应该熟练掌握所教授学科以及教育学的理论知识,并适时更新学科前沿知识;作为教学者的中小学教师应该了解如何组织课程内容、如何管理课堂最为高效;作为交往者的中小学教师应该了解学生心理特点、认知特点,能够有效与学生交流,并解决学生日常问题;作为决策者的中小学教师应该能够快速、有效地做出与教育教学实践相关的决定;作为示范者的中小学教师能够在学生心里树立其榜样,起模范带头作用。[2]成熟期美国中小学教师在线培训的目标不再局限于提高教师教学策略的运用、教学计划的制订、课堂管理能力的提高,而是将教师作为"人"和"教师"这一职业所需要的方方面面作为目标,比如师风师德、为人师表等,呈现出在线培训目标多样化、个性化的发展倾向。

目前美国中小学教师在线培训内容主要分为以下几类:第一,与教师所教授学科相关的专业课程以及教育学理论课程;第二,提高中小学教师日常教学实践能力的相关课程,其中包括教学进度把握、教学内容组织策略等;第三,随着社会发展,与时俱进的课程,比如环境生态学、最新电子信息技术的实际运用等。此外,由于美国要求中小学教师具备一定的课堂管理知识和能力,包括了解班级作为一个整体在教学过程中的地位和作用,妥善处理学生之间相处问题的能力,以及解决课上和课后出现问题的能力等。这样中小学教师不仅可以合理分配课堂

---

[1] 盛宾.近年美英中小学教师继续教育的发展特点及启示[J].继续教育研究,2005(2):12-13.
[2] 上海师资培训中心课题组.面向21世纪中小学教师继续教育的比较研究(上)[J].外国中小学教育,1998(5):5-6.

时间和教学资源,还可以将班级管理得井井有条,提高教学效率和学生成绩。因此,美国在设计中小学教师在线培训内容时,注重加强这部分内容的设置,例如美国陶森大学在其中小学教师在线培训项目中就开设了中学课堂纪律与管理课程。

可以这样说,美国教育各界深刻地意识到中小学教师对于推动教育现代化的重要性,这需要将中小学教师个人置身于教育现代化的环境中,结合电子信息技术等现代技术,以此建构一个基于电子信息技术的在线学习共同体。总之,美国除了在政策报告和教育技术发展计划中体现出对中小学教师信息素养的重视外,在中小学教师在线培训的实践中也走出之前只重视技术学习的局限,十分重视为中小学教师创设一个基于电子信息技术的学习情境,组织参训教师交流学习,帮助教师更好地将电子信息技术内化于日常教育教学当中,也是这个时期在线培训设计模式被建构主义学习理论深深影响下形成的特点。

(三)模式基础:建构主义学习理论和电子信息技术的发展

1996年,美国的教育技术发展规划将为中小学教师提供充足的在线培训机会作为重要建议提出。2000年,教育技术发展规划继续对中小学教师在线培训提出要求:教会教师掌握新兴电子信息技术,并运用于今后教学实践中;增加技术运用在中小学教师在线培训内容中的比重。21世纪伊始,美国继续发布了第三个和第四个国家教育技术发展计划。2005年发布的第三个国家教育技术发展计划的主题是"迈向美国教育的黄金时代",该计划分析、描述了美国教育技术的现状,教师的教学方式和学生的学习方式出现的变化等方面,并给出七个方面具有实践意义的建议:加强对中小学教师在线培训的资金投入;改革中小学教师在线培训;加强对教育技术的研发;促进在线学习(E-Learning)和虚拟学校(Virtual School)两种学习方式的运用;提高互联网的普及率;建立中小学教师管理的大数据系统;逐步转向数字学习的方式。2010年发布的第四个国家教育技术发展计划的主题是"变革美国教育:技术使学习更强大",该计划再次强调了电子信息技术与教育系统融合的重要性,并从学习方式、教学实施所用的技术、教学评价方法、电子信息技术的研发等方面提出发展建议。教师对教育信息化的接纳程度和对电子信息技术的运用程度和信息意识是教育信息化的成功与否的重要条件。因此，需要从源头培养中小学教师的信息素养，帮助教师掌握新技术，学会利用新技术发掘、选择和处理信息。可见，利用在线培训的方式提高中小学教师的信息素养，推进中小学教师对电子信息技术等新兴技术的掌握和运用，增强信息技术在课堂的利用率以及提高学生对新兴技术的掌握程度，已经成为美国该阶段教育改革的主要任务之一。

从美国国家教育技术发展规划的变化中可以窥见国家对中小学教师在线培训的重视逐步加强。美国联邦政府和各州政府正在逐年增加对中小学教师在线培训的资金投入，一方面可以提高美国中小学教师在线培训的质量；另一方面可以增加中小学教师参加在线专业发展的机会。此外，美国中小学教师在线专业发展的内容逐渐从片面重视中小学教师学会并掌握电子信息技术的运用，转变为注重中小学教师将电子信息技术与教育教学理论相结合。2001年发布的《投资K-12技术设备：州政策决策者的策略》中，对学生学习新兴技术提出了相应策略：只有让中小学教师在参加培训时真正学会运用技术，才能将该技术的运用方法教授给学生。因此，将新兴教育技术投入中小学教师在线培训中十分重要。从20世纪美国发布的政策报告、教育技术计划中可以发现，中小学教师在线培训越来越规范并越来越受到重视。美国逐步开始为中小学教师在线培训的质量建立标准和完善的保障体系，希望参加在线培训的中小学教师可以满足社会、教育技术不断提出的新要求和新挑战。此外，为鼓励、组织和支持中小学教师将新兴的电子信息技术融入日常教学中，美国各教师组织、机构还合作创建了相关服务导向的网站。[①]

（四）模式样态：尼文模式与肯普、史密斯-雷根模式并行

美国中小学教师在线培训的最终目标是通过提升中小学教师的教育教学水平，提高教育质量，从而实现在校学生成绩的提高。由于美国是联邦制的国家，

---

① 陈俊珂，孔凡士.中外教育信息化比较研究[M].北京：科学出版社，2007：184-187.

各州对中小学教师专业发展的要求都带有地方特点,且中小学教师本身由于生长环境、学术背景、认知水平和认知特点的不同,对参加在线培训的需求也各不一样,因此,当前美国形成了多样化、富有针对性的多模式中小学教师在线培训的发展趋势。

归纳起来美国目前主要有三种中小学教师在线培训模式。第一,肯普模式这一非线性在线培训模式。第二,史密斯-雷根模式,该模式有两个特征:一是基于史密斯和雷根的想法,在培训模式设计的前期阶段就开始进行形成性评价的收集;二是尤其重视在线培训中教学策略的设计,注重将教学策略加入培训内容的设计中。第三,尼文模式。尼文在总结了线性和非线性在线培训模式的特征后,通过一系列对计算机辅助设计、实施和评估教学的研究,推出了尼文模式。该模式注重在培训设计和实施的每一个步骤中都加入技术辅助,提高培训设计和实施的效率和质量。1986年,卡内基教育和经济论坛"教学作为一门专业工作组"(Task Force on Teaching as a Profession)发表了《准备就绪的国家:21世纪的教师》报告,报告中中小学教师的教学质量对国家经济发展的影响被一再强调,而教学质量与教师质量又有直接关系。想要提高教学质量就需要从源头提高教师聘任标准。对那些已经在学校中工作的中小学教师,特别是学历不达标的教师,则要为他们提供可以补偿学历的在线培训,以达到州和国家的标准。[①]

在线培训作为中小学教师职后培训的一种重要形式,要求对互联网信息技术熟练掌握,才能有效进行在线学习,因此,计算机技术课程在美国中小学教师在线培训内容中占有很大比例,例如教室计算机应用、网页页面制作、应用概论、教师应用幻灯指南等。然而美国教育界认识到仅仅有技能掌握的在线培训内容是不充分的,最关键的是提高中小学教师利用电子信息技术获取信息、分析信息、利用信息的能力。当前,美国对TPCK(Technology Pedagogical Content Knowledge)进行了大量的研究,TPCK即"整合技术的学科教学法知识"。[②]全美教师教育学院协会(American Association of Colleges of Teacher Education,简称AACTE)

---

① U.S.Department of Education, Office of the Deputy Secretary.No Children Left Behind: A Toolkit for Teachers[R].Washington, D.C.: U.S.Department of Education, Office of the Deputy Secretary, 2004:2.
② 李美凤,李艺.TPCK:整合技术的教师专业知识新框架[J].黑龙江高教研究,2008(4):75.

在整合了大量20世纪90年代后教师在线专业发展的案例和实践经验以及融合建构主义学习理论的观点后，发现之前在线培训内容片面注重"技术中心"，而忽略了电子信息技术应该融入教学情境中。为此，AACTE下设了创新与技术委员会，以推进教育现代化进程。AACTE在2008年出版了《整合技术的学科教学知识：教育者手册》，该手册为今后的美国中小学教师在线培训设计和开发提出了指导性的建议。当前美国许多商业机构、IT公司都对教师信息化专业发展表现出浓厚兴趣，推出较多教师在线学习的相关网站，也为中小学教师在线培训提供一种新的思路。

成熟期的美国中小学教师在线培训模式还注重参训教师的团队学习方式以及在线的经验交流和共享，以此建立一个中小学教师在线学习共同体。新的和更广泛的专业发展方式使教师不再是培训班的被动接受者，而是自主、积极参与活动的学习者。自1993年"信息高速公路"计划提出后，随着电子信息技术和网络媒体的飞速发展，互联网已经完全融入我们的日常生活。美国的教育改革离不开电子信息技术的运用，中小学教师在线培训模式同样随着新兴电子信息技术的不断发展而实时更新，越来越多的中小学教师培训开始重视电子信息技术和互联网技术的应用。同时不断有更多的专家学者认可这种基于电子信息技术的在线培训模式，如外国学者邓肯通过对中小学教师利用电子信息技术开展在线培训进行研究后，指出电子信息技术可以提高中小学教师的培训效率。[1]

此外，美国中小学教师在线培训还十分注重"问题提出"主题式培训。[2]学习作为一种兼具个体性和社会性的活动，因此，学习者所获得的知识具有共享的特点。当我们获得知识后，由于知识本身具有共享性，"问题提出"教学就在此基础上产生了。当培训教师提供"问题提出"的情境后，参训教师可以根据自己对情境的理解来提出有意义的重要的教学实践问题，在这个过程中，参训教师既达到了学习教育教学相关经验的目的，其提出的问题以及获得的知识，又通过课堂、

---

[1] DUNCAN-HOWELL J.Teachers Making Connections：Online Communities as a Source of Professional Learning[J].British Journal of Educational Technology,2010,41(2):325-326.
[2] 蔡金法,陈婷,孙琪琪."问题提出"主题式培训促进小学数学教师专业发展——专访美国特拉华大学蔡金法教授[J].教师教育学报,2022,9(5):1-2.

小组的讨论达到了共享的目的,并在共享过程中加以完善。同时,培训教师应加以引导,使参训教师提出的问题更加贴近教学目标,并逐渐与教学目标相一致,最终通过"问题提出"方式达到学习目的。我国中小学教师的在线培训方式包括专家公开课、名师示范课、案例阅读、教学实践课程等,中小学教师作为青少年学生成长道路上的主要陪伴者、指导者以及引领者,除了传授必要的知识外,还应关注学生创造力、想象力、批判性思维的培养。然而,如何评估学生创造力、想象力、批判性思维的能力高低和发展情况则让中小学教师不知所以。因此,培训内容从中小学教师日常教学实践的问题出发,可以为教师提供教育教学的有效抓手。此外,从"问题提出"作为一种思维方式和产生式教学方法,可以帮助参训教师有针对性地抓住教学实践当中的主要信息,从问题出发,在已有知识和经验中建构新的知识。在线培训则可以为参训教师提供时时答疑解惑的平台,打破时空限制,与全国甚至全世界的中小学教师进行经验交流,提高解决问题的效率和教师的工作动力。

诚然,随着社会快速发展,外界对中小学教师专业能力的要求越来越高,但其在专注于提高自身能力的同时也要确保时间、精力和有限的资源得到高效分配。21世纪初有不少中小学教师专业发展计划都存在质量一般的问题,只提供"分散、智力肤浅"的研讨会。[1]鉴于此,美国联邦教育部在2004年夏季召开了"教师研究－实践"会议,一个基于电子信息技术的,促进中小学教师在线培训的"教师成长计划"应运而生。美国联邦教育部与在线培训机构、企业合作,为中小学教师在线培训项目的研发,以及中小学教师在线培训机会的扩充提供了资金支持和技术支持,并在全美开设了23个数字教室平台,中小学教师们可以参照本州的要求进行培训课程的选择。北美网络学习委员会在对美国在线教育项目设计和运行进行研究后,相继发布了《全美网络课程质量标准》《全美网络教学质量标准》《全美网络项目质量标准》三份文件,其是基于中小学教师教育技术的掌握能力、信息收集和分析能力、与同事合作能力、在网络环境下安排媒体及媒体内容

---

[1] BORKO H. Professional Development and Teacher Learning: Mapping the Terrain [J]. Educational Researcher, 2004, 33(8): 3-5.

帮助学生的能力以及最有效地传递知识的能力等多个方面进行制定的,旨在对美国在线教育的质量设定一个统一标准的,并被当作美国在线教育规范的指导性文件。[①]此外,美国还有一个针对在线课程标准的认证机构:美国在线教育质量保障机构(Quality Matters,简称QM)。QM的基本出发点是提升美国在线课程的质量。它主要通过结合培训课程质量认证标准,以第三方的视角,同步参与或观摩在线培训项目的实施,从而评估中小学教师在线培训项目的质量。QM的团队通过相关法律法规和政策和对优质在线培训项目案例的研究,提出在线培训的目标、内容、教学计划、教学进度、教学任务安排、参训教师的积极性等都会影响在线培训项目的实施质量这一观点。同时他们还推出了一套完整的在线培训项目认证体系,参与中小学教师在线培训项目的评估,并将最终的认证结果反馈给在线培训开发者,帮助开发者在原有基础上继续完善在线培训课程。

2011年12月,斯隆联盟公布了2011年的调研报告《穿越距离:2011年美国在线教育》,从美国中小学教师在线培训的效果、中小学教师对在线培训的接受程度、参加在线培训的中小学教师数量、已有的中小学教师在线培训资源以及对中小学教师在线培训模式发展的规划几方面对美国中小学教师在线培训的质量进行了多维度评估,并指出中小学教师在线培训已超越传统教与学的学习方法,是一个跨时空,以自发学习为主的双向交流模式,美国已经成为一个真正的"在线"国家。[②]2013年6月,奥巴马政府启动链接教育(Connect Education Initiative,简称Connect ED)项目,要求美国联邦通信委员会(Federal Communications Commission)有计划地发展与升级教育优惠(E-Rate)项目,力争用五年的时间使美国绝大多数的学生都可以用上高速的互联网,让高速网络走进校园和学生的日常生活,让教师们可以将教学建立在新兴技术的基础上,为学习行为的发生提供一个更为便捷的通道。同时,奥巴马还呼吁各州政府、企业、学区等支持该计划的实施,并表示我们生活在一个数字时代,要想帮助我们的学生在未来获得更大的成

---

① 叶宝生,曹温庆.从网络课程、网络教学和网络项目的三个标准看美国网络教育[J].电化教育研究,2010(9):88-89.
② 熊华军,刘兴华.穿越距离:美国在线高等教育的评价与启示——基于2011年斯隆联盟报告的分析[J].比较教育研究,2013,35(1):37-40.

功,就必须确保他们现在有机会学习且将来有能力使用先进技术,希望企业、校园、家庭与联邦政府能够通力合作,利用五年的时间,让每一个美国学生都能使用高速互联网,充分掌握使用互联网的技能。具体而言,链接教育项目的目标包括四个方面:第一,网络覆盖率更高(Upgraded Connectivity)。通过州政府、学校、企业的通力合作,确保所有的美国学生在学校、教室、图书馆及社区都能享受高速宽带与无线网络服务。第二,学习设备普及率更高(Access to Learning Devices)。保证学生和教师都能够在学校内外随时随地利用电子设备展开学习活动。第三,教师得到更多的支持(Supported Teachers)。链接教育项目为改善教师在新时代背景下的教学技能,投入了大量资金,确保他们有机会获得充分的支持和相关在线培训计划,以便更好地利用现代信息技术提高学生的学习效果。第四,更多的数字化学习资源(Digital Learning Resources)。[1]联邦政府、州政府、企业及学校合力开展在线教育资源建设,并监督其逐步完善的过程,确保优质的在线学习资源和材料的可用性。

从政策层面上看(如表1-8),美国在教育技术政策和中小学教师在线培训标准的指导下,不断探索将教育技术与日常教育实践的融合。并通过革新教育技术和运用,不断推动美国中小学教师在线培训模式与时俱进的发展,力图将中小学教师信息素养推上另一个台阶。至此,基于建构主义和尼文模式等多种模式并行的美国当代中小学教师在线培训模式已经具备相当的完成度。

表1-8 教育技术与教师教育主要政策报告

1995年	麦肯锡公司	《连接K-12学校与信息高速公路》(Connecting K-12 Schools to the Information Superhighway)
	美国国会技术评价办公室	《教师与技术:建立连接》(Teachers and Technology: Making the Connection)
1997年	CEO教育技术论坛	《学校技术和准备就绪报告:从支持到发展》(School Technology and Readiness Report: From Pillars to Progress)
	美国总统科技顾问委员会	《用技术手段加强美国中小学教育》(Report to the President on the Use of Technology to Strengthen K-12 Education in the United States)

---

[1] 鲍娟.数字化时代美国链接教育(ConnectED)项目规划与实施策略研究[D].重庆:西南大学,2018.

续表

1999年	CEO教育技术论坛	《学校技术和准备就绪报告,专业发展:为更好地学习联网》(School Technology and Readiness Report. Professional Development: A Link to Better Learning)
2000年	基于网络的教育委员会	《因特网用于学习的力量:从期望到实践》(The Power of the Internet for Learning: Moving from Promise to Practice)
	CEO教育技术论坛	《学校技术和准备就绪报告,数字化学习的力量:整合数字内容》(School Technology and Readiness Report. The Power of Digital Report: Integrating Digital Content)
2010年	美国教育部教育技术办公室	《变革美国教育:技术使学习更强大》(Transforming American Education: Learning Powered by Technology)
2015年	美国联邦政府	《让每个孩子都成功法案》(Every Student Succeeds Act)
2019年	美国虚拟学习领导联盟、美国在线教育质量保障机构	《在线教学质量国家标准》(National Standards for Quality Online Teaching)
2020年	美国在线教育质量保障机构、美国高等教育研究咨询公司	《在线教育全景报告》(Changing Landscape of Online Learning Reports)

本章通过美国不同时期的社会背景、技术发展进程、学习理论发展进程、中小学教师专业发展标准几方面梳理并分析了美国中小学教师在线培训模式的发展,将发展进程分为萌芽期、发展期和成熟期。总体来说,萌芽期的美国中小学教师在线培训模式的设计理念受行为主义学习理论的影响较大,主要以提高教师教育教学水平为目的。当时社会还没有信息技术和互联网技术等,中小学教师"在线"培训仅是依托视听技术的远程培训,不是真正意义上的依托互联网技术的在线培训,可以说是当前在线培训的"前身"。发展期的美国中小学在线培训模式的设计理念主要受认知主义学习理论的影响,在线培训的开发者意识到参训教师仅接受外部刺激,通过大量训练进行学习的效率较低,参训教师的知识迁移效果较差,应该"内外结合",刺激参训教师将培训内容真正内化。当时的在线培训主要依托多媒体技术以及刚刚起步发展的互联网技术,参训教师与培训教师之间主要利用电子邮件等工具进行异步交互。成熟期的美国中小学教师在线培训模式的设计理念除了受到行为主义和认知主义学习理论的影响,还受到建构主义学习理论的影响。该时期的在线培训强调通过技术手段为参训教师模

拟日常教育教学情境,促进教师在情境中进行知识的建构。另外,在全球化背景下,学生的个性化发展和创造力被视为竞争力的主要来源,学生的个性化发展需要教师的组合和引导,因此该时期中小学教师的个性化、自主发展成为在线培训模式设计的重点,中小学教师在线培训模式也呈多样化、多模式并行的发展趋势。

第二章

肯普模式的建构与实践运作

肯普模式发布初期主要基于行为主义学习理论,随着社会不断发展,肯普模式经过多次修改后,完善为当前以建构主义、行为主义、认知主义为主要理论指导的非线性教学设计模式。肯普模式的设计理念和设计过程可以概括为三句话:强调四个基本要素,解决三个主要问题,适当安排九个教学环节。eMSS项目作为肯普模式的案例代表,也呈现双椭圆的设计和实施结构。本章将通过对肯普模式的理论探索和实践应用分析,阐释肯普模式建构的依据、条件以及适用范围。

一、模式的建构

(一)建构依据:行为主义学习理论和建构主义学习理论的并行

1998年,德国发布"学习领域"课程方案,确定了以行动为导向的教学方法在职业教育改革中的重要地位,"行动导向"的教学方法成为职业教育的教育教学水平提升的重要途径。行动导向教学法的理论可以溯源到建构主义学习理论、项目制学习理论(Project-based Learning,英文缩写为PBL)、问题导向学习理论、范畴学习理论。此种教学方法认为学习者学习是在主动学习,不断反思的过程中发生的,而不是一个通过外部因素控制的过程。因此,在行动导向的教学法中,教师只充当引导者、指导者、学习过程组织者的角色,更多的学习发生则需要学习者自主进行,与其他学习者交流、分析、协作。①

肯普模式结合了建构主义和行为主义教学的理论观点,即强调学习者在受外部刺激出现学习需求后,通过学习实践性的课程内容和课程实施方式来建构新知识,获取相关经验。②肯普模式有以下几个特点:一是强调学习者的自主行动性。此模式是在实施过程中,以情境式、沉浸式的实施方式为主导,项目式的教学模式。能将学习者完成工作岗位要求的需求放在中心地位,让学习者通过情境体验,连接已有经验,完成新知识的构建。二是循环周期式的教学设计。在线培训开发者可以根据自身情况和意愿,从九个教学环节中任选其一作为设计的开始。三是强调交互和协作学习。在线协作学习理论的核心思想是同伴讨论,这是知识建构、知识分享、优质教育和社会进步的关键,其注重培养学习者协作学习的意识,学会立足于社会并在交互中协作学习,学习者在线进行观点阐述、交流和知识共享,在已有观点的基础上建立新的观点。③在以上的过程实践之后,学习者将实现知识内在增长和专业能力的提高。以肯普模式为设计指导模式的美国中小学教师在线培训将行动导向的教学法、行为主义理论作为教学指导理念,同时加入了建构主义和认知主义学习理论的观点,以项目式教学模式为主要在线培训形式,充分给予参训教师自主选择培训内容的权利,将参训教师需求放在中心地位,利用互联网技术优势,为参训教师创设沉浸式的学习场景,促进参训教师新知识的建构以及新旧经验的结合。

(二)建构条件:循环设计法保障内容针对性

肯普模式凭借其非线性结构,及其组成部分相互联系的性质,并通过将九个核心要素视为相互依存而不是互相独立,从而实现设计的循环性的特征,代表了一种创新的教学设计方法。这使教学设计人员的设计过程具有极大的灵活性,他们能够从九个教学环节中的任何一个环节开始设计,而不必被限制以线性方

---

① 韩茂源.行动导向教学法的理论释义及实践解读[J].黑龙江高教研究,2011(6):146-147.
② 姜大源."行为"、"活动"与"行动"辨——"行动导向"教学管见[J].职教通讯,2003(1):42-43.
③ 琳达·哈拉西姆,肖俊洪.协作学习理论与实践——在线教育质量的根本保证[J].中国远程教育,2015(8):8-13.

式工作。换句话说,在线培训开发者不需要以任何被禁止的有序的方式来实现教学系统设计。①

根据实际的设计需求,在线培训开发者可以同时处理多个环节,一些情况下,有些教学环节可能不需要设计。基于教学设计环节之间的相互关系,在线培训设计过程也呈现周期性,在线培训开发者可以在教学设计元素之间不断地修订和调整,以设计出最适合课程实施的方案。肯普模式鼓励设计人员从学习者的角度出发,在创建和实施目标、课程资料和评估时考虑他们的需求,确定课程实施时的优先事项和约束条件。基于肯普模式的在线培训项目通常会制订有效的电子学习评估计划,计划包括对参训教师进行评估的频率以及适合该培训项目的评估方法,将计划重点放在学习目标上。此外,基于肯普模型的中小学教师在线培训模式还为参训教师定制在线学习体验,通过培训的评估分析后确定哪些教学支持资源和在线学习活动能有效地促进培训内容的内化和吸收。

(三)建构形态:四要素、双椭圆结构、三目标、九环节

1. 模式目标

根据肯普模式,要使中小学教师教学能力提高,中小学教师在线培训开发者不仅需要考虑参训教师的学习目标,还需要考虑许多其他因素,包括参训教师的培训需求和认知特征,教学内容和活动(包括学习任务和学习进度),教学资源的支持服务以及在线培训的评估工具与方法。全国教学与美国未来委员会(National Commission on Teaching & America's Future)为了提高中小学教师的教学能力,为其专门订立了发展路径。《不让一个孩子掉队法案》在2001年出台,法案提出提高中小学教师各方面的教育教学水平是提升学生成绩的重要前提。同时,改革教师教育,给予中小学教师更多培训机会,提高中小学教师培训的实践性、针对性的呼声也日益强烈。20世纪中期,美国建立起第一个全国性教师教育评估认证机构——美国全国教师教育评估委员会(NCATE),于1957年发布第一个

---

① AKBULUT Y.Implications of Two Well-Known Models for Instructional Designers in Distance Education: Dick-Carey Versus Morrison-Ross-Kemp[J].Turkish Online Journal of Distance Education,2007,8(2):63-65.

《教师教育专业标准》。美国各州为寻求适应性发展成立了州际新教师评估与支持协会(INTASC)，并于1987年制定了全国通用的教师入职标准，这成为实际上美国教师入职标准和在职标准制定与实施的开端。[①]2011年4月，INTASC认识到更高水平的评估素养与合作是21世纪教师应当具备的核心素养，为了更好地培养21世纪教师的技能，提高教师专业化水平，对教师标准进行了更新。[②]

肯普模式可以为经验较少的教师提供课程设计思路，这源于肯普模式非线性组合而成的九个教学环节，教师在设计教学模式时，可根据资料易获得性、自身习惯等，任意选择起始环节，进行教学设计。肯普模式的重点是过程中每个步骤的相互依赖性，认为教学设计是一个连续的周期，而"修订"是一个不断进行的过程，可以根据需要进行改进和调整。基于肯普模式的在线培训模式旨在提高中小学教师日常教育教学的水平和能力，其通过"同伴指导－自我反思－评价反馈－再培训"的周期性发展路径，为参训教师提供在线交流的平台，实现教师之间经验共享、知识交流，从而达到参训教师融合自身技能和经验，建构新知识的目的。此外，美国各学区和学校通过合作行动研究创建集体效能，促使各个学区和学校对中小学教师专业技能的提高进行实际的研究和探索。

2. 模式内容

肯普模式是由肯普在1997年提出，刚刚发布的肯普模式主要基于行为主义学习理论，后来随着社会不断发展，肯普模式经过多次修改后，完善为当前的以建构主义、行为主义、认知主义为主要理论指导的非线性教学设计模式。[③]（如图2-1）肯普模式的设计理念和设计过程可以概括为三句话：强调四个基本要素，解决三个主要问题，适当安排九个教学环节。

---

① 孙兴华，薛玥，武丽莎.未来教师专业发展图像：欧盟与美国教师核心素养的启示[J].教育科学研究，2019(11):89-90.
② CCSSO.InTASC Model Core Teaching Standards: A Resource for State Dialogue[EB/OL].[2023-08-01]. https://files.eric.ed.gov/fulltext/ED528630.pdf.
③ 何克抗.教学设计理论与方法研究评论（上）[J].电化教育研究，1998(2):6-7.

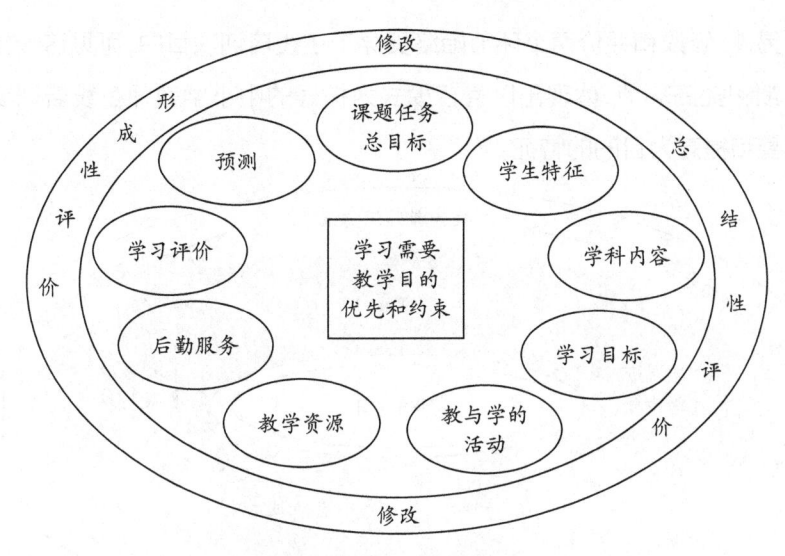

图 2-1 肯普模式的设计图示

肯普模式的四个基本要素为：教学目标、学习特征、教学资源和教学评价。三个要解决的主要问题是：第一，学生必须学习到什么，即确定教学目标；第二，为达到预期的目标应如何进行教学，即根据教学目标的分析确定教学内容和教学资源，根据学习者特征分析确定教学起点，并在此基础上确定教学策略、教学方法；第三，检查和评定预期的教学效果，即进行教学评价。九个教学环节分别为：(1)确定具体目标和教学问题；(2)确定学习者的特征和需求；(3)明确课程内容并根据课程目标设定相关的课程任务；(4)确定教学目标和预期的学习成果；(5)确保教学实施每个阶段的内容均按顺序和逻辑显示；(6)设计教学策略，促进学习者能够掌握内容并实现学习成果；(7)规划适当的教学实施方式；(8)开发适合的评估工具，以评估学习者在参训前后的变化；(9)选择适当的资源支持教学活动。

肯普模式是一个非线性的双椭圆结构，基于肯普模式的中小学教师在线培训项目设计的起点应该根据不同项目来决定(如图2-2)。在线培训项目的设计可灵活根据培训开发者认为恰当的逻辑顺序开展。[①]基于肯普模式的中小学教师在线培训项目应该将参训教师的学习需要、培训的目标始终置于项目的中心

---

① 盛群力,褚献华.现代教学设计应用模式[M].杭州:浙江教育出版社,2002:365-382.

地位。另外,修改和评价两个环节始终贯穿于在线培训项目中,可见这一模式附加了反馈和提高环节,体现出以肯普模式为指导的中小学教师在线培训项目以不断完善和提高为目的的特征。[①]

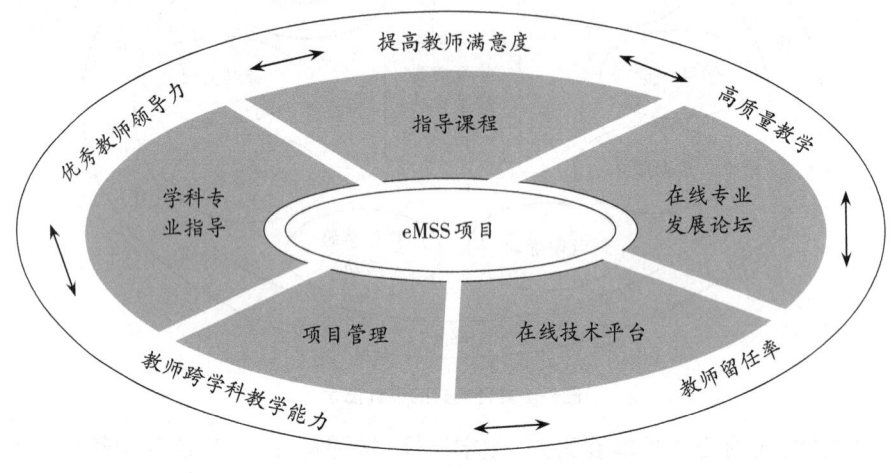

图 2-2 eMSS 项目图示

3. 模式形式

2015年,美国联邦政府出台《让每个孩子都成功法案》,该法案提出个性化学习将成为未来教育变革的主线。要使学生的学习内容更有针对性和创造性,那么教授学生的中小学教师则应成为个性化学习的践行者和引领者。因此,教师的在线培训则更应该充分利用"在线"的优势和特点,为教师的个性化学习提供支持。[②]肯普模式具有三个与其他模型不同的要素:第一,从参训教师的角度考虑教学;第二,从整体上看待在线培训项目的开发,虽然教学设计阶段彼此独立,但整个教学过程则以连续的周期呈现;第三,该模式强调了教学设计过程的管理,确保教学实施逻辑化。中小学教师在线培训项目的开发者可以根据肯普模式的双椭圆非线性结构来解决参训教师应该学到什么,应该如何实施每次在线培训,如何检测参训教师的培训效果几个问题。因此,基于肯普模式的美国中小学教师在线培训通常是非线性的,参训教师可以在有培训需求时随时参加培训,

---

[①] 罗冬梅,黄贤立.基于"肯普模式"的混合教学应用研究[J].中国教育信息化,2008(23):65-67.
[②] 段晓明.精准专业学习趋势下美国微认证的发展图景[J].中小学教师培训,2020(1):70.

也可以根据上一次培训的评价结果选择培训项目。这种在线培训模式比较灵活,实用性较强。

4. 模式功能

美国国家教育优异委员会(National Commission on Excellence in Education)1983年公布的报告——《国家在危机中:教育改革势在必行》,指出了当时美国中小学教师整体教育教学水平暂时达不到当时社会的要求以及中小学教师能力不达标的原因,并给出了教师培训项目需要进行实质性的改进的建议。[①]该报告的发布,为美国中小学教师教育教学能力敲响了警钟。为解决这个问题,国家应该首先持续完善国家性的教育教学相关政策以更好地推动中小学教师的质量的提高,并应该鼓励各学区、高校、教育机构开发提高中小学教师教学技能的培训项目。1996年,全国教学与美国未来委员会再次将提高中小学教师教育教学水平作为十年内的发展目标。[②]

以肯普模式为指导的中小学教师在线培训项目能够较好地满足国家对中小学教师教学水平提高的要求,这种培训模式会形成"同伴指导－自我反思－评价反馈－再次培训"的循环路径。此外,肯普模式还有为参训教师提供相关支持服务的特点,如为在线培训教师和参训教师提供技术支持。该模式同时也注重在线学习共同体和创建共享空间的创建,为参训教师、培训教师、领域内专家搭设一个在线交流的平台,实现知识共享、互相解惑。例如,eMSS项目就建立了一个微型学习在线培训库,库中包含相关的电子学习活动和演示视频,帮助加深参训教师对培训内容的理解。基于肯普模式的美国中小学教师在线培训还十分注重对参训教师在电子信息资源方面的支持。比如,一是通过电子学习博客(eLearning Blogs)每周创建一个新主题,参训教师和在线培训教师可以在电子学习博客中自由讨论个人对该主题的看法。二是利用播客(Podcast)软件每周上传一个新的播客剧集,以探讨跟培训课程相关的内容。参训教师可以自己主持播客,分享

---

① 陈德云.美国优秀教师专业教学标准及其认证:开发、实施与影响[M].北京:北京师范大学出版社,2012:62-63.

② KLECKA C L,ODELL S J,HOUSTON W R,et al.Visions for Teacher Educators: Perspectives on the Association of Teacher Educators' Standards[M].Lanham,Maryland:Rowman & Littlefield Education,2009:165-166.

知识观点，促进教师间产生交互，成为在线学习共同体。三是利用社交媒体群（Social Media Groups）创建一个专门的社交媒体组，供参训教师和在线培训教师发布有用的资源和链接。

二、实践运作：eMSS 项目

（一）运作准备：项目设计呈周期性

1.项目目标

促进学生成功的教师在线指导系统（eMSS：e-Mentoring for Student Success）是一个在美国国家科学基金会（NSF）批准资助下的教师在线学习项目。eMSS项目是由美国科学教育协会（NSTA）、加利福尼亚大学圣克鲁兹分校（UCSC）、新任教师中心（NTC）、蒙大拿州立大学科学/数学资源中心（MSU）共同合作开发的，旨在为在校中小学教师和即将进入校园的准教师提供专家指导的在线学习环境。eMSS项目是一项创新的同步和异步在线指导计划，与特定学科的导师在特定内容或主题上合作，为参训教师提供个性化支持。eMSS指导的培训内容主要根据新任中小学教师，即工作1—3年的中小学教师的专业发展、在线学习、日常教育教学实践几方面的调查研究，为参训教师提供在线培训内容，并将在线培训内容划分为不同主题嵌入与其他参训教师、在线指导教师的讨论计划中。eMSS项目在其具体实施过程中，会给每位参训教师分配一位相同年级、相同学科的在线导师，实现有经验的教师带动新任教师发展，同时有经验的教师的领导能力和管理能力也得到锻炼。除了培训导师，参加eMSS项目的教师还将与其他资深教师、领域内专家和高校教师在平台上交流经验、共享知识，组成一个在线学习共同体，通过共同体内成员共同协作，提高参训教师教学水平，促进新教师专业发展并提高其留任率。项目中的在线指导教师、领域内专家都代表全国最高水平，其教学水平经过州级或国家级认证，例如，其中有总统奖的获得者或入围者，有持有国家委员会认证证书的，有获得了国家或州一级认可的，等等。

提供有针对性和个性化的在线培训内容是支持新任教师专业发展的最佳途径。首先，eMSS项目会详细地调查和研究美国各州中小学教师专业发展的相关标准、新教师教学所需专业知识、在线指导专家的相关文献以及在线学习的偏好和特点，力求为参训教师制订最适合的在线专业发展计划。其次，eMSS项目会为教师提供多样化的、与科学、数学和特殊教育课程相关的培训内容，旨在满足新任教师进入工作岗位，尽快完成身份转换的需求以及在校教师提高任教水平的要求。

2. 项目内容

从2002年运行至今，eMSS项目经历了从只针对新任数学和科学教师的在线教学技能提高型在线异步交流培训项目，逐渐发展成了针对新任中小学数学教师、中小学科学教师和中小学特殊教育教师的同步、异步在线培训项目。跟肯普模式类似，eMSS项目也呈双椭圆的形式，体现了其非线性化的培训实施方式。（如图2-2）

居于内部椭圆的是eMSS项目的五个在线学习环境：指导课程、在线专业发展论坛、学科专业指导、在线技术平台、项目管理。几个在线学习环境相互联系，相互影响，没有特定的起点和终点。五个在线学习环境中，指导课程是专门为提高eMSS项目在线指导教师教育教学水平和与新任教师沟通能力而开发的；在线技术平台则是保障eMSS项目顺利进行的设置，可以帮助在线指导教师和参训教师解决参加eMSS项目时遇到的相关技术问题；项目管理则是方便参与eMSS项目的行政管理人员以整体的视角保证项目的顺利实施和系统正常运行；在线专业发展论坛是帮助参训教师间以及参训教师和在线指导教师间实现同步和异步交流而设置的平台；学科专业指导利用在线环境为新任教师提供与其教授学科有关的专业指导。位于外部椭圆的是eMSS项目想要达到的五个目标，即增加新任教师对培训的满意度、培养高质量的中小学教师、提高新任教师的留任率、培养有经验教师的领导能力和管理能力以及拓展新任教师专业学科知识和提高新任教师对专业知识的传授能力。

(二)运作流程:双椭圆式运行结构

1.项目实施

在eMSS项目中,电子导师制(E-mentoring)作为该项目目标实现的重要条件,使用电子信息技术为经验不足的新教师提供在线的交流与指导。美国学校健康协会将电子导师指导活动分为三类:专家指导、一对一指导、小组间指导。[①]电子导师制可以为新教师尽快适应教师这一角色提供较大推动力,同时也为新任教师的日常教学技能的提高、专业知识的更新和增长以及文化理解能力的形成和发展提供了支持。为了增强新教师对教学理论和教学实际内容的理解,增强新教师的教学自信心,eMSS项目还增加了将新教师教学过程录制成视频,供其与在线指导教师讨论并反思的支持方式。此外,eMSS项目的在线空间主要有四个区域,即:一对一空间、教学探究区、内容讨论区以及面向导师的在线研讨活动。这些区域内容相互独立,又相互联系,参训教师可以根据自身需求,选择任意空间,不用遵守固定的顺序,这种形式对参与eMSS项目的新任教师提供了定制化、指导性支持。

一对一空间(Our Place)指eMSS项目将新任教师与具有相同教学学科背景、相同教学年级或学科特殊性的有经验的教师匹配为一对一的指导关系。一对一的指导空间是eMSS项目专门针对每一对新任教师和在线指导教师建立的私人对话空间,新任教师与有经验的教师可以通过该学习空间进行实时的问答,还可以通过在空间中互相留言的方式进行经验交流、观点分享。

教学探究区(Explorations)是为参训教师、在线指导教师、领域内专家讨论日常教育教学的实践性话题而建立的。该区域遵循分层指导的原则,目的是提高教师的教育教学技能,最终实现学生成绩的提高。在该区域的讨论内容由新任教师和在线指导教师共同商议,定期更换不同话题,包括但不限于"与学生相处能力""课堂管理""教学计划设计"。教学探究区包括"计划——教学——反思"三个环节,每次三个环节结束后又进行新一轮的循环。eMSS项目的参与者可以

---

① 焦中明,赖晓云.电子导师制:师徒带教是新教师培养的一种有效策略[J].电化教育研究,2005(10):37.

随时随地访问全国范围的数学、科学、特殊教育和大学教师在线网络,自由地进行观点交互,实时更新最新学科前沿知识。

内容讨论区(Community Forums & Resources)的建立源自 eMSS 项目认为要提高学生成绩,新任教师单纯掌握教育学理论知识和学科理论知识是不够的,新任教师最缺乏的是教学实践的经验,以及在特定情境中面对问题和解决问题的能力。因此,在内容讨论区中,eMSS 项目侧重于参与者对实际教学内容、教学策略、组织方式的讨论,并保证参训教师和在线指导教师可以顺利、方便地进行问答流程,由此,新任教师可以与多个不同的资深教师从实际教学所遇问题的视角出发,互相交换教学计划,反思课堂教学。此外,讨论区中还储存着中小学教师日常教育教学所需的资源,比如课程设计思路、PPT 模板、上课所需的案例等,教师可以链接讨论区中的资源并将其运用到自己的课程当中。

诚然,eMSS 的在线指导教师都是从优秀教师中选取而来的,教育教学经验丰富,观察学生、收集、分析学生信息能力强,能较好地组织教学内容并掌握教学进度。但 eMSS 项目始终认为培训师资是项目成功的重要因素,要不断提高在线指导教师各方面综合能力,才能真正促进参训教师能力的提升。因此,eMSS 项目为培训指导教师专门提供了在线指导教师相互交流的论坛,即导师在线研讨区(Mentor place),在线指导教师可以随时在论坛中分享解决问题的经验,提升教育教学水平,更新学科最前沿知识。eMSS 项目根据在线指导教师的指导经验,通常将在线研讨活动分为初级和高级两个层次。初级研讨面向刚刚进入 eMSS 项目的在线指导教师,主要目的是让新任的在线指导教师更加清晰地了解 eMSS 项目的理念、原则和目标,以及如何有效利用电子信息技术进行在线指导。高级别的在线研讨则是面向有经验的在线指导教师,旨在为其提供向新任教师发起、维持和促进在线对话的相关策略和方法,以及如何熟练地运用电子信息等技术与新任教师顺利进行同步、异步交流的策略。

2. 项目保障

eMSS 项目相继获得了多个教育机构的资助,这为 eMSS 项目顺利且高质量的运行提供了丰厚的物质保障:eMSS 项目在 2002 年刚刚起步时就获得了国家科学教师协会、新教师中心，以及蒙大拿州立大学科学数学资源中心的联合支持；在 2007—2008 年间，eMSS 项目还获得了高盛集团（Goldman Sachs）的资金资助，建立了专门为新任数学教师提供的在线教学技能提高的培训项目；2009 年，eMSS 项目又陆续获得了来自路易斯安那、内华达州和部分来自美国能源部（USDOE）、开放式自我教育协议（Open Self-Education Protocol，简称 OSEP）的资助，以及美国一些教育机构的支持。eMSS 项目为保证在线培训的质量，严格遵循国家教师发展署（NSDC）推出的在线教师专业发展标准（SOTPD）。该标准从中小学教师在线培训的学习环境、在线培训的内容和实施方法以及在线培训评价三个方面出发，为美国中小学教师在线培训的设计和运行提供了重要指导方向。

　　eMSS 项目的顺利发展除了归功于丰厚的物质支持以及法律法规的政策保障外，还拥有强大的人力资源支持。eMSS 项目中不仅有经验丰富的优秀中小学教师积极参与，还有各学科领域内的专家、高校教授等的全力支持，在线指导教师中，30% 是总统奖的获得者或入围者；超过 40% 的在线指导教师持有国家委员会认证证书；超过 70% 的在线指导教师获得了国家或州一级的认可。此外，Sakai 平台作为 eMSS 项目的技术支持，为参训教师和在线指导教师提供了方便、快捷的操作程序，无障碍的交流沟通平台。

（三）成效影响：因材施训成效显现

　　经过 eMSS 项目培训的新任教师，对其今后的工作岗位做好了充足的心理准备，也提高了对自身教学实践水平的自信心，从而提升了将来的被留任率。有数据显示，eMSS 项目中的 STEM 教师的留任率已增加到 95%。理查德·英格索尔指出，STEM 老师短缺的现象不是教师缺乏培养导致的，而是因为教师的留任率低。其中，对于教师留任率影响最大的是与新任教师同一年级、同一学科或者同一学校的经验教师是否发挥了指导作用，是否与新任教师共同合作，增强新任教师的教学实践能力，而该影响因素正是 eMSS 项目实施的重点之一，因此 eMSS 项目对于新任教师留任率的提高发挥了重要作用。

　　一位一年级的科学教师曾对 eMSS 项目做出了这样的评价："eMSS 项目为我

提供了各种各样有趣且有实践性的课堂计划和教学策略。这使我的教学能力达到了一个全新的水平，我拥有了高质量教学的，足够的资源，在eMSS学习共同体中，我并不孤单。"这在一定程度上说明：其一，参加eMSS项目的新任教师课程计划能力、基本教学水平、课堂管理技能都得到显著提高；其二，eMSS项目的各个学习空间增强了新任科学教师以适当的方法传授科学知识的能力；其三，参与内容讨论区的讨论后，可以提高新任教师对学科内容的理解；其四，在学习共同体中，参训教师与培训教师之间以及参训教师之间可以良好地分享经验、协作共进，而不是一个人独自探索进步方法。此外，参加eMSS项目的在线指导教师指出，他们与新任教师一起工作的准备感明显增强，并且自身的教学指导能力提升明显。

  本章通过肯普模式的建构依据、建构条件，模式的形态几个视角对肯普模式的理论层面进行了分析。肯普模式的设计理念和设计过程可以概括为三句话：强调四个基本要素，解决三个主要问题，适当安排九个教学环节。通过选取eMSS项目作为肯普模式的实际运用案例，发现eMSS项目也呈现出非线性的实施方式，与肯普模式相似，项目中的在线学习环境既相互独立又相互联系，参训教师可以按照需求选择任意学习空间，而不是遵循固定的顺序和规则。eMSS项目还遵照肯普模式对参训教师的特点进行分析和归纳，将参训教师和培训教师进行分层、配对，实现相同年级、相同学科，处于相同场域的教师互相交流。此外，肯普模式的后勤保障环节也为eMSS项目提供了良好蓝本，让eMSS项目始终通过辅助性服务，比如提供在线技术平台，保障eMSS项目正常运转，帮助在线指导教师和参训教师解决在线技术问题，从而提升参与者的培训体验，创造了良好的培训环境。总而言之，eMSS项目帮助新任中小学教师有效提升了自身综合素质和专业教学水平，提高了今后的留校率，也为在校有经验的教师创设了一个持续提高沟通能力、领导能力和管理能力的平台，是一种个性化、多样化、规范化，且合理有效的在线培训项目。

第三章

史密斯-雷根模式的建构与实践运作

史密斯-雷根模式作为第二代教学设计的代表模式,在教学策略设计阶段充分考虑学习者的认知水平和认知特征,并在此基础上开展学习内容组织、学习内容的传递方式和学习资源管理的设计,从而达到学习者高效接受知识、内化知识、迁移知识的目的。美国人民大学(University of the People)在线教育硕士计划作为史密斯-雷根模式的实际运用案例,尤其注重教学策略的设计,同时教学内容也强调与参训教师讨论不同教学情境中的策略。本章将通过对史密斯-雷根模式的理论探索和实践应用的分析,探索史密斯-雷根模式建构的依据、条件以及适用范围。

一、模式的建构

(一)建构依据:认知主义与建构主义学习理论的结合

20世纪50年代后,计算机技术和信息技术的不断发展,为心理学家更加准确地分析和推断学习者的心理提供了重要条件。心理学家加涅提出了信息加工认知论,他认为学习是一个由学习者不断接收信息、储存信息、提取信息,同时与周围环境不断相互作用的过程。另外,加涅提出学习可以分为若干阶段,每个阶段都会进行不同的信息加工,每个阶段接受信息、储存信息和提取信息时所发生的事件就是学习事件。[1]教师教学的过程,就是影响和刺激学生信息加工的过

---

[1] 任思颖,王威.信息加工理论在中学生物教学中的实践研究[J].课程教育研究,2020(10):155-156.

程,因此教学阶段应与学习阶段相对应。学习事件是由学生内部发生的,而影响学习事件发生的教师教学则是外部条件。①

信息加工理论将学习的过程分为动机、领会、习得、保持、回忆、提取、作业和反馈八个阶段,在这一过程中,个体对信息的加工又可以分为刺激、编码、存储和提取四个环节。②从信息加工理论可知,学习发生需要有动机的激发,源自学生自身内部的学习行为受到外部教师的视听刺激,信息被编码后储存在短期记忆中。想要获得信息的长时间记忆,学生必须在教师的帮助下选择合适的编码方式。此外,教师还要注重培养学习者信息检索的能力,以便今后在需要用到储存的信息时,能准确提取信息并运用。当然,学习发生后的作业阶段也颇为重要,该阶段可以帮助教师准确、及时地掌握学生学习的情况,并提出意见建议,从而完善学习方法,提高学习成绩,强化下次学习动机的激发。

史密斯-雷根模式是在狄克-柯瑞模式上发展起来的,与狄克-柯瑞模式不同的是,在教学设计的第二阶段——策略设计时,史密斯和雷根指出教学内容的组织应该充分考虑学习者认知特点和认知水平,而后学习者才能快速、有效地接收和内化学习内容。这时认知主义学习理论已在史密斯-雷根模式中显现。另外,随着史密斯-雷根模式的不断完善,建构主义学习理论的观点也在其教学设计中初显端倪,比如史密斯-雷根模式开始重视教学策略设计中对教学内容的传递方法,即教师不再是单方面灌输知识,而是作为学习的组织者和引导者,为学习者创设实践情境,并促进其意义建构。

(二)建构条件:形成性评价从教师需求分析起贯穿始终

在史密斯-雷根模式中,分析和评估阶段发生在教学活动实施之前,该阶段包括四个部分:学习环境分析、学习者分析、任务分析和学习评估计划。一些在线培训开发者为了节省时间,经常忽略或跳过前端分析和评估。但从长远来看,将注意力集中在早期分析上可以节省时间、资金的投入,减少参训教师的培训倦

---

① R·M·加涅.学习的条件和教学论[M].皮连生,王映学,郑葳,等译.上海:华东师范大学出版社,1999:70-86.
② 任思颖,王威.信息加工理论在中学生物教学中的实践研究[J].课程教育研究,2020(10):155-156.

怠感。学习环境分析可以帮助在线培训开发者收集对参训教师的学习有关键作用的教学材料和资源，并在合适的学习环境中为他们提供最合适的学习材料。对学习情境的分析主要包括两个部分：第一，探索和分析可以为参训教师提供实现培训目标的指导性材料；第二，对将要使用该指导材料的学习环境进行描述。此外，对学习环境的分析还涉及对参训教师的需求评估。

在线培训设计人员使用需求评估来确定教学和后续学习的发展是否达到预期的效果。对学习效果的预期以及参训教师的需求分析应该同时进行，史密斯和雷根建议在此阶段进行一次总结性评估。他们指出需求一般有三种类型：问题需求，即有待纠正的问题；创新需求，即可能需要学习一些新知识；差异需求，即需要有特殊技能的学习。进行需求评估后应该得出一系列学习目标，这些目标将为参训教师在培训中应该做什么指明方向。史密斯和雷根认为，对学习环境进行透彻分析有助于保障对参训教师的指导的针对性，并为参训教师创造一个符合培训目标的学习环境。史密斯和雷根在分析学习环境时，主要收集参训教师、培训教师、在线培训内容、在线培训技术、在线培训内容组织等方面的信息。史密斯-雷根模式尤为重视对参训教师认知水平、认知特点的仔细识别和分析，通过对参训教师的透彻了解可以为在线培训开发者提供必要的信息，从而开发和设计出高效且富有吸引力的在线培训模式。史密斯-雷根模式将学习者的特点分为四个类别：认知、生理、情感和社交，当然，并不是每种学习者类别都跟参训教师的类型一一对应。由于不同的参训教师拥有不同的特定教育背景和教学经验，基于史密斯-雷根模式的美国中小学教师在线培训也十分具有针对性：在分析不同参训教师的认知水平和认知结构后对教师进行分层，不同层次的教师按需参加专业培训，学习教育理论知识并提高从事基础教育教学和基础教育阶段班级、课堂管理的能力。此外，在线培训项目还注重利用电子信息技术以及虚拟现实技术对培训资源进行整合和管理，并制定在线培训内容的组合和传递策略。

(三)建构形态:分析、策略、评价三大版块

1.模式目标

美国学者古斯塔夫森和布兰奇将史密斯-雷根模式归类为系统导向型模型(System-oriented)。系统导向型模型适合指导大型教学模式的设计和开发,例如基于史密斯-雷根模式开发一门学科的课程或者一个培训项目。[①]在史密斯-雷根模式发布之前,关于教学活动和线性教学的设计指导较少。此外,史密斯-雷根模式还会为在线培训设计团队提供大量有用的资源,为他们指明培训实施策略以及培训评估分析方向,提供项目试运行支持,帮助其在培训过程中运用形成性评价修改和完善在线培训内容。

古斯塔夫森和布兰奇在《教学发展模型调查》(*Survey of Instructional Development Models*)中提到,史密斯-雷根模式特别适用于基于学习者心理、认知水平和认知特点的设计,在研究和综合相关学习理论为教师提供教学策略方面相当透彻。史密斯和雷根在文章《打开黑盒子:审查的教学策略》("Opening the Black Box: Instructional Strategies Examined")中探索了教师教学和学习者学习策略中关于不同情境、学习者和学习任务三个变量之间的平衡。他们提出了这样的主张:存在一个"中间地带",即教学策略,可以将教师引导性教学与学习者主动性学习联系起来,而基于史密斯-雷根模式的教学设计模式的三大教学策略的实施可以加速学习者的自主思考。此外,史密斯和雷根提出,虽然史密斯-雷根模式带有建构主义学习理论的特点,但是在进行在线培训项目设计时,不能为了符合建构主义的特征而强加情境教学活动。因此,史密斯和雷根在对相关文献进行研究后,创建了一个综合性的教学设计指导策略,并最终为陈述性知识学习、概念学习、关系规则学习、程序规则学习、问题解决、认知策略、态度学习和心理运动技术学习等不同学习类型提供相应的指导。

---

① GUSTAFSON K L, BRANCH R M.Survey of Instructional Development Models[M].4th ed.Syracuse:ERIC Clearinghouse on Information & Technology,2002:16.

2.模式内容

史密斯-雷根模式是第二代教学设计的代表模式,史密斯和雷根认为加涅和医学博士M.D.赖格鲁特对学习理论和教学设计模式的发展做出了重大贡献。其中,两人认为加涅厘清了教师教学过程、学习过程和学习结果之间的关系,为史密斯-雷根模型提供了基础。史密斯-雷根模式在汲取了加涅的"信息加工认知论"中分析学习者心理过程的观点的基础上,除了对"狄克-柯瑞"模式做出补充,还在制定组织策略时为了让学习者更有效率地学习,更好地接受新知识并将其储存到长期记忆中,充分考虑了学习者的认知能力和认知特点。史密斯-雷根模型结合认知主义和建构主义的观点,重点关注学习者原有的认知特点和认知结构,在分析学习环境的基础上,强调教学组织策略以及教学内容必须参考学习者的认知结构。史密斯-雷根模式将教学设计分为三个部分:教学分析、策略设计和教学评价。(如图3-1)

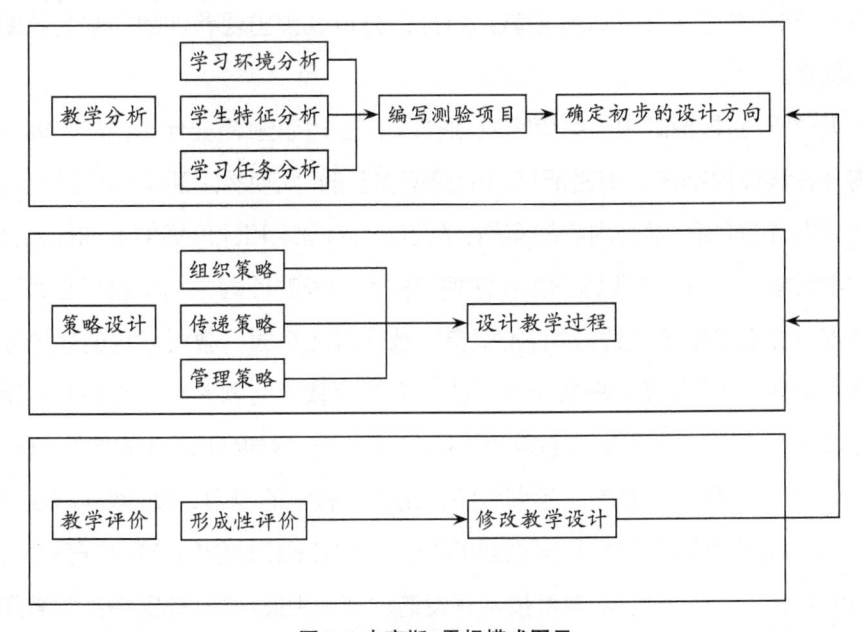

图3-1 史密斯-雷根模式图示

基于史密斯-雷根模式的美国中小学教师在线培训通常重点关注中小学教师日常教育教学中遇到的实际问题,并与具体的培训内容和培训策略相结合。在教学分析阶段,培训项目开发者会分析网络学习环境,比如参训教师可接触到的电子信息技术、在线培训的界面等，以及参训教师身处的社会环境，比如教师在教学实践中真实的情境。史密斯-雷根模式不仅对参训教师已有知识基础和知识水平进行分析，还注重对参训教师内部认知特点的挖掘。在分析参训教师的培训任务时，先分析培训目标，再分析培训内容，通过培训目标来确定内容。在对在线培训学习环境、参训教师特征以及在线培训的任务进行分析后，我们才能确定中小学教师在线培训项目的初步方向。在培训策略的开发阶段，则需确定参训教师的学习活动及顺序，在线培训的实施方式，参训教师之间及参训教师和培训教师之间的交互方式，以及在线培训的进度和学习资料的发放方式几方面。此外，中小学教师在线培训项目在其实施过程中，可以随时听取参训教师的意见反馈，对在线培训进行修改完善，同时在培训结束后重视对参训教师培训效果的观察及其对在线培训观点的收集。基于史密斯-雷根模式的中小学教师在线培训项目需要充分考虑到影响参训教师学习发生的外部环境因素以及内部认知特征，缺少对学习环境或参训教师特征的分析就会出现参训教师学习效率较低的现象。

　　史密斯-雷根模式中组织策略应回答以下三个问题：需要什么内容？如何呈现内容？该如何排序？史密斯和雷根根据加涅的"九项教学活动"进行扩展，围绕学习内容的介绍、学习内容的实施、学习结论的呈现和评价提供生成性和替代性教学策略。(如表3-1)以史密斯-雷根模式为指导的美国中小学教师在线培训的培养目标更侧重于实践应用，希望参训教师既能掌握所教授学科的理论知识和教育学理论知识，又能积累相关解决日常教育教学问题的技巧方法并能用于日后教学实践中。通常该项目按照史密斯-雷根模式对参训教师需求的分析，可以总结出三类目标：一是提高参训教师日常教育教学的能力，实现教学质量的提升；二是培养掌握改善学生从出生到成年生活的知识和技能的特殊教育教师；三是培训新教学方法研发、新教育技术开发的教师。由此可见，美国中小学教师在线培训更强调为就业服务，而不是为获得更高学位做准备。

表3-1 史密斯-雷根模式独特的三段教学内容传递策略

在线培训简介	1.激发注意力/唤起兴趣和动机； 2.建立教学目的； 3.预览课程
在线培训主体内容传递	1.回忆已有相关知识； 2.过程信息和示例； 3.将教师关注点集中； 4.采用学习策略； 5.实践； 6.评估反馈意见； 7.运用学习策略
在线培训的总结和评估	1.总结和审查； 2.知识的实践应用； 3.激发新一轮学习需求； 4.概念学习的评估； 5.评估反馈意见并寻求提高建议

3.模式形式

在史密斯-雷根模型的图示中，虽然呈现的教学设计过程是线性发展的，但这不代表教学设计过程中的所有步骤都不会重复发生或按顺序单独发生。史密斯和雷根指出教学设计的各阶段经常是并发的，或交织在一起的，即一个步骤的更改会导致设计团队同步更改其他步骤。比如评估阶段看似与教学指导、教学实施和教学管理策略互相独立，但事实上是贯穿于这些步骤的实施过程中的。根据史密斯和雷根的建议，在线培训项目的形成性评估应该在设计项目开发期间进行，从而确定教学策略、教学内容、教学所用材料和资源是否按预期发挥作用。形成性评价有助于发现中小学教师在线培训项目的不足，以便随时对在线培训项目的教学策略、教学内容进行修改和完善。而总结性评价是在在线培训项目结束后进行的汇总性评价，便于从整体上评估在线培训项目的质量和效果。因此，美国中小学教师在线培训设计团队和管理团队需要相互合作，同时需要考虑影响在线培训项目有效运作的因素：培训教师的教学表现、在线培训项目的成本、在培训项目的教学进度等。

4.模式功能

从20世纪90年代起,信息通信技术取得飞速发展,越来越多地受到社会各界的关注并逐渐融入人们的日常生活中,同时也为中小学教师个性化、交互性的在线培训提供了技术保障。[①]史密斯和雷根在其专著《教学设计》中提到,史密斯-雷根模式是一个教学设计的通用模型,这是因为教学环境分析、策略制定和评估这三种史密斯-雷根模式中的主要活动的确是许多教学设计的一部分。该模型与其他教学设计模型之间的主要区别是对教学策略的详细处理的不同。其他设计模型很少对教学策略如此重视,考虑得也并不周到。结合教师专业发展理论和史密斯-雷根模式的教师设计模块,美国在线培训开发者对参训教师专业发展不同阶段的认知特征、培训需求、教学水平等进行了专业分析,总结出不同层级的中小学教师将会参与不同的个性化在线培训项目的结论。例如,对于新教师来说参加培训的目的是快速融入教师这一角色;而对于经验较丰富的教师来说,参加培训的目的相较新教师来说更加具有实践性,是为了学习新的知识与教学方法,以及学会与学生在课上、课下更好的沟通等。具有普适性的中小学教师在线培训更侧重于为教师提供美国各州对于教师普遍要求的内容,不仅可以增强新任参训教师的教学自信以及对实际教学策略的运用水平,还可以帮助有经验的教师在扩充专业知识的同时进一步提高教学能力和管理能力。

二、实践运作:美国人民大学在线教育硕士计划

(一)运作准备:详细设计三大类培训策略

1.培训目标

具体来说,以史密斯-雷根模式为基础的在线培训项目的目标是在在线培训的实施中逐渐详细化、明确化的,但培训目标并不是课程目标的简单推演,而是一个复杂的过程,其不仅包括外部因素如社会、经济、学生的变化对教师要求变

---

① 丁兴富.远程教育的实践发展和理论成熟[J].现代远距离教育,2000(1):9.

化的影响,也包括教师作为个人对自身内在的影响。为了提高美国中小学教师的教育教学水平,美国人民大学(University of the People)和国际学士学位组织(International Baccalaureate,简称IB)已启动了免学费的在线教育硕士(Online Master of Education)计划。该计划反映了符合IB的教学方法和学习方法,是一种帮助美国中小学教师提高学历,获得高一级资格证书的途径,旨在培养新一代的拥有全球化思维的中小学教师,并对其所教授的科目、教育学理论、教学评估方法有深刻的理解,以支持中小学教师在日常教育教学中指导学生的学习问题,引导学生跨学科学习,建立学生跨文化能力和批判性思维。

除了更新资格证书外,拥有一定教学经验的中小学教师为了更深入地研究教学方法,获得更专业的教育教学知识也会参加此种专业型的在线培训计划。此外,从事育儿、学校教育管理行业的,意图转行当中小学教师的人群也可以参加该项计划。该计划采用以参训教师为中心的教学方法,其中的培训教师则拥有丰富的在线教学经验以及广博的专业知识,力图为参训教师创设一个包容性强,以问题为导向的在线学习环境。由于该种学习环境也有利于中小学学生成绩的提高,因此参训教师也将学习创设这种学习环境的策略。

2.培训内容

美国人民大学在线教育硕士计划有四种类型课程:核心课程、专业核心课程、专业选修课程、顶点课程。其注重对在线培训项目学习环境的分析,探索网络设备、在线培训教师等因素对参训教师学习的影响,旨在为参训教师创设一个灵活的、实践操作性强的学习环境。参训教师必须选择专攻小学教育和中学教育中任意一项专业内容。当然,无论是选择小学教育,还是选择中学教育,参训教师都必须完成2门核心专业课程以及1门选修课程,作为13门项目课程的一部分。优秀的参训教师将有机会参与美国人民大学与国际学士学位组织联合推出的实习项目,获得宝贵的实践经验,通过实习项目还可以获得额外3个学分。

美国人民大学在线教育硕士计划有9门核心课程。第一,学习理论及其指导意义,该课程主要探究学生的学习理论和学习模型,关注认知主导、情感主导、感觉和心理运动主导以及社会学主导的不同学习的表现形式。该课程探索了神经科学对理解儿童和青少年研究的贡献,并讨论了诸如刻板印象等学习障碍。参训教师将通过课程了解影响学习环境创设的因素,比如学习者特征、学习者先验知识和经验、教学手段以及文化差异等。同时,参训教师还会了解到学习是基于情境的,没有任何一种理论可以普遍适用于每种情况、每个学生。第二,课程设计和教学决策,介绍主要的课程模型,并分析其设计和开发,实施和评估的过程,探索了教育技术、学科教学方法和跨学科教学方法在问题导向和概念理解课程中的作用。参训教师还将了解教学计划的设计、教学实施和教学评估的策略,并互相讨论日常制订课程计划和做决策时面临的实际问题。此外,该课程还包括对法律法规、地方和社会政治力量,以及相关利益集团对课程计划和课程选择的影响的讨论。第三,创造积极的课堂环境,侧重描述课堂组织和行为管理在发展积极的教学环境中的作用,并论证物理环境、过渡、过程、规范和期望对行为管理的影响。该课程能提高参训教师的沟通和社交技巧,促进师生之间的合作关系。第四,了解学生的学习障碍,探讨了学生的差异性以及不同学生的学习障碍类型。比如身体和感官残疾和健康障碍的表现以及其对学习的影响,学生的认知、情感和心理差异以及种族、民族、性别、文化、社会经济地位和语言的差异性。第五,评估和反馈,讨论了不同类型评估(例如课堂、诊断、问题解决、形成性和总结性评估)的性质和目的,比如正式和非正式的课堂评估及其在指导教师课程决策、差异性教学、提高学生成绩和改善教师表现方面的用途。该课程还探究客观、公平、一致、透明的分级评估的重要性,以及建构分级评估的等级分类依据和实施规则,并通过分级评估结果为学生提供有效的反馈。此外,参训教师还将通过课程探索如何将电子信息技术和互联网融入分级评估的方法。第六,多元化和包容性课堂教学,旨在创造一个公平的学习环境,重视关于多元文化、多语言课程、多语言教学材料、学习活动和学生分组的决策。该课程还会帮助参训教师明晰如何使用自适应技术,差异性分析、分层教学法来支持有学术或行为困难的学生学习,并且利用诸如"通用设计学习"的教学方法促进包容性教育和教学框架的建构。第七,在全球化背景下的生活和学习,重点探讨了在全球化和互联网影响日益增长的背景下,学生所必须具备的满足社会要求的能力。参训教师要在课程研究如何为学生创设一个今后进入社会将面临的真实问题的学习情境,并锻炼学生无论在熟悉还是陌生的环境中都能准确运用自身知识解决问题的能力。该课程还帮助中小学教师探索引导学生用全球化思维思考问题、用包容的态度对待他人、用批判性思维解决问题以成为合格的世界公民的方法。第八,用历史的维度看待教育,运用历史学、哲学和社会学分析世界各地不同时代的教育作用,以及社会、经济和政治结构对于塑造当今多样化教育系统的影响。该课程将与参训教师共同探讨古典和现代教育思想家的贡献,以及他们对当代教育和对教师作用及功能的影响。第九,教育研究,重点关注教育从业者在研究时所用模型、工具和方法,并对研究模式、工具和方法的优势和劣势进行讨论。参训教师需要运用恰当的研究模型、方法和工具,选择一个研究主题,制订研究计划,并将研究计划进行开题陈述。研究计划要求将研究问题外显化,并包括讨论问题的原理,主题文献的回顾和分析,描述数据收集的过程和方法以及预判问题的结论几部分。

美国人民大学在线教育硕士计划的专业核心课程有4门。一是儿童发展,从生理学、生物学、认知、情感、社会的角度以及儿童从出生到青春期的相互关系来考虑儿童发展,尤其是对K-8学龄儿童的探讨。课程将对主要的儿童发展理论和促进儿童生长与发展的因素进行比较和评估,并特别强调对教育实践的影响。此外,还将走进儿童在学校、家庭和社区中居住的、相互联系的世界,进行研究和特点分析。二是中小学课堂教学技术,侧重于建立一系列适合教师实践的教学策略。教学策略用以引导学生在先验知识的基础上进行学习,同时还需注意学生已有知识的多样性。该课程会与参训教师探讨促进学生在问题激发下学习的策略,以及在情境中进行意义建构,同时基于建构主义学习理论,促进学生将已有经验与新知识相联系的教学策略。该课程还重点介绍了开展教师主导的班级活动、合作学习小组活动和独立学习几种教学教法的时机。三是青少年发展,从生物学、生理、心理、情感、认知和社会角度看待青少年的发展,并深入探讨青少年时期快速变化的原因。课程主题包括青少年思维和大脑发育、社会情感和道德发展、性别认同以及种族和文化认同。整体上,该课程从跨文化的角度探讨以上内容，并提供青少年在学校中不同场景遇到的实际问题案例。此外，该课程还涉及同伴、友谊、社交媒体对青少年发展的影响和重要性等内容。四是中学课堂教学技术，主要包括中学课堂中课程相关度、教学风格以及教学态度与学习态度的交集等内容。该课程将与参训教师共同探索何时以及如何开展教师主导的整个班级的活动、合作学习小组和独立学习。此外，课程着重与参训教师探讨协作学习、基于问题的学习、基于项目的学习、以学生为中心的教学以及学生自发学习的策略。

美国人民大学在线教育硕士计划的专业选修课程有4门。一是中小学文献课程高级教学实践，涵盖初中阅读和语言艺术教学的认知基础和课程含义，重点是理解课堂实践的理论和研究基础。该课程探索了文学写作及其发展的理论和实践，并考察了种族差异、社会、文化、语言对学生读写能力发展的影响，还重点讨论了将教育技术运用于儿童文学课程中的优劣点。二是中小学阶段STEM课程的高级教学实践，侧重于探讨中小学数学和科学概念，重点是对数学的学习和研究。该课程与参训教师探讨学生正确理解数学概念的策略，以及不同群体的学生选择不同数学教学方法的策略。三是中级文学课程和写作课程的高级教学实践，探讨了青少年文学及其存在的形式，将重点放在了写作的教学策略上，并与参训教师探讨学生如何学习不同学科的写作方法。此外，该课程还将与参训教师探究学生学会批判性阅读的策略，以及评估学生写作的标准。四是中学STEM课程高级进修，回顾STEM课程最前沿的研究。课程重点关注参训教师对计算机编程这门课程的教学方法，以及科学、数学和大学预科工程教学中的技术使用。美国人民大学在线教育硕士计划的顶点课程为应用型专业咨询，要求参训教师在计划期间对应用型研究计划进行设计，掌握研究所需数据的收集方法，并分析收集到的数据，最终讨论研究结果。该课程还要求参训教师收集参加在线硕士计划前后变化的相关数据，进行客观自评，并对未来专业发展做出规划。

美国人民大学在线教育硕士计划带有史密斯-雷根模式课程内容设计的特点，其课程内容尤其注重对参训教师日常教育教学策略的探讨，帮助参训教师归纳出不同教学情境中适合的教学策略。此外，该计划认为参训教师及其所教授学生的学习都是在已有知识和经验的基础上建构起来的,需考虑学习者已有知识的差异性,并通过为学习者创设不同的学习情境,促进学习的开展。

(二)运作流程:注重以传递教学策略为培训内容及培训策略的实施

1.培训实施

随着信息技术的不断发展,参加在线培训的中小学教师可以凭借互联网技术,充分利用手机、电脑等设备随时随地进行在线学习。参训教师和培训教师之间、参训教师之间利用电子平台进行观点讨论、知识共享、经验交流是美国人民大学在线教育硕士计划的特点之一,也是保证其培养质量的重要条件。除了必修课程外,参训教师有充分自主选择培训内容的权利,可以根据兴趣和专业发展方向灵活选择选修课程,将培训效用最大化,美国人民大学只是在有限范围给予参训教师相关推荐。美国人民大学在线教育硕士计划还将参训教师分为全日制和非全日制两类,根据类型的不同,给予参训教师灵活安排学习进度的空间,便于参训教师平衡工学矛盾。美国人民大学在线教育硕士计划遵循史密斯-雷根模式重视教学策略设计的特点,一方面,在分析参训教师特点、学习环境后,将培训内容以实践教学情境的方式组合,并将主要传递策略设计为与参训教师进行情境式讨论;另一方面,美国人民大学在线教育硕士计划的培训内容也十分重视为参训教师传递日常教育教学的策略及运用,如包容性课堂的组织策略等。

2.培训评价

美国人民大学在线教育硕士计划有五个周期,每个周期时长九个星期。参训教师可以选择全日制或非全日制的学习方式,非全日制参训教师每周期选修1门课程,而全日制参训教师每周期选修2门课程,学习进度快且结果优秀的参训教师可根据自身情况,每个周期选修3门课程。美国人民大学在线教育硕士计划要求至少完成13个课程,相当于39个学分。所以对于非全日制学生参训教师来说,完成在线教育硕士计划通常需要十三个周期,全日制参训教师则可以在七个周期内完成,而优秀的参训教师最短可以在五个周期内获得在线硕士学位。

美国人民大学在线教育硕士计划还针对参训教师培训前后的变化、培训教师的教学情况等方面收集评估数据，评估该项目的运行质量。同时，还将互联网技术引入项目评估体系，利用互联网技术建构参训教师的数据库，以便分析参训教师培训效果、课程偏好等因素，为日后完善该项目提供依据。

（三）成效影响：注重教学策略的实施成效显现

美国人民大学在线教育硕士计划的实施主要围绕教师应该知道如何将所教科目的知识传输给学生；教师应该了解如何正确引导学生学习；教师应该了解如何管理课堂和组织学生；教师应该对其教学实践进行反思；教师是学习共同体中的一员这五个标准展开。计划运行中尤其注重为参训教师创设情境，引导中小学教师在情境中学习，让他们学会批判性反思，促进其内化所学知识，并将所学知识运用于日后教学实践当中。电子校园的开设促进参训教师利用互联网技术在交互平台上交流经验、想法，共享知识，该种交互习惯的形成促进着教师在线学习共同体的构建。因此，美国人民大学在线教育硕士计划的运行和实施不仅强化了中小学教师的教学技能，总体提高了教师质量，而且还为教师在线学习共同体的构建添砖加瓦。

本章讨论了史密斯-雷根模式在教学策略设计的过程中，考虑学习者的认知水平和认知特征，在此基础上进行三大教学策略的设计和实施，从而达到学习者更高效接受知识、内化知识、迁移知识的目的。美国人民大学在线教育硕士计划作为史密斯-雷根模式的实际运用案例，在设计时将参训教师划分为不同年级、不同学科以及不同学段，为其提供了四种类型的培训课程选择。此外，考虑到中小学教师工作实践性的特点，美国人民大学在线教育硕士计划还将培训内容的传递策略呈现为与参训教师进行情境讨论的主题式的样态，促进教师在情境中建构知识和经验，使其在日后工作中遇到相同情境时，能够进行准确的知识与经验迁移。

第四章

尼文模式的建构与实践运作

尼文结合线性和非线性模式的特征,对一系列计算机辅助教学设计、实施、评价的研究后,推出了尼文模式。尼文在教学设计中,尤其重视计算机设备以及电子信息技术的辅助和使用。其认为,在线培训的开发是一项针对设计(再设计)、开发和实施培训计划的,有计划的活动。此外,尼文模式还带有建构主义学习理论的特征,提倡在情境中进行主动的知识建构。本章选取佐治亚州教育者准备计划作为尼文模式的现实案例,该计划重视将教育技术融于实施过程,强调用教育技术协助参训教师查询、学习、探索、解决问题、分享经验。本章将通过对尼文模式的理论探索和实践应用的分析,阐释其建构的依据、条件以及适用范围。

一、模式的建构

(一)建构依据:行为主义、认知主义和建构主义学习理论并行

建构主义理论在20世纪90年代被教育界接受后,被大量运用到教学设计模型中充当理论基础的角色。建构主义课程观在课程设计上突出学生的"学",以学生为中心,学生的角色从知识被动接受者和知识灌输对象转变为积极的信息加工主体、主动建构知识的人,而教师的角色则从知识灌输者转变为学生知识建构的组织者、推动者和指导者。此外,电子信息技术不再仅是教师传授知识的手段,更多的是被运用于学习情境的创设和协作交流平台的建设中,成为学生在情境中主动建构知识,协作学习的工具。[1]本研究中肯普模式、史密斯-雷根模式以及尼文模式都是在行为主义或认知主义的理论基础上建构起来的,但是教学设计模式与学习模式并非一一对应的简单关系,其拥有较强时代性,需要符合时代特征和社会需要,因此,在建构主义理论推出并被大量运用到教育领域后,以上模式都带上了建构主义的痕迹。[2]

建构主义下的教学设计模式都强调利用互联网技术和信息电子技术为学习者模拟真实的情境,将学习、电子信息化应用和创新融为一体,重视网络学习过程中的合作学习及个性化学习。该类模式鼓励学习者根据个人学习的需要和兴趣,对学习内容进行个性化选择。在基于新构建主义理论设计的尼文模式中,强调将创新纳入课程目标和内容中去,围绕学习者需求及面临的具体实践性问题展开设计。课程内容尽量避免无用信息和冗余信息,同时,给予学习者自主选择课程内容的权利,激发学习者自主学习和建构新的知识。此外,交互是尼文模式的重要一环,在进行在线培训模式开发时,应该借助电子信息技术将师生之间和生生之间的同步交互、异步交互作为重点设计、开发的步骤之一。总之,尼文模式主张电子信息、虚拟现实等技术不是用来以严格"自上而下"的方式编排教学过程,而是更多用于协助学习者学习、询问、探索、解决问题和分享经验。举例来说,在尼文模式中,在线培训开发者可以利用电子信息和虚拟现实技术实现参训教师日常教育教学情境的模拟。此外,尼文在对一系列教育技术辅助教学设计、实施和评估进行研究后,提出将电子计算机、云端技术等融于教学各个阶段的建议。比如,利用互联网技术促进在线学习共同体的建构。在线学习共同体是学习者们为了同一学习目标或任务聚集起来,经常性地组织交互活动,共享学习资源,从而形成相互促进、共同进步的人际关系的组织。在线学习共同体理论认为分享是促进交流与进步的主要手段,强调不论是以教师、专家还是学生的身份参与到学习共同体中,都应与其他人平等沟通。

---

[1] 何克抗.建构主义——革新传统教学的理论基础(中)[J].电化教育研究,1997(4):25-26.
[2] 张军征,刘志华.对我国当前教学设计模式分类观点的思考[J].中国电化教育,2004(3):13-14.

(二)建构条件:利用电子信息技术保障每个阶段的教学质量

为了帮助中小学教师减轻工学矛盾,最大化发挥电子信息技术和互联网优势,灵活合理安排参加教师资格证在线培训项目的时间,美国推出了教师资格证微认证。与传统的教师认证相比,微认证的优势有:一是提高中小学教师单向教学技能。基于尼文模式的微认证借助互联网等技术的支持,准确判断参训教师为满足认证所需的能力,为参训教师提供定制化培训服务。二是有针对性的培训内容。参训教师根据自身专业发展阶段、所教授学生生理和心理发展情况、学校标准等因素选择微认证项目,同时微认证为教师提供微型学习内容,便于中小学教师利用碎片化的时间学习,控制学习进度。三是半结构化课程。微认证为参训教师提供半结构化课程,参训教师因需选择培训内容和培训实施方法。四是成果评估方面。微认证主要从中小学教师参训前后的变化以及在具体教学情境中是否能准确快速地做出决定两方面对教师进行评估。五是共享方面。巴里等人在文章《微认证:教师学习方式的转变》中提到:微认证学习结果以数字徽章形式呈现,参训教师可以通过社交媒体平台(Edmodo)、领客(LinkedIn)、电子邮件等途径分享他们的微认证徽章,形成相互启发与激励的氛围。20世纪90年代以来,随着基础教育质量要求的提高,教育界开始反思传统评价方法的弊端,并提出基于互联网技术、大数据系统的多元评价方法,注重形成性评价和终结性评价的数据搜集,同时,根据尼文模式的观点从宏观和微观视角来制定评价的标准。比如,教育测试服务中心制定的基于教师表现的评估标准(Performance-based assessment),从微观视角,评估教师对教学计划的设计能力、教师教育教学的能力、教师掌握的知识范围、与学生的相处能力、对学生信息的收集和处理能力等。

(三)建构形态:前研究、设计(再设计)、终结性评价三大板块

1.模式目标

尼文在对一系列计算机辅助教学工具研究后,推出了尼文模式。该模式首先讨论在线培训开发人员如何进行培训项目的开发以及在线培训的活动,然后

研究计算机如何为在线培训项目的实施和运行提供支持。尼文认为在线培训的开发是一项针对设计(再设计)、开发和实施培训计划的,有计划的活动。中小学教师在线培训项目的设计必须围绕相关主题进行,例如:参训教师应该学习什么,为什么?哪些活动将促进参训教师学习发生?什么样的学习资源适合加入中小学教师在线培训项目中?应该花费多少时间实施在线培训项目?尼文认为高质量的在线培训项目设计通常需要多个步骤:一是执行问题分析、任务分析、学习环境分析、内容分析;二是决定在线培训课程的内容,例如:培训目标、培训主题、学习和指导策略、参训教师测试、在线培训教学进度安排;三是根据形成性评价结果进行在线培训内容的创建和修改;四是试运行在线培训项目;五是将中小学教师在线培训项目应用于实践。尼文模式的发展为探索互联网技术以及计算机等设备在保障教师在线培训项目质量和增强在线培训活动开发和设计效率方面的支持作用提供了重要的基础。

2. 模式内容

尼文在总结之前教学设计模式的基础上,结合线性与非线性的特征,将现有教学设计模式发展为尼文模式。相较而言,尼文模式有两个突出特点:第一,将形成性评价正式加入教学开发环节中,便于在开发和实施教学过程中随时得到评价反馈,并及时在过程中根据反馈进行修正和完善;第二,将线性模式与非线性模式相结合,认为教学的开发、设计、实施和评价既是一个循环往复,不断进行的非线性过程,从教学开发的前期研究、教学实施以及终结性评价这一视角来看,又是一个线性的过程。(如图4-1)

基于尼文模式的中小学教师在线培训模式在对参训教师培训的需求,参训教师对电子信息技术的可及性以及偏好,参训教师的认知特征等进行前期的充分研究后,才开始开发和设计在线培训项目。该培训模式将培训项目的设计、开发、实施和评价看作一个循环往复的过程。形成性评价便于随时接受参训教师的建议和意见,并及时对在线培训项目进行设计、实施等方面的修改和完善。终结性评价作为在线培训项目的最后环节,一方面搜集参训教师对该培训项目的反馈,另一方面评估参训教师参训前后的变化,以此分析在线培训项目的效果。

图 4-1 尼文模式图示

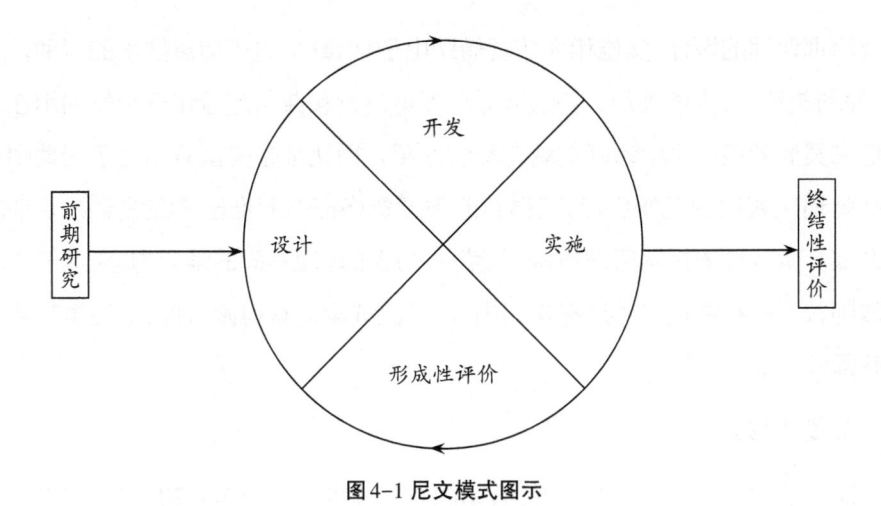

美国获得教师资格认证的中小学教师在线培训项目较多以尼文模式为设计基础,其中在线培训项目的设计、开发、实施以及形成性评价这四个步骤是一个非线性的过程,没有明确的起点,开发者在项目实施过程中在获得参训教师的反馈后,根据反馈意见对在线培训项目进行修改和完善。美国联邦政府和各州政府发布了中小学教师在线培训项目的质量标准以及高质量教师的标准,以保障在线培训项目的质量。《不让一个孩子掉队法案》针对"高质量的专业发展"的中小学教师给出了确切的定义,为中小学教师在线培训项目的开发与设计指明方向。根据法案,中小学教师在线培训项目须达到以下目标:第一,完善和更新参训教师学科前沿知识;第二,提高参训教师学生管理和课堂管理的能力;第三,在线培训内容以参训教师实践中的问题为中心;第四,提高教师的教学计划设计能力和对教学进度把握的能力;第五,鼓励校长、学校管理层、学生家长积极参与中小学教师在线培训项目的开发。获得初始执照是美国所有州对中小学教师的最低要求。获得初始执照的标准不仅在美国各州,甚至各学区都有差异。美国目前有数十个州要求新任教师必须通过教学表现考核后才能获得正式教师认证证书,拥有正式教学的权力。多个州授权由斯坦福评估(Stanford Center for Assessment)、学习和公平中心(Learning and Equity)开发的教师绩效评估(Teacher Performance Assessment,edTPA)来进行评估,即通过教师对教学计划的设计、教学进度的把握、管理课堂和学生的能力等方面考核新任教师的能力。尼文模式尤其强调培训课程的设计、实施和评估要借助电子计算机、电子信息技术的帮助。目前，亚利桑那州、肯塔基州、明尼苏达州、罗得岛州和弗吉尼亚州五个州利用在线微证书灵活考核中小学教师的教育教学水平。微认证是美国各州为了帮助中小学教师适应繁忙的工作日程，获得新的教师资格证书而推出的在线学习认证的新方式。微认证依托互联网技术，以菜单的形式呈现不同的学习内容，给予中小学教师较大的自主权自由选择学习内容，并完成学习获得微认证，最终更新自己的教师资格证书。[①]

3. 模式形式

随着美国社会和科技的发展，教学内容与要求的不断更新和变化，终身制的教师资格已不能满足社会对中小学教师的要求。为了使中小学教师教育教学能力紧跟社会不断变化的要求，1985年后，美国各州开始通过发布相应法律法规，逐渐将终身制的中小学教师资格证书改变为年限制的中小学教师资格证书。茱蒂丝在《隐私的持久性：教师职业关系中的自主性和主动性》一文中表明，目前，年限制的教师资格证书在美国绝大多数州施行，教师资格证书一般每五年（最多七年）更新一次。在进行高一级教师资格认证时，中小学教师除了须通过对日常教育教学工作的考核外，还要提供任教五年（或七年）间参加培训的记录。因此，在教师资格证书期满后有意愿继续担任中小学教师的，需参加一定学时的专门培训，获得特定培训课程的学分，并通过考核才可以更新教师资格证书。基于尼文模式的美国中小学教师在线培训在开发和设计培训活动及其范围时，通常会考虑以下因素的影响：参训教师自身需求、参训教师认知偏好、参训教师认知水平、可用资源（包括时间、人力和资金支持）、参训教师涉及的学科以及内部的交流团队和其他利益相关者。此外，在线培训项目本身的特点也会影响开发人员的设计结果。比如，基于宏观视角开发和设计出的中小学教师在线培训项目，通常受到政策、预算、教师组织、社会要求等因素影响，而基于微观视角开发的中小学教师在线培训项目考虑更多的则是教师个人需求、教师的差异性等因素。以

---

① DARLING-HAMMOND L, HYLER M E, GARDNER M. Effective Teacher Professional Development [EB/OL].[2023-12-21].https://files.eric.ed.gov/fulltext/ED606743.pdf.

尼文模式为指导的美国中小学教师在线培训,比如中小学教师资格认证项目的开发者会同时从宏观视角和微观角度出发,既考虑中小学教师认证制度的相关法律法规和政策影响,也重点关注参训教师认知水平、教育教学能力的差异性,为参训教师提供分层的在线培训项目。

4.模式功能

基于尼文模式的在线培训项目与一般培训项目的差异主要在于以下几个方面:第一,计算机支持的课程开发面向谁,为什么?第二,哪些在线培训开发和设计的阶段需要电子信息技术的支持?第三,如何提供有价值的支持?第四,哪些在线培训的实施方式最有用,如何将其呈现出来?美国在全国范围内开展的年限制和级别制的资格证书认证为中小学教师迎接作为教育工作者和终身学习者的挑战提供了机会。大多数中小学教师参加教师资格证更新相关的在线培训项目一方面是对自身职业发展的追求,另一方面是为了达到社会对教师要求的现实需要。此外,美国对持有不同层级教师资格证书的中小学教师实行薪资分层,这也激励中小学教师不断参加在线培训,换取更高一级的资格证书。

美国各州普遍根据影响学生学习的六个要素对教师资格证在线培训项目提出了相应的要求。第一,教学:教师资格证在线培训项目应致力于提高参训教师实际教学能力。第二,州标准:所有中小学教师在线培训项目的内容设计须在州标准的基础上开展。第三,基于标准的培训内容:所有中小学教师在线培训项目都必须为参训教师提供基于标准的知识与教学技能方面的培训。第四,教学材料和资源:在参加教师资格证在线培训项目并学习相关拓展内容后,参训教师要将学习内容内化并运用到日常教学中。第五,评价技能:在线培训项目要提高教师对学生信息的收集、整理、分析、反馈能力,以便帮助参训教师为所教授学生提供客观的评价和反馈。第六,干预手段:在线培训项目要提高教师促进、引导、组织学生学习的能力。在以上六个要求下,教师资格证在线培训项目借助互联网技术,采用沉浸式的实施方式,分别从专业知识、技能和能力三个方面对参训教师进行培训。培训后满足上述要求的情况即最终评价参训教师时考虑的核心维度。

二、实践运作:佐治亚州教育者准备计划

(一)运作准备:注重计算机设备及相关技术与学习理论的融合

1. 计划目标

教育者准备计划(Educator Preparation Program)是一个帮助中小学教师获得更高一级教师资格证的在线培训项目。以位于美国东南部的佐治亚州为例,佐治亚州教师资格认证过程的第一步是完成已由佐治亚州专业标准委员会(Georgia Professional Standards Commission,简称 GaPSC)批准的教师预备计划。佐治亚州初任教师的五级认证系统过程包括职前认证,这是新任教师从学生向教师角色转变过程中的前提。佐治亚州规定,成功获得学士学位,完成教师准备计划和岗前培训的教师候选人才有资格获得初任教师的入职认证证书。在拥有累计三年的教学经验后,新任教师才能申请专业教学证书的认证。五年后,中小学专业教师获得美国国家专业教学标准委员会(NBPTS)认证,或获得高一级学位,同时再有较为优秀的课堂组织能力、课程进度把控能力、与学生相处能力等,才有资格获得佐治亚州高级专业认证或领导专业认证证书,该证书是最高水平的教师认证。总的来说,佐治亚州教育者准备计划发挥着坚定教师候选人,提高教师候选人实践教学能力的功能。

佐治亚州教育者准备计划旨在为不同层级的中小学教师和教师候选人提供个性化的、持续的在线培训,促进中小学教师不断提高教育教学水平,获得更高层级的教师资格证书,提高佐治亚州教育质量。具体来说,该计划有两个主要目标:第一,提高中小学教师实际教育教学能力,帮助其将理论知识较好地迁移应用,通过实际课堂教学传授给学生,争取缩小学生间的差距。其中,学生间的差距除了成绩外,还包括不同种族、不同家庭经济条件、不同社会地位以及学生残疾或语言能力低下造成的影响。第二,为参训教师持续提供观摩优秀教师上课的机会,提高参训教师课堂管理能力、与学生相处能力以及处理学生之间关系的能力。这些能力具体包括教师根据学生学习计划按照章节、单元制订出详细课

程计划的能力,为学生制订训练课程内容的计划的能力和对学生学习情况进行评价的能力。教育者准备计划为参训教师提供各类型教学策略以及遇到问题时的解决方法,比如如何规划课程内容,如何有效输出抽象的教学内容和概念,如何掌握课程进度,如何与学生相处以及如何在课程中合理融入技术设备。佐治亚州中小学教师资格五个认证层级分别由本科毕业生、初任教师、专业教师、非常专业的教育实践者到被高度认可的模范教师逐级推进,每一层级的教师资格认证标准都会相对提高,每阶段对教师能力和知识规划的要求清晰,但又相互联系,构成一个完整的认证体系。(如表4-1)

表4-1 美国佐治亚州教师资格认证层级及认证标准

认证层级	认证要求			
	道德评估	教育实践	专业认证	其他
职前认证	州教育者道德评估计划中的"准入评估"(Entry Assessment)	至少一个学期的临床实践或现场实习(包括课堂教学、驻校实习等)	初级教育者准备计划	通过犯罪背景调查并无不良犯罪记录
初级认证	州教育者道德评估计划中的"准出评估"(Exit Assessment)	完成相应的临床实践或课堂教学要求	相应学位水平的教育者准备计划;佐治亚州教师资格认证评估(学科评估和学科教学法评估)	
专业认证	满足州教师行为准则	至少有三年持有入职证书的教育经验,且三年教育经验被"教师绩效标准评估"(TAPS)评为"精通"或"典范"	相应的佐治亚州教师资格认证评估	

续表

认证层级	认证要求			
	道德评估	教育实践	专业认证	其他
高级专业认证		至少有十年持有专业证书的教育经验	相应的佐治亚州教师资格认证评估	满足以下一项即可：第一，持有课程与教学或教学技术方面的有效专业证书；第二，获得美国国家专业教学标准委员会（NBPTS）的有效认证；第三，获得高一级学位，且有较为优秀的课堂组织能力、课程进度把控能力等
领导专业认证	满足州教师行为准则	持有高级专业证书或至少有五年专业证书教育经验并被年度绩效评估为"满意""精通"或"典范"	教师领导的佐治亚州教师资格认证评估	

2.计划内容

佐治亚州规定中小学教师每五年必须接受不低于100学时的培训，或者获得10个教育从业人员专业发展学分（SDUs：Staff Development Units）。教育者准备计划的培训内容中需保证其中50%是教育技术方面的内容，以此保障中小学教师对新兴技术的熟练掌握。佐治亚州中小学教师资格证的更新依据其教师是否参加了佐治亚州专业标准委员会认证的在线培训项目，参训教师的培训效果如何，以及参训后教学水平是否提高来评判。中小学教师的专业发展学分则是依据其参加课程学习的学时及课程学习证明（成绩）来判断的。学分既可以通过参加在线培训也可通过线下面授学习获得。课程期末考试的最低要求是80分，且不提供补考机会。佐治亚州的肯尼索州立大学专门开发了40多门中小学教师专业发展学分课程，其中在线课程占据了大半。（如表4-2）

表4-2 肯尼索州立大学在线课程（Online Course）

课程名称	学分
经费申请写作指南	2.0

续表

课程名称	学分
课程艺术	2.0
教室计算机应用指南	2.0
法语会话入门	2.0
网页图形制作	2.0
网页页面制作	2.0
网站设计	2.0
MX 网页制作	2.0
儿童语言能力开发	2.0
FP 网页制作	2.0
重要哲学论题	2.0
儿童因特网入门指导	2.0
女性作家史	2.0
中级网页制作	2.0
Microsoft Access 应用概论	2.0
Microsoft Excel 应用概论	2.0
Microsoft Access 中级应用	2.0
Microsoft Excel 中级应用	2.0
Microsoft PowerPoint 应用概论	2.0
Microsoft PowerPoint 中级应用	2.0
Microsoft Word 应用概论	2.0
Microsoft Word 中级应用	2.0
Microsoft Word 高级应用	2.0
Photoshop 应用基础	2.0
诗歌创作	2.0
教师 PPT 应用指南	2.0
课堂纪律问题处理指南	2.0
快速阅读	2.0

续表

课程名称	学分
西班牙语速成	2.0
理解青少年	2.0
教室因特网使用指南	2.0
Windows系统操作指南	2.0
作家创造力开发	2.0
作家创造力开发(高级)	2.0
传记写作	2.0

(二)运作流程:注重计算机设备提供支持并保障实施

1.计划实施方式

佐治亚州教育者准备计划为了增强参训教师在线培训的针对性和提高在线培训的效率,积极引入互联网技术、大数据技术、移动设备等新兴手段,以佐治亚州专业标准委员会对在线培训项目制定的标准为指导,以参训教师需求为核心,制订出详细的中小学教师在线更新教师资格证学习计划,为参训教师提供更新教师资格证认证的机会。该计划的实施形式既可以是线上也可以是线下。该计划与中小学教师个人的专业成长、参训需要、教学质量评定以及州或者联邦的要求密切相关。此外,佐治亚教育者准备计划在线培训项目的开发、设计、实施以及形成性评价是一个循环再设计的过程,但从长远来看,中小学教师通过不断参加加利福尼亚州认证的在线培训项目来更新教师资格证书又是线性的,这与尼文模式的设计理念相似。

2.计划评价方法

成为佐治亚州中小学教师的第一步也是最重要的一步是完成佐治亚州教师在线培训计划。想要获得教师资格认证证书,教师候选人参加的在线培训项目必须得到佐治亚州专业标准委员会的批准,以及南部学院与学校协会(the Southern Association of Colleges and Schools,简称SACS)的认可。教师候选人可以通过佐治亚州专业标准委员会的网站找到已被批准的教师在线培训计划列表。佐治亚州教育者准备计划还利用互联网技术为参训教师提供了可以比较不同在线培训项目标准的平台，以便参训教师选择最符合自身的认证项目。当然，依托互联网的佐治亚中小学教师在线培训项目还与其他州的类似项目联网，佐治亚州专业标准委员会可以评估在外州参加在线培训项目的中小学教师是否可以获得相应的教师资格证书，若中小学教师在外州参加的项目与佐治亚州专业标准委员会发布的项目标准不匹配，则该外州资格证书在佐治亚州内无效。这种机制一方面便于鉴定外州中小学教师在线培训项目的质量，另一方面也保证了佐治亚州中小学教师的教育教学水平都能达到要求的标准。提供佐治亚中小学教师准备计划的学校会得到教育工作者预备认证理事会（Council for the Accreditation of Educator Preparation，简称CAEP）的质量认可。教育工作者预备认证理事会是国家认可的机构，是由美国全国教师教育评估委员会（National Council for Accreditation of Teacher Education，简称NCATE）和教师教育认可委员会（Teacher Education Accreditation Council，简称TEAC）合并而成。尽管得到教育工作者预备认证理事会的质量认可是非强制性的，但这被认为是在教育领域中拥有卓越教学质量的学校的标准。

此外，佐治亚州教育局将佐治亚州教师资格认证评估（Georgia Assessments for the Certification of Educators，简称GACE）作为教师资格认证考试的主要组成部分。佐治亚州教师资格认证评估标准主要用于测试中小学教师的教育教学水平，以及评估候选人在佐治亚州公立学校是否有有效的任教意愿。为了保证教师资格认证项目的质量，参训教师还必须通过佐治亚州教育工作者道德操守考试，作为入职认证的一部分，这通常在佐治亚州教育者准备计划的在线培训内容中。参训教师必须通过所有佐治亚州教师资格认证评估的测试内容才能获得教师资格证书，没有任何豁免情况。在佐治亚州获得替代性教师资格证书的最直接途径是佐治亚州教师准备和教育学学院（Georgia Teacher Academy for Preparation and Pedagogy，简称GaTAPP）。该途径旨在鼓励高素质的潜在中小学教师将职业转移到课堂。要符合佐治亚州教师资格认证，候选人就必须持有其想要教授学科的学士学位证书,为此可以申请由佐治亚州专业标准委员会认证的教育者准备计划,利用在线培训的优势,在个性化的指导下完成在线培训项目,从而获得教师资格认证证书。唯一例外的是,在某个学科领域拥有学士学位或更高学位的参训教师,若未完成在线教师准备计划,但其能力已达到初始教师资格证书标准的,在努力满足剩余认证要求的同时,可以获得临时的、不可更新的证书或教学许可。由此可见,佐治亚州教育者准备计划通过关联教师资格认证证书来检测参训教师的培训效果以及教育者准备计划是否达到州标准的方式是规范且合理有效的,州内中小学教师的质量因此也受到较好的保障。

(三)成效影响:注重教育技术与培训融合的成效显现

佐治亚州教育者准备计划通过五级教师资格认证对应的五级教师资格证书来区分不同能力的教师,发挥着鉴定和评价教师专业发展程度的功能。正如尼文模式的设计理念和步骤,佐治亚州各级教师认证的标准是一个相互独立但又彼此紧密联系的体系,从教师入职到获得最高一级资格证书的过程是线性的,其中不断参加培训更新教师资格证书则是一个循环往复的非线性过程。教育者准备计划为中小学教师实现专业发展,获得更高一级教师资格证和职位晋升等目标建立了一整个平台。佐治亚州教育者准备计划促进州内中小学教师在教育实践中发现问题,并为解决问题和提升自我参加培训,有利于佐治亚州中小学教师整体地积极向上流动,为他们创设一个公平、积极发展的环境。

本章讨论了尼文模式强调在教学设计、实施和评价中应该充分发挥计算机设备以及电子信息技术的辅助作用,以及尼文模式将线性和非线性模式结合的特征。尼文模式可以概括为设计(再设计)、开发和实施教学计划的过程。佐治亚州教育者准备计划作为尼文模式的实践案例,其遵循尼文模式将线性和非线性教学设计模式相结合的理念,将佐治亚州中小学教师五级教师资格认证系统与培训项目相关联,教师通过不断参加不同层级的培训来获得高一级的认证证书,这是一个线性的过程,而教育者准备计划设计、开发、实施以及形成性评价这四个步骤又是一个循环往复的过程,在运用计算机辅助的数据收集和分析中,对教育者准备计划进行不断的修改和完善。

第五章

美国中小学教师在线培训模式的特性分析

要解决我国当前中小学教师在线培训目标模糊、内容缺乏针对性、实施形式化以及评价缺乏可持续性的策略等问题,将美国经验"本土化",就需要了解美国模式的利弊得失,从而促进中国中小学教师在线培训模式的发展。其中,对模式独特性、模式普适性和模式可借鉴性的分析是本章主要阐述的内容。美国中小学教师在线培训模式的开发和设计通常具有基于大数据算法,内容以教师为中心,实施形式关注在线学习共同体的构建以及聚焦多维度的保障机制几个较为显著的特征。此外,美国中小学教师在线培训模式的运作始终考虑教师个人发展差异性和教师完整生命成长,并将质量保障机制与教师专业发展标准统筹结合。这为解决我国当前中小学教师在线培训现存问题提供了新的思考方向。

一、独特性分析

(一)目标:基于大数据技术

大数据是一种趋向全集的信息获取方式[1],美国中小学教师在线培训在设计前期做教师培训需求分析及中期做形成性评估时,将其效用最大化发挥。比如,同时对参训教师、其他教师、家长、校长等利益相关团体进行数据采集并分析,以

---

[1] 裴韬,刘亚溪,郭思慧,等.地理大数据挖掘的本质[J].地理学报,2019,74(3):587.

了解他们对未来中小学教师的期望;在培训实施过程中,通过收集参训教师在不同培训阶段对培训内容的选择和培训实施方式的偏好数据并集成,再通过对数据进行可视化分析完善在线培训项目目标,有助于让培训目标变得清晰且符合需求。

学习者充分的学习动机被视为在线培训模式运行成果的关键因素之一,这是因为学习动机决定着参训教师在线培训的投入程度、坚持度等影响在线培训效果的重要因素。[①]美国中小学教师在线培训的目标设计从发展趋势和使用技术上都紧跟社会的发展趋势,依托大数据技术和互联网技术,使目标趋于多样化。同时,美国中小学教师在线培训将培训目标有机整合到学校改革任务中,保障学校发展的目标与在线培训项目的目标相吻合。总的来说,开发者对在线培训目标设计的数据收集和分析必须考虑以下五个方面:一是中小学教师自身的专业能力以及他们对自身发展的要求;二是教师们为适应社会发展的必要客观要求;三是在线培训所用到的电子信息技术和媒介终端;四是参训教师所属学校对其参加培训的具体要求;五是教育主管部门对教师的要求。成功的在线培训项目的目标既要符合外部因素,如教育机构或教育部门、学校、学生家长的要求,也要匹配诸如参训教师个人专业成长需求的内部要求。同时,开发者还要尽力使在线培训项目的目标与外部因素和内部因素的长期发展趋势相统一,不能顾此失彼。

在美国,在线培训项目的开展还要考虑最新的中小学教师专业发展目标。一方面,美国教育界各专家根据中小学教师的教学水平、本国教育政策、目前的电子信息技术对日常教学的支持以及对未来中小学教师发展的数据分析来制定在线培训模式的总体目标。另一方面,在线培训总体目标的制定离不开中小学一线教师的参与,参训教师也更加青睐通过此种方式设计的在线培训目标而不是由培训机构单纯依据培训总目标进行分解执行的产物。培训机构通过分析教师参与制定在线培训目标的数据,为中小学教师提供真正符合其自身需求的在

---

① HARTNETT M.Motivation in Online Education[M].Singapore:Springer Science+Business Media Singapore Pte Ltd,2016:5.

线培训项目。具体来说,经过大数据分析后形成的美国中小学教师在线培训目标有五个:一是维持参训教师已有的教育教学技能和知识水平;二是提高参训教师的教学水平和课堂管理能力;三是更新参训教师的过时学科知识及外部社会客观要求的技能;四是促进参训教师更新教师资格证;五是帮助广大参训教师发掘自身潜能,增强其批判性思维和创造力。此外,在线培训项目的开发者依托大数据技术更容易捕捉参训教师的网络行为及实际参训表现,并通过分析培训的实施效果数据,为下一次在线培训项目的目标设定收集有效证据。[1]而传统培训的数据收集手段则很难与大数据技术媲美,追踪所有参训教师的需求、行为和心理状态是不现实的。

(二)内容:注重以教师为中心

联合国教科文组织在2021年发布的报告《一起重新构想我们的未来:为教育打造新的社会契约》(Reimagining Our Futures Together: A New Social Contract for Education)中特别提到:教师必须在新教育社会契约中处于中心地位,其价值必须被重新评估和重新想象,从而激发新的知识,带来教育和社会变革。[2]要想设计出切实以"参训教师为中心"的培训内容,首先要解决"为什么要开展培训"这一问题。一些中小学教师在线培训项目的开发和设计具有较明显的功利性,项目开发者认为简单提升参训教师的教育学理论知识以及学科知识水平就能提高教育教学能力,而忽略了参训教师遇到的日常工作实践中的实际问题。[3]在美国,单一的教师培训模式和内容满足不了不同教师的需求,因此美国中小学教师在线培训是多样化和多层次化的。[4]美国的在线培训将不同参训教师和授课教师组成团体,参训教师可以以此打破时空限制,与授课教师和学伴相互平等地进行沟通交流、知识共享,解决遇到的实际问题,通过协作学习共同进步。

---

[1] 王帆.从智慧教育视角论教育数据的变迁与潜能[J].中国电化教育,2015(8):10-12.
[2] UNESCO.Reimagining Our Futures Together: A New Social Contract for Education[R/OL].[2021-11-10]. https://unesdoc.unesco.org/ark:/48223/pf0000379707.
[3] 申文缙.教师专业发展视域下德国职教师资培训体系研究[D].天津:天津大学,2017.
[4] 陈时见.发达国家教师职后教育之比较[J].教育科学,1997(3):61-62.

当前美国中小学教师在线培训内容的设计以参训教师为中心，将参训教师看作在线培训的主体，使参训教师作为成人学习者拥有足够的自由度进行在线培训内容的选择，并自主安排在线培训进度。参训教师所拥有的自由度也是美国中小学教师在线培训内容在设计时的考虑重点。自由度是指学员可以调整课程中包括交互方式、终端运用、规则制定和培训目标等预先设定的程度，与教师们在学习中的自主性和参与感密切相关。[1]因材施教、强调差异教学是美国中小学教师在线培训的最基本原则，以此给予参训教师更宽广的自由发挥空间。除了为参训教师设计符合自身专业发展的知识导向型在线培训内容外，同时还关照参训教师专业情感的提升。教师专业情感包括教师职业认同、教育情怀、教师德行等。因此，美国中小学教师在线培训利用互联网技术即时性的特征，为参训教师提供"半结构化课程"。顾名思义，半结构化课程就是没有完全死板固定的课程内容和形式，它由大数据分析预设培训内容以及参训教师自选的内容构成。一方面，培训开发者对与参训教师相关的大数据集成库分析比对后，预设出符合参训教师预期和需求的培训内容。另一方面，在培训过程中，参训教师可以根据个人情况选择培训内容，或者授课教师可以依据参训教师的学习情况适时调整培训内容。[2]"生成性专题"是半结构化课程的重要组成部分，这是因为"生成性"学习内容是基于教师内在需求的内容，不仅可以激发参训教师的学习兴趣，还可解决学习中的"突发"问题。[3]优秀的中小学教师培训内容具有几个特点：一是充分考虑参训教师的个性化需求，具有明显的"顾客"导向；二是能将理论知识良好地与具体教学实践情况和教学现象分析结合，减少纯粹的理论教育；三是尽可能发现学员没有表达或无法表达的"隐性需求"，如他们期望能将最新教学方法或要求与培训活动相匹配；四是通过投放适当的培训内容广告引起教师的关注与兴趣等。此外，中小学教师资格证作为受各州法律保护，最权威的证书，其认证标准具有导向性，从一定程度上说，中小学教师资格认证标准是大部分中小学教

---

[1] 杨开城,李波,窦玲玉,等.应用LACID理论进行STEM课程开发初探[J].中国电化教育,2020(1):100.
[2] 高勤丽,张晓.混合式教师研修课程的创建——北京市幼儿园新入职教师网络研修项目实践[J].开放学习研究,2016(4):41-42.
[3] 朱旭东,宋萑.论教师培训的核心要素[J].教师教育研究,2013,25(3):4-5.

师在线培训最迫切的需求，因此各级各类在线培训项目都十分重视所在州中小学教师资格证书认证标准的变化，从而为参训教师提供与时俱进的在线培训内容。比如，加利福尼亚州教师资格认证委员会（CTC）发布了《加利福尼亚州教师职业标准》（CSTP），其中明确对中小学教师的数字信息素养做出规定，要求加利福尼亚州中小学教师可以独立从多样化的来源收集、分析、评估并运用数据。为了应对加利福尼亚州教师资格认证委员会对中小学教师资格认证的规定，各类教育机构设计了丰富多样的在线培训项目供本州中小学教师选择。哈佛大学发起了数据智慧改进教学过程（The Data Wise Improvement Process，简称DWIP）项目。DWIP项目依托互联网技术为参训教师设计了智慧数据项目，该项目从"准备—探究—行动"三个阶段提高中小学教师数字素养。参训教师根据自身需求，个性化选择参加"数据智慧领导力研究所"（Data Wise Online Leadership Institute）、"数据智能行动计划"（Data Wise in Action Program）或"数据智能教练认证计划"（Data Wise Coach Certification）。参训教师参与DWIP项目后，可以达到了解数据智能改进流程、学习利用数字信息技术改进当前教学实践、掌握通过多种数据源，如学生平时作业、考试成绩等，分析数据的能力。

美国中小学教师在线培训的设计采用动态分层，将层次内化于具体的实践中，通过将不同水平的能力层次转换，促进教师在"最近发展区"不断提高自身能力。实施动态分层的前提是参训教师拥有主动性和积极性，参训教师只有主动地选择与自己技术水平能力相适应的学习任务，满足其内在的发展需要，才能切实参与到培训活动中，实现真正意义上的"因材施训"。此外，参训教师在线选择与自身认知水平和认知特点匹配的在线培训内容的同时，也应该努力激发自身潜力，积极挑战更高一级的培训内容，走出舒适圈而不是"原地踏步"。当然，给予教师足够自由度，实行分层培训并不是将参训教师完全隔绝，导致教师之间的沟通存在障碍，无法进行知识与经验共享，而是应该同时为参训教师创建在线交流、共享的平台，提供协作学习、团队合作的机会。

参训教师作为成人学习者的一大特点就是拥有自主学习的能力，他们可以根据个人专业成长的需求以及社会的客观要求、自身认知特点和水平等因素，自觉主动地学习。具体体现为广大教师更倾向于了解和学习自己感兴趣或觉得有用的,而对那些自认为价值不足的内容则没有学习的热情。总之,在教育的专业服务和发展过程中教师具有很大程度的自主能力[①],因此,参训教师自我导向的培训方式贯穿在美国中小学教师在线培训项目中。根据人文主义观点,教师的职业价值不应该体现在仅作为机械传授知识的工具,而是体现在作为具有主观学习能动性和批判性思维的实践者,将学习方式传授给学生,帮助学生在进入社会后可以从容应对未知挑战,而不仅是当一个掌握理论知识的"容纳器"。

美国中小学教师在线培训模式"以参训教师为中心"还体现在其倡导实践取向的设计上。该模式将落脚点放在实践性这一价值取向上,并非仅由字面意思决定,而是由中小学教师职业最基本的特性——实践性所决定的。美国中小学教师在线培训模式下教师实践性专业发展的路径可以大致总结为:在日常教育教学中学会批判性思考,善于发现问题;根据自身认知水平和特点参加培训提高自身水平;将培训中所学知识内化并运用到实践中。这就要求美国中小学教师要学会反思,并总结日常教育教学中遇到的实践性问题,以问题为指导和参照分析学习的方向和需求,并通过有针对性的训练找到解决问题的策略和方法。由此可见,美国中小学教师在线培训模式是以实践中遇到的问题为导向的,且该模式注重中小学教师批判性思维的培养。

美国中小学教师在线培训始终与参训教师日常教育教学活动中所遇到的实践问题紧密相连,同时为参训教师提供问题交流、经验共享的平台,开通了解决实践性问题的通道。当然,实践取向的中小学教师在线培训模式不是完全将实践和理论分离,忽略中小学教师应该掌握的学科理论和教育教学理论。实际上,中小学教师在日常教育教学中解决问题的策略一方面来源于自身的经验和实践性的知识,另一方面则是来自理论基础,具体来讲就是基于理论推导出解决问题的方法,将教育理论知识转化为实践技能运用到日常课堂管理中的能力。该培训模式引导中小学教师养成反思日常教学实践中固有经验的习惯,提高反思的

---

① 慕宝龙.论教师专业自主能力的内涵结构[J].教师教育研究,2017,29(3):1-6.

意识和能力从而快速成长,为成为真正的反思型实践者奠定基础。[1]当前的美国中小学教师在线培训很好地运用互联网技术为参训教师提供"混合式学习",即将线上学习、移动设备学习、线下集中学习以及课堂实践学习等多个形式相结合的新型学习模式。有相当数量的参训教师认可这种"混合式学习",认为这种学习模式既可以弥补传统线下培训的短板,又可以发挥"线上+线下"混合的优势,从而促进学习成效的提升,满足"弹性学习"的培训需求。[2]根据各类培训的不同特点和要求,美国在线培训还有针对性地选择和组织授课老师,此外,不同的参训教师也有相异的培训需求和自身特点,比如有些中小学教师只是想获得学科发展新动向,他们可以通过在线观看相关课程视频来更新知识;如果目的是解决日常教育教学实践问题,组织同行间的研讨作为在线培训形式不失为一种好办法。

教师培训的内容不是在"零"基础上培养、塑造全新的教师,也不是对参训教师进行全方位的"改变",而是在参训教师认知特点和认知水平的基础上进行"改造"。[3]参训教师作为"个体人",有其个人生命成长和专业发展的需求,作为"社会人"又要与社会的发展和社会的要求相适应。美国中小学教师在线培训模式兼具人文主义培训观和实用主义培训观,两种培训价值观相辅相成,教师个人需求要符合社会要求,而社会也要满足教师的需求。中小学教师的教育教学水平是提高学生成绩的关键因素,故要将参训教师的个人需求置于在线培训内容开发和设计的中心地位,同时兼顾社会、学校、家长等相关利益集团对教师的要求,将多样化的要求和需求整合、统一。[4]在线培训开发者在设计中小学教师在线培训项目时,应考虑到有的参训教师需要更新学科最前沿的技术和知识,有的参训教师则需要学习课堂管理策略或与学生相处的技巧,美国中小学教师在线培训将不同目标下的内容进行整合分类,帮助参训教师选择最适合自己的类型。

---

[1] 王笑地,杜尚荣.实践取向的中小学教师培训课程设计的内涵及价值诉求[J].教育与教学研究,2019,33(5):23-26.
[2] 冯晓英,宋琼,张铁道,等."互联网+"教师培训NEI模式构建——基于扎根理论的研究[J].开放教育研究,2019,25(2):89-91.
[3] 陈永明,朱益明,胡章萍,等.教师教育研究[M].上海:华东师范大学出版社,2003:328.
[4] 申文缙.教师专业发展视域下德国职教师资培训体系研究[D].天津:天津大学,2017.

(三)实施:关注在线实践共同体的构建

让·莱夫和爱丁纳·温格曾经针对情境学习提出了"实践共同体(Communities of Practice)"这一核心概念,是指长期拥有共同实践、共同目标和信念的个体融合成的集体。[1]"在线实践共同体"则是在在线学习和工作中,长期拥有共同实践、共同目标的群体。大量不同类型的中小学教师聚集在一起,相互作用,便形成了生态系统。社会性是人区别于其他动物生命体的最重要原因,每位参训教师都生活在特定的小社会中,社会中的参训教师与授课教师及参训教师间产生交互,并将所学知识运用至日常教学实践中,逐渐形成特有的文化。[2]通常来讲,地缘性学伴、意见领袖和同伴是构成教师在线实践共同体的主要角色。[3]地缘性学伴指地域上较为接近的学员,拥有相同的风俗习惯让他们在学习中更容易建立联系;意见领袖乐意与他人分享自身经验和见解,为他人提供帮助并带动他人,营造良好的学习氛围;同伴是学员中交互最频繁的人群,他们互助互爱,共同进步发展。

总的来说,课程内容的设计、在线学习共同体的构建、授课教师的指导、学员自主学习和交流学习环节以及自我反思阶段等构成了美国中小学教师在线培训的具体实施内容,其中在线学习共同体的构建是培训的实施重点,促进了授课教师和学员以及学员间的知识共享交流。"在线实践共同体"顾名思义,实践很重要,具体表现为教师在日常教育教学实践中对课程内容的创新设计,对课程进度的灵活调控,对实际面临问题的反思和对学生相处问题的聪明处理等。所以除了理论学习,教师日常教学实践的能力同样不可忽视,培训后知识转化为实际教学能力的程度备受关注。杜威提出"知识即解决问题的工具",相对于教育学理论,教学实践才是美国中小学教师在线培训的内容基础,其看重提高教学水平的实用性技能,如"如何清晰而有逻辑地将知识传授给学生""如何构建拥有活跃氛围的课堂"等。

---

[1] 李更生,吴卫东.教师培训师培训:理念与方法[M].杭州:浙江大学出版社,2014:5-6.
[2] 范景华.人:追求生存自由的社会性动物——关于人的本质问题的思考[J].南开学报,1995(4):24-25.
[3] 赵俊.教师生成性学习研究——面向教师信息技术应用能力发展[D].上海:华东师范大学,2016.

美国中小学教师在线培训中有关教育学、心理学的理论内容较少,较注重具体学科内容和理论的结合,如实际学科的课堂教学展示、交流与讨论。这些实际教学内容大多是授课教师深挖参训教师的日常经验的成果后,将这些内容作为案例展示,以供其他教师随时在线参与讨论分析。此外,虚拟现实技术为学员提供了沉浸体验式的课程,让他们直观地感受教学的过程与方法,获得深刻的认识体验。[①]由此可见,在线实践共同体的建构要求参训教师在问题交流、经验共享、情境学习的基础上,跳出共享圈,利用自身独特的经验进行实践创造,激发教学创造性思维,同时反思教学过程,成为独立、个性化的教学个体。美国很多中小学教师在线培训还充分意识到高级教师在在线实践共同体中的辐射领导作用,因此很重视参训教师的领导力培训。培训项目依据认知特征和认知水平的差异将参训教师队伍分为初、中、高三级。初级参训教师的任务是熟悉学习内容,中级参训教师是自主实践,高级参训教师则是要引导初级参训教师学会自主实践方法,提高其理解水平。通过对三个不同层级的参训教师分类,实现了分层培训,不仅将参训教师紧密联系在一起,促进在线学习共同体的构建,还提高了教师的管理能力和领导能力。[②]

美国中小学教师在线培训过程中的交互是多维度的,既有学员和在线指导教师间的交互,学员之间的交互,又有学员与在线培训平台间的交互。在多方交互后,授课老师可以为学员及时解惑,学员间也可以充分地交流讨论,此时在线培训平台记录下了学员学习情况,从而助推在线实践共同体的构建。案例分析、专题讲授、沉浸式在线实践、交流研讨、主题论坛、自主学习等都是美国中小学教师在线培训常见的实施方式。比如针对教育中难以改变的现象,设置主题研讨论坛;而对于在日常教学中产生的新问题,学员可以选择自己偏好的组队形式,对问题解决策略和方法进行自由探讨。在线培训的效果质量很大程度上由课程实施方式决定,学员对单一的课程实施形式缺乏兴趣和积极性,但纷繁复杂的课程实施形式又会让他们疲于应对而没有时间消化学习内容。美国一般采用沉浸

[①] 杨骞.教师专业发展"五步曲"[J].教育研究,2006(4):82-83.
[②] 王添淼,尹雪雪.美国"星谈"教师培训项目及其启示[J].外国教育研究,2014,41(7):64-69.

式在线实践、主题论坛、问题诊断的形式开展中小学教师在线培训中的实践教学;针对教育理论部分则采用专题讲授与交流研讨相结合的方式;采取允许学员自愿选修的形式学习岗位职责相关的内容。

在分级、分科基础教育制度的影响下,之前大部分不同年级、不同学科的教师之间鲜有交流。在线教师专业发展(Online Teacher Professional Development,简称OTPD)计划的推出为不同年级、不同学科、不同地区甚至不同国家的中小学教师提供了经验共享和问题交流的平台。为打破"箱格式"教室空间与个体教师工作风格的制约,OTPD影响下的中小学教师在线培训需要构建在线实践共同体的交互网络,以供教师们共享经验、相互帮助、共同提高,从而在教师团体中建立起强有力的工作关联。在在线实践共同体中,学员间的同质性是一个重要特征,但共同体建构的初衷并不是培养流水线上千篇一律的教师,而是促进中小学教师使用不同的认知、知识、实践经验、学习方法等积极进行交互,再反过来推动共同体的发展,形成良性循环。① 此外,在线实践共同体不仅加强了中小学教师群体间的交流互动,还将领域内专家、学校管理者、高校教师引入其中。② 将领域内专家等群体引入中小学教师在线实践共同体具有重大意义,参训教师不仅可以观摩专家的研究,还可以学习专家的研究方法和研究思维,更加深入地了解理论知识③,同时也为学校管理者充分了解教师,更好地管理学校提供策略依据,从而促进中小学教师与各相关人群形成在线实践共同体。由于网络技术应用的广泛性和访问的便利性,教师在线实践共同体拥有不俗的诱惑力,并已经被美国的一些中小学教师在线培训专业平台作为在线培训的一个目标。④ OTPD不仅能为中小学教师在线学习共同体不断累积和提供学习资源,还能为其提供技术平台,有助于中小学教师以问题导向为指导实现专业发展。

美国中小学教师在线培训的实施目标是将在线培训打造为在线专业发展共

---

① 赵健.学习共同体:关于学习的社会文化分析[M].上海:华东师范大学出版社,2006:74-78.
② National Research Council.Enhancing Professional Development for Teachers: Potential Uses of Information Technology.Report of a Workshop[R].Washington,D.C.:The National Academies Press,2007:29-42.
③ National Research Council.Enhancing Professional Development for Teachers: Potential Uses of Information Technology.Report of a Workshop[R].Washington,D.C.:The National Academies Press,2007:12-13.
④ 王美.教师在线专业发展(oTPD):背景、研究、优势及挑战[J].教师教育研究,2008,20(6):14-15.

同体，以解决传统教师培训互动少、缺乏归属感和临场感等问题。虽然为参训教师提供交流平台，以自主学习为主要形式也能形成在线学习共同体，但这样的在线学习共同体缺少凝聚力和向心力，是一盘散沙。美国大部分中小学教师在线培训模式都是将一种有共同目标、参训教师协同合作且能激发参训教师好奇心，与培训课程内容相结合的沉浸式在线培训作为实施方法，即"任务驱动"型实施方法。因此，这种"同伴互助"型的培训方式对在线实践共同体协同力的提升有较大促进作用。"同伴互助"指在线学习共同体内参训教师通过交互平台交流互助，每一位成员都有其独特的理论知识、实践经验以及管理策略，这都是同伴间宝贵的学习资源。在这样的在线学习共同体环境下，参训教师可获得"1+1＞2"的学习体验。[1]由此可见，美国中小学教师通过参加在线培训项目形成在线交流学习共同体，并以此为维系共同体的纽带，在日常教学实践过程中，可以打破时空与他方互动交流、协同合作，从而稳固共同体"纽带"。中小学教师在线交流培训共同体可以看作一个具有开放性的无边界组织，在线培训项目实施共同体是利益共同体和责任共同体的集合，其中参训教师、培训教师、培训实施方式等都由在线培训项目的目标决定，最终形成"你中有我，我中有你"的共生格局，以及"荣辱相生、休戚与共"的共享秩序。

美国中小学教师在线培训开发者还提出"双共同体"的构建。"双共同体"是根据中小学教师实践性的职业特征以及教师需掌握理论知识的职业要求延伸出的"学习共同体"和"实践共同体"的双共同体有机结合。此外，在线培训的开发者还根据教师成长的不同阶段给予不同的培训帮助，如新教师通常需要提高与学生家长交流的能力和技巧，也要学会支持学生学习和与学校管理者合作。总而言之，美国在线培训模式的开发者致力于集合有共同目标和问题的中小学教师，为他们提供一个共同学习、交流的平台，使其成为"共同体"。

（四）保障：聚焦多维度

教师在线培训高质量实施是多方紧密联系、相互分工、彼此合作、协同参与

---

[1] 张铁道，张晓.研修3：帮助新入职教师适应工作岗位需要[J].中国教师，2015(15)：67-71.

的结果。美国中小学教师的在线培训包含了丰富多变的培训内容和培训实施方式，培训目标也具有个性化和多样化，所以自然强调运用多元化的评价体系来检验培训目标是否实现以及实现程度，并将评估结果运用到后期培训的优化完善中。美国中小学教师在线培训的质量受到多维度的保障，主要由联邦政府和各州政府通过制定法律法规、提供资金、人力和技术支持等举措实现。

  在评价主体方面，在线培训模式的评价主体是多元的。多元评价体系是指多元评价理念指导下采取的多种类的评价方法，以实质性评价、发展性评价、激励性评价、形成性评价为主。多元评价主体则是指参与中小学教师在线培训项目开发的领域内专家、优秀教师、培训机构专家，以及参加在线培训的中小学教师、参训教师所教授学生的家长等利益相关团体。在线培训的计划、设计和实施设计三个阶段都有对应的评价，根据不同特点可分为实质性评价、诊断性评价以及背景性评价。[①]多元评价理念有利于开发者拓宽其培训开发的视野。美国在线培训的评价活动选择让作为评价主体的参训教师充分参与到评价当中，而不是将他们完全隔离，单纯等待评估结果。总的来讲，美国中小学教师在线培训评价方式有：档案袋评价、同行评价、形成性评价、终结性评价、区分性评价等。有调查显示，美国几乎各州都实施了新任中小学教师培训计划，其中，有些州采取了多元化的评价方法，还有些州则针对评估活动设立了专门的机构。[②]为确保对新任教师评价结果的信度和效度，美国在评价活动中施行定性与定量相结合的方法。

  从评价标准来看，评估主要针对学员将所学知识转化为实践的能力提升和他们对课堂管理能力的提高效果。同时，考虑学员个体间的差异性，采用差异化的评价方式。比如，佐治亚州为每一个评价标准都设定了相应的评价指标，从中小学教师教学实践、专业知识、学习氛围创造、技能展现、职业道德等多维度对学员开展评价，并对他们提出了具体的要求和期望。佐治亚州的TKES教师评价模式设立了10个评价标准、72个评价指标和40个评价等级，且对评价步骤、评价实

---

① 吴刚平.校本课程开发[M].成都：四川教育出版社，2002：168-172.
② 孔令帅，王楠楠.多方协作：美国乡村教师培训的经验与启示[J].教师教育研究，2022，34(1)：123-124.

施方法都作了详细描述。这让授课教师和学员都能更容易理解和运用每个评价指标,避免歧义发生。由此可见,明晰的评价标准和流程是良好开展在线培训评价的前提条件。由于联邦制的政治特征,美国各州对中小学教师在线培训项目的评价方法多种多样并都有其独特的地方,比如康涅狄格州的BEST方法、加利福尼亚州的BTSA评价方法和佛罗里达州的BTP计划。

此外,美国加利福尼亚州在2011年就依托互联网大数据技术开发了综合数据在线输入系统(The Comprehensive Online Data Entry System,简称CODE),基于大样本可视化评价其中小学教师,辅助中小学各级各类的决策。[1]该系统可以在电脑、智能手机和平板电脑上使用,安装的工具软件可在线进行数据的输入与导出,还可以智能识别特殊字符,自动创建电子表格。经过授权,评价人员可以在线生成教师行为分析报告。报告可以按照教职员工、教研组、年级、学科、教师类型等多个维度,呈现分数和整体平均分,从而分析教师培训的需求以及参训的效果。通过分析教师得分情况,了解教师行为并进行细分,为教师提供定制化、个性化的专业发展方案提供依据。同时,各中小学也可以向教育行政部门申请获得该系统的使用权限,为学校制定规划、设立目标、促进教师专业成长提供信息知识。根据2021年5月"数据质量运动"调查显示,美国教育部向学龄前和K-12教育持续拨款,并通过《让每一个孩子成功》这一法案进行保障。美国卫生与公共服务部通过《儿童保育与发展固定拨款法》(Child Care and Development Block Grant Act)为学龄前教育和K-12教育拨款。为了应对常态化的新冠疫情,美国财政部还通过冠状病毒资本项目基金和冠状病毒州和地方财政救济基金分别拨款,这两笔基金全面覆盖P-20教育。此外,通过了《冠状病毒援助、救济和经济安全法案》(CARES),并提供了紧急援助资金,以应对中小学的正常教学以及中小学教师的在线培训等事项。美国教育科学研究所(Institution of Education Sciences)也通过拨款促进各州中小学教师在线培训,特别是数字信息技术运用能力这一培训内容的顺利开展。教育科学研究所的"教育研究资助计划"(Education Research Grants Programs)每年都为各类教育项目授予资助,如向俄勒冈州开展

---

[1] 柳尧洋.美国加利福尼亚州在职中小学教师培训评价研究[D].沈阳:沈阳师范大学,2022.

的"中小学教师数字信息技术项目"拨款,这为美国各州进行中小学教师数据在线专业发展提供了有力的资金保障。

美国中小学教师在线培训评价活动同时达到了两个目标:不仅可以通过将评价结果及时反馈给学员,让他们了解培训的效果和今后努力的方向,还可以根据评估结果,反哺在线培训的开发与设计使其优化完善,持续保证在线培训模式的质量。譬如,佐治亚州的评价机构让学员在中小学教师在线培训评价活动开始前先进行自评,收集完他们的自评结果后召开预评价会议,会议将结合教师自评结果,设置评价的标准和实施方法。这样既能让参训教师积极参与到培训评价中,还能激发教师的积极性。[1]中小学教师的提前自评要求参训教师客观、求实地评估参训后的变化,如课堂教学效果是否提升等。美国中小学教师在线培训的评价结果包括了终结性评价结果反馈、授课教师的评价、学员互评及自评等多方面发展性评价内容。学员作为在线培训评价的主体,以及培训的直接受益者,对在线培训整套流程和自身提升成效具有绝对的发言权,这是发展性评价方法让他们成为评价主体的原因,也是这种评价方法的一大特点。经过多个维度、多种信息渠道、多个主体参与的评价数据被反馈到参训教师手中后,可以帮助他们意识到自己的提高并认清不足之处。美国中小学教师在线培训评价活动做到了在培训过程中和培训后都对学员进行评估,培训中进行形成性评价,如每一单元进行一次评估,培训后进行终结性评估。对中小学教师培训效果的实时评估,保障了在线培训切实有效,及时优化完善效果稍欠的环节,同时也为今后的培训项目设计积累经验。

借助先进的信息技术和大数据分析技术,美国中小学教师在线培训及时完整地记录学员各个阶段的各种培训数据,包括学习测评数据,学员在线培训积极性和授课教师对学员的评估数据以及学员自评和互评数据等。鉴于单一的定性或定量评价都会使结果不够准确,美国的中小学教师在线培训评价强调定性与定量相结合,定量评估可以将培训评价的相关主题以客观选择题的方式呈现,增

---

[1] DANIELSON C,MCGREAL T L.教师评价——提高教师专业实践能力[M].陆如萍,唐悦,译.北京:中国轻工业出版社,2005:27-32.

强评价的客观性。除了联邦和各州统一的标准外,为保证中小学教师队伍的质量,美国还制定了普瑞西斯考试模式。此外,美国中小学教师在线培训实现高质量运行得到了各方的资源保障,比如在线学习平台为学员提供在线学习环境,形成在线学习共同体;信息技术和大数据帮助学员和授课导师间进行实时交流,以及帮助开发者进行培训过程数据收集和结果分析等;共享学习资源为参训教师提供可能会用到的如课件等学习资源,同时也便于其他学员上传相关资料,而发展经费拨款则是为平台的正常运维和优化升级等项目提供资金支持。

佩里等人在《教师早期阅读能力评估发展计划:一个实践共同体项目》一文中提到,文化支持作为一种外部支持,创造了在线学习所需的外部文化环境,这也是美国保证高质量中小学教师在线培训的因素之一。文化支持包括三方面:一是在线培训为学员营造的环境,即在线学习氛围的价值环境,好的环境一定程度上影响他们的态度和行为,可以激发他们的学习动力;二是在线学习环境中参训教师所处地位;三是参训教师任教学校领导对在线培训持有的态度,积极的态度会为教师们创造更多在线学习的机会,促进其提升自身的专业技术水平。(如表5-1)

表5-1 教师在线专业发展的保障措施

保障措施	具体内容
制度保证	管理策略、发展战略、行动程序、绩效制度
资源保障	学习平台、相关技术、学习资源、发展经费
文化支持	价值环境、管理风格、工作作风

此外,"新评价技术"指采用电子信息技术和大数据分析评价学习效果,该种新型评估手段为美国中小学教师在线培训评价活动提供有力的技术支持。比如,在线培训参训教师人数庞大,传统的线下评价既不环保,又耗费时间,也不便于数据的整合、分析和保存,在这种情况下,电子档案袋、基于大数据分析的在线测评系统应运而生。当前,以证据为基础的培训评价实施方法(Evidence-based evaluations)在美国中小学教师在线培训中运用较多,其中参训教师的教育教学水平、课堂管理能力、激发学生学习兴趣的能力、课程内容的组织以及所教授学

生成绩的变化都是评估的重要证据。

在评价标准制定方面,州际新教师评价与支持协会(INTASC)、美国全国教师教育评估委员会(NCATE)、美国国家专业教学标准委员会(NBPTS)等组织机构制定了全国教师资格标准和评价标准。各州则依据总标准匹配带有本州独特性的州标准,以此开发和设计在线培训内容,并在中小学教师参加培训后评估在线培训的效果和运行质量,例如俄亥俄州的教育者标准(Standards for Ohio Educators)和北卡罗来纳州的教师专业教学标准(North Carolina Professional for Ensuring Excellent Educators)的制定都是基于全国教师资格标准和评价标准。

在评估方式上,美国中小学教师在线培训还会利用多层次评价模式进行培训效果评估,多层次评价包括参训教师对培训的满意程度,参训教师对培训内容的内化效果,培训项目对参训教师提供的支持性服务是否到位,参训教师对培训内容的实际应用结果以及参训教师所教授学生的成绩变化五个维度。多层次的评估模式除了评估参训教师即时培训效果外,还追踪其长期效果,同时也注意在线培训项目为参训教师提供的支持性服务是否令教师在参训过程中感到愉悦。这不仅可以收集参训教师短期和长期的培训数据,完善评价体制,还可以为参训教师提供更全面的服务,激发中小学教师再次参训的积极性。总的来说,保障中小学教师在线培训质量是一个需要学校、教师、培训机构等多方互相配合的庞大工程。[1]

二、普适性分析

随着经济和科技的发展以及社会的不断进步,美国中小学教师在线培训模式呈现不断改革、发展,再改革、再发展的过程,逐步建立起一个较为完善的中小学教师在线培训体系。厘清美国中小学教师在线培训模式设计和开发运行、保障的依据和基础,可以更好地对其普适性进行更深入的探索。从美国中小学教师在线培训模式的特征分析中可以看出,一是在在线培训内部的开发运行方面,充分体现了对参训教师的生命关怀,比如利用电子信息技术和大数据技术为中

---

[1] 胡艳.影响我国当前中小学教师培训质量的因素分析[J].教师教育研究,2004,16(6):12.

小学参训教师提供精准的支持服务。同时,将参训教师的需求、认知特点和认知水平始终放在中心地位,力图做到每一个培训项目都紧扣"因材施训"理念。二是在在线培训外部质量保障方面,无论是以肯普模式还是史密斯-雷根模式或尼文模式为理论基础的美国中小学教师在线培训都开展形成性评价和终结性评价,做到在培训过程中时时调整培训内容和实施方式,培训结束后及时跟踪参训教师培训效果,完善培训项目。此外,在质量保障维度上,美国中小学教师在线培训评价体系囊括了学校、培训机构、州政府、联邦政府等多方协同保障。

(一)内部建构的普适性分析:教育技术对教师内生需求的支持度

1.互联网思维下的教育技术支持

互联网思维是在电子信息技术、大数据技术等迅速发展下的一种符合当下社会的思维方式[①],一般包含用户为中心思维、碎片学习思维、大数据思维等[②]。受互联网思维的影响,美国中小学教师在线培训的设计开发、实施和保障阶段都将教育技术与项目相融合,并以参训教师为中心,为其提供形式多样化、来源多元化、服务即时性的技术支持。在线培训项目的开发者为了设计在线培训目标,要同时对参训教师、其他教师、参训教师任职学校的校长等利益相关团体进行数据采集并分析,以了解他们对未来中小学教师的期望。同时通过对培训不同阶段集成的培训内容学情数据、培训测试结果智能数据以及参训教师对培训内容和实施媒体选择的数据的可视化分析不断优化在线培训项目的目标,使其变得清晰且符合教师和外部社会的需求。

在互联网思维体系中,要求服务或产品的提供者坚持"明确目标用户是谁、目标用户需要什么、怎样来满足目标用户的需求"的思维逻辑,来开展产品或服务的市场定位、品牌规划和体验打造,以充分体现"以用户为中心"的价值立场。美国中小学教师在线培训模式设计开发中的互联网思维体现在其对参训教师参

---

① 党建宁,杨晓宏.互联网思维下的翻转课堂教学模式:价值观瞻与设计创新[J].电化教育研究,2017,38(11):108-109.
② 赵大伟.互联网思维:独孤九剑[M].北京:机械工业出版社,2014:23-27.

训需求数据的收集和分析，对参训教师学习动机和目标的进一步探析。中小学教师具有成人学习的特点，也即其学习行为受自身发展需求驱动，并通过学习在已有经验之上建构新的知识。因此，精准识别参训教师的培训需求是美国中小学教师在线培训模式开发与设计的前提。另外，不能只狭隘地关注中小学教师浅表需求，如为了完成任务参加在线培训等，还需关注参训教师深层需求、内生需求。每一位中小学教师都是独立的个体，个人发展目标、发展背景及发展阶段均存在差异，除靠参训教师表达参训需求外，还可充分利用大数据信息技术，如通过对教师在线学习路径、信息浏览数据的挖掘与分析来凝练教师的关注点和兴趣点，全面计算分析教师的深层次需求，为每一位教师"精准画像"。参训教师除了参训目标多样化外，学习时间、学习习惯、学习偏好、发展阶段等都有所差异，因此，中小学教师培训要充分运用互联网思维以及互联网技术，提高培训收益和效率，减少人力等资源的损耗和浪费。

  美国中小学教师在线培训的开发者在明确教师学习需求的前提下，将互联网思维中的简约性、即时性、迭代性等运用到培训的实施和运行中。互联网思维下的美国中小学教师在线培训项目为参训教师提供不同类型的技术支持。比如与培训指导教师的在线答疑平台，与其他参训教师的知识交流和经验共享平台，以及项目管理员参与的技术运行平台。项目利用互联网技术即时性和迭代性的特征，一方面为参训教师提供"生成性"课程，另一方面将智能化培训服务嵌入在线培训项目中，为参训教师提供即时的、有针对性的支持服务。若培训实施过程出现问题，项目管理人员也会及时利用相关技术测评问题，然后采取相应的解决措施。美国中小学教师在线培训在实施过程中利用互联网技术，将在线指导教师、参训教师、领域内专家等聚集，打破时空限制，为其提供相互平等沟通交流、知识共享、解决实际问题的机会，形成在线学习共同体。又如，充分发挥互联网思维的简约性特征，为参训教师设计简洁明了的在线培训界面和简单易操作的在线培训系统，同时也兼顾个人学习风格、学习习惯以及学科特征等，为参训教师提供个性化的在线培训。此外，借助先进的信息技术和大数据分析技术，美国中小学教师在线培训及时完整地记录学员各个阶段的各种培训数据，如学习测评数据、学员在线培训积极性和授课教师对学员的评估数据以及学员自评和互评数据等。[1]教育技术与在线培训项目的融合,保证了形成性评价数据的集成和分析的完整性、即时性和客观性,对中小学教师培训效果的实时评估,保障了在线培训切实有效,及时优化完善效果稍欠的环节,同时也为今后的培训项目设计积累成功经验。

2. 参训教师的最近发展区

维果茨基探讨了社会和文化因素对学习者认知的影响,他认为,学习者的认知是在投身社会,如在学校里或社区中,并在社会中通过与他人的关系构建形成,这种关系对象往往是他们重视的人,比如老师和亲友。此外,他还提出了发展区理论。"发展区"指超越个人认知,但可以在被引导的情况下掌握的知识范围。如果某一学习者持续在"发展区"中学习,那么他的知识水平就能获得提高。简言之,如果一位中小学教师获得另一位在知识技能和经验上都超越他的人帮助,那么他会表现得比之前一个人学习时好得多。通常如果一个人所拥有的知识技能不在他自己的"发展区",那么他可能发现一直以来的努力只是白费功夫。因此,维果茨基提出,要想帮助他人取得知识技能发展,应该在他的"发展区"中提供帮助,而对于不同的个人,"发展区"是不同的,那么引导其学习的形式也应该是不同的。[2]美国的中小学教师在线培训项目的设计也受到了其观点的影响,试图为参训教师创设一个平等、协同的学习环境,在线指导教师以学习组织者和学伴的角色,促进参训教师跨出自己的认知范围,进入"发展区"进行知识建构,从而获得提升。这个过程对帮助参训教师达到更高层次的认知领域极其关键,也就是说,拥有一个经验以及教学水平比自己丰富的学伴在专业发展的道路上是必不可少的。

3. 教师的内生需求

亚伯拉罕·马斯洛是当代美国著名的心理学家,他提出的需求层次理论将人

---

[1] 丁庆梅.教育信息化视角下美国教师在线专业发展研究[D].北京:北京理工大学,2015.
[2] 王颖.维果茨基最近发展区理论及其应用研究[J].山东社会科学,2013(12):180-183.

的需求从低到高依次分成生理需求、安全需求、社交需求、尊重需求和自我实现需求五类[①]，这五类需求一定程度上反映出人类行为和心理活动的规律。马斯洛从人的需要出发，为研究如何激发人的积极性提供了依据。[②]他的思想对教育产生了深远的影响。（如表5-2）

表5-2 马斯洛需求层次理论

阶段	需求	教学含义
第一阶段	生理学幸福感	如果学习者的身体状况，如获得感、睡眠等，得不到很好照顾，他们将失去注意力，无法很好地学习。在这一阶段，没有妨碍学习材料获取的物理障碍
第二阶段	安全性	学习环境必须对任何背景和年龄的学习者都是健全的，让学习者在心理上感到与同龄人和导师交流是安全的
第三阶段	爱与社会归属感	个体学习者需要同伴和教育者的关心和爱护。教育者应创建这样的学习社区，为学习者提供归属感
第四阶段	自尊	个体学习者的个人力量、素质和独特性在学习过程中被发展和发掘。在学习环境中被赋予角色任务的学习者可以做出相应贡献
第五阶段	自我实现	学习者将充分发挥人的潜能，实现学习过程和文化生活的目标驱动

在马斯洛的理论下，教师专业发展应该定义为依据教师不同的需求，帮助教师完成自我实现，并激发教师满足更高需求的潜能。需求作为教师专业发展的内在动力，具体表现为通过专业发展满足获得归属感、他人的尊重、社会地位提高以及自我实现的需求，是一种希望通过进步满足更高一级需求的愿望。因此，教师自身的需求对其自发学习、积极参与培训十分重要，当然，教师的内部需求还需要与外部需求协同融合。如果缺乏内在的"需求"，只能说教师寻求进步只是单纯为了满足学校、社会等外部因素的要求，而谈不上教师的生命的成长。[③]如果缺少了对外部要求的探索，教师的进步则与社会脱离。教师的生命成长不仅与自身内部需求紧密相关，还与外部社会发展后对教师要求不断变化有关，是

---

① 陈韬婕.基于马斯洛需求层次理论的高校学生组织队伍可持续化建设[J].高教学刊，2019(15)：127.
② 晋铭铭，罗迅.马斯洛需求层次理论浅析[J].管理观察，2019(16)：77-78.
③ 邹莹，申卫革.在生命成长中的小学教师专业发展需求研究[J].现代教育科学，2013(6)：114.

教师将自身作为"个体人"的内部需求与作为"社会人"的外部需求相结合的产物。

叶澜教授认为学校应该追求学生生命的成长、教师生命的成长和校长生命的成长。其中，教师的生命成长不是孤立的，其生命成长意识和内涵是广泛的，而不是仅仅只有自己人生中的一条发展直线。有学者认为，如果过多关注学生的生命成长，而忽略教师的生命成长，教师这一角色就会为了机械完成学生生命成长的任务而被挤压变形。[1]因此，教师生命成长的实现不应该只是教师通过内生动力不懈追求，还应该有外部的支持和协调，社会互动让教师在学习群体中富有归属感，能够感受到被爱。教育工作者通常让学习者在社会中和学术上都得到自我提升，从而提升他们的归属感和自尊感，这也说明了教育这项活动的最终目的不仅是为了促进人们专业的成长发展，也要促进身体和心灵的健康发展。从此种意义上来说，培训应该基于理论基础进行设计，因此，美国中小学教师在线培训的开发者在设计和实践过程中充分考虑马斯洛需求理论。马斯洛在充分考虑个人的身心发展规律和人生价值后提出了需求层次理论，他相信在在线教育课程的设计和实践中融入并体现需求层次理论可以更好地为教师的人生发展服务。

教师的职业生涯发展是"成长需要"关注的核心，奥尔德弗在马斯洛的需求理论基础上提出了生存—关系—成长(existence，relatedness，growth)理论(简称ERG理论)，该理论认为生存需要、关系需要和成长发展需要构成了某个个体的总需求。[2]生存需要是个体生存所需的基本物质；关系需要是个人在社会中建立社会地位的需求；成长发展是发掘个人潜能，提高知识技能水平，应对挑战后得以满足的需求。美国中小学教师在线培训模式的开发者、实施者结合参训教师个性化的内外特点，剖析教师内生需求和外部影响因素，以此激发他们的内在动力。也许每位教师有不同的个性化需求，但在线培训可以根据不同需求采取针对性应对。"成长需要"下的美国中小学教师在线培训模式强调的不是教师的生

---

[1] 刘剑玲.追求卓越：教师专业发展的生命观照[J].课程·教材·教法，2005，25(1)：67-68.
[2] ALDERFER C P.An Empirical Test of a New Theory of Human Needs[J].Organizational Behavior and Human Performance，1969(4)：142-147.

存需要，也不是那些只对个体发展起暂时作用的短期需求，而是那些对教师的思考方式、专业技能、职业态度等起深远作用的因素，这种在线培训模式会认真分析那些教师发自内心想要实现职业发展的动机，帮助教师获得作为"个体人"的自我满足和自我实现，以及促使教师对社会发展做出作为"社会人"的贡献。

（二）外部保障的普适性分析：教师专业发展标准及保障机构聚合互动

1.中小学教师专业发展标准

美国中小学教师在线培训模式的设计与开发很大程度上受到联邦政府以及各州政府相关教师专业发展标准的影响，比如佐治亚州规定，参加高级专业资格认证的教师必须持有课程与教学或教学技术方面的有效专业证书；获得美国国家专业教学标准委员会（NBPTS）有效认证；或者获得教学高级学位并更新证书。中小学教师的教育教学质量作为影响学生成绩的重要因素，需要多方面协作实现提升，而教师的教学能力又受到学校、政策、法规、标准、培训项目的质量等因素影响。比如课堂是体现中小学教师教学能力最重要的场域，若离开了课堂，则无法评判教师的教学能力，所以学校对教师专业发展的态度以及学校的教学管理体系对中小学教师在线培训的效果起直接作用。

美国联邦政府和各州政府发布的教育方面的法律法规、政策和标准，以及社会变化引起的对人才需求的变化也直接或间接地对中小学教师职业发展起到重要作用，比如州际新教师评价与支持协会（INTASC）、美国全国教师教育评估委员会（NCATE）、美国国家专业教学标准委员会（NBPTS）等组织机构制定了全国教师资格标准和评价标准。各州则依据总标准匹配带有本州独特性的州标准，以此开发和设计在线培训内容，并在中小学教师参加培训后按照评价标准评估在线培训的效果和运行质量。在中小学教师专业发展的标准中，应该体现出当下社会对中小学教师不断变化的要求及中小学教师职后发展的持续性，具体表现为：第一，教师的理论知识讲授能力、课堂管理能力、与学生相处能力等多种能力互相作用，产生连锁反应，进而集合成了课堂教育教学实践技能，这些能力不仅随着中小学教师自身的理论知识和实践水平提升而进化,还随着教师所处州、学区的要求不断发展,其进化速度不一,进化水平也因教师个体的差异性有所区别。第二,中小学教师的专业水平呈现出持续性的系统提升,主要表现为随着教师身处环境对教育质量要求的提高,教师自身整体认知水平和能力得以不断提高,并持续更新教学实践能力和管理能力。由此可见,中小学教师专业发展不仅仅是内生性的存在和发展,还不断接收外部信息的刺激,换句话说,中小学教师所处环境对其不断提高要求和持续性激励,促进他们不断提升自身能力。总之,教师专业发展标准应该是当下社会动态发展的缩影,其促进中小学教师不断进化和自我完善。

从学校提升教学质量的角度看,要想实现在校学生成绩的切实提高,一是必须重视在校教师的自身专业水平、课堂教学实践能力以及与学生相处能力等多个方面。二是要认真研讨国家出台的教育相关政策以及教师专业发展标准,取其精华,结合学校实际情况制定学校的教师教育管理体系。鉴于在中小学教师专业技能提升过程中,社会这一外部环境的重要影响,学校也要重视与社会的融洽协作,以促进在校教师的职业发展。此外,教师作为独立的有思考能力的个体,在学校这个大集体中如果能彼此间互相帮助、共同探索并反复实践,也可以产生协同效应实现自身专业教学技能的提升。[①]

2.相关保障系统的耦合度

协同理论(Synergetics)也被称为"协同学",由德国著名物理学家哈肯教授创立,该理论研究系统内部各子系统或各要素之间通过相互作用而产生的整体效应,是系统科学的重要分支理论。协同理论认为,当一个系统与外部世界进行能量和物质交换的时候,它是一个存在失衡风险的开放式系统,必须调动自身的各个子系统,达到一种所谓时空上的有序结构,即协同效应(Synergy Effects)。[②] 协同效应是协同理论的重要研究内容,复杂大系统的内部各个子模块通过内聚耦

[①] 张秋慧,杜青,苗艳华.协同理论视域下民办高校青年教师教学能力提升的路径设计[J].现代职业教育,2018(31):52-54.

[②] 赫尔曼·哈肯.协同学:大自然构成的奥秘[M].凌复华,译.上海:上海译文出版社,2005:188-196.

合作用并且相互协调才能形成协同效应,为形成有序系统提供持续内驱力。[①]目前,协同理论已广泛应用于多个学科领域,在信息科学领域也发挥着重要作用,可以使各个分散、无序的信息系统以自组织的方式形成相互配合、相互依存的协同系统。在美国中小学教师在线培训模式的保障系统中,不仅相关利益保障团体间协同合作,保障机制的设计与实施还将联邦政府和各州政府发布的相关中小学教师专业发展标准协同融合。

各成员聚合互动的过程造就了整个教育社会,美国良好的教育社会生态为联邦教育项目管理的发展提供了真实且丰富的素材。美国作为分权制国家,在面临解决中小学教师发展的问题或新需求的情况时,会通过联邦中小学教师专业发展项目管理的方式来实现中小学教师教育发展战略,并将其作为国家教育行动的改革实验,促进中小学教师事业不断发展。跟国家治理一样,美国在联邦教育项目管理上也注重实用和高效,不断优化完善项目管理,以符合教育发展的实际需要。此外,作为一个文化高度融合的国家,美国拥有多元化的教育需求,故联邦教育项目管理主体和参与人员的构成也呈多元化。美国联邦政府充分利用本国自然文化资源,尊重各州特点,不断强化和生成联邦政府直接引领、间接干预和调控全国中小学教师在线培训发展机制,并保证社会全员分工合作明确、有机协作,从而成就了联邦中小学教师在线培训项目。美国中小学教师在线培训的项目管理按照教育行动的完整结构和展开过程,不断创新、科学设计、立法先行、立足全员、权责对应,最终形成健全而富有活力的体制。

---

① HAKEN H.Synergetics and Computers[J].Journal of Computational and Applied Mathematics,1988,22(2-3):198-200.

三、可借鉴性分析

(一)内部建构可借鉴分析:关注教师完整生命成长

1.在线培训平台与学习理论的融合

当前我国中小学教师在线培训模式的实施方式上呈现两种标准化:理念上的标准化和实践中的标准化。前者指的是外部环境标准主导参训教师需求,后者是指培训项目的整套流程呈现标准化特征。有学者认为,中小学教师数量众多,每个人需求各异,极大程度呈现多元化的特征,因此培训有时难以照顾到每个参训个体,且教师的发展需求不能直接量化,需要通过客观的外部标准来衡量,所以其必须跟外部标准挂钩而不能独立存在。[1]诚然,在分析中小学教师培训需求时要统筹各方面标准,全面考虑主观和客观因素,但不能因为教师需求的多样化、个性化而选择避而不谈,使它们受外部环境支配,这样的培训完全忽略了教师这一本应是主体的存在。新时期中小学教师培训的内涵发展也亟须探索教师在线培训平台与学习理论的融合再造,推动参训教师由知识传递的被动接受者转变为能力成长的主动探索者,为中小学教师成长建构理论与实践的双螺旋。

在目前大多数培训中,授课教师通常有自己的标准"套路":从自己的实际情况出发,向学员传授针对一些教学问题的思维方式和实际做法。这种套路确实在一定程度上能够将培训课堂统筹起来,提高教学效率,但同时也走进了套路化的死胡同,无法灵活应变,因为授课教师教授的内容是基于他们自己的经验认识,并没有考虑参训教师的实际情况。这样的培训项目从表面上看统筹全局,效率不俗,可以解决广大教师在职业发展中的一些普遍共性问题,但是对他们具体到个人的实际需求缺乏关注且过于机械,与参训教师实现专业发展的真正内心需求相悖。中小学教师的职业发展中,内生需求和个人经验尤为关键,是实现进步的动力源泉。当前不论线上还是传统培训往往忽略教师的个人经验和内在需

---

[1] 赵德成,梁永正.培训需求分析:内涵、模式与推进[J].教师教育研究,2010,22(6):12-14.

求,堵塞了外部环境和内在能量的交互通道,而这个通道恰好是他们实现自我发展的重要因素。

  我国中小学教师在线培训项目的设计、实施以及管理过程沿袭着长期形成的自上而下的教育行政管理逻辑,尽管相较以前有所改变,但却未有实质性的突破。从管理角度看,教师培训的宏观决策权以及监管权由各级教育行政部门掌握,而在线培训项目的开发、设计、实施则由在线培训机构或高校负责,参加培训的中小学教师内在需求无处表达。此外,开发设计在线培训项目的专家多为高校教授,然而"未身在其中"导致在线培训项目浮于表面,并未真正满足参训教师需求,如教师培训机构统一的、标准化的课程培训,偏向高阶思维和意识的培养,以及完美德行的推崇,远离了学校的诉求和参训教师实际教学生活,造成中小学校和教师对在线培训项目的敷衍虚应。本应由多元主体,如教育行政部门、培训机构、中小学教师、中小学等,以契约和磋商的方式形成的培训项目实施中的决策,却简化为自上而下的执行方案,这种结构性倾斜导致培训各主体间的良性互动关系断裂,有的参与主体越位,有的参与主体缺位,影响了培训资源配置效率,降低了参与各方的培训获得感和满足感。①

  另外,我国部分中小学对其教师参加在线培训的认识出现偏差,将其思维囿于教师参加培训仅仅是完成上级部门政策文件的规定动作,或是中小学教师受制于"工作单位"为圈子的工作思维以及自身发展需求内在意识的引导。部分中小学片面认为学校仅需选送参训教师即可,而对如何回应政策要求、培训目标,如何呼应学校发展目标、教学现实困境进行参训教师遴选和参训环节监控没有系统思考,更没有得力的行动。此种"擦边球"式参与,协同流于形式,忽略了参训主体的发展需求,在线培训难以发挥最大效益。部分中小学教师则是缺乏可持续发展的意识以及对自身专业发展的长期计划,往往只看重眼前,只关注在线培训时长是否完成。具体表现为自上而下接受式的共商,优先满足权力主体需求,或是自下而上满足式的共商,谋求各自利益,呈现"机械地团结"样态,未体现出从"分歧"中得到"协调一致"的目标和结果。如中小学选送参训教师,缺乏师

---

① 张姝,黄丹.共享理念下教师培训项目的协同实施[J].教学与管理,2022(15):50.

资队伍建设的长远规划,只追求政策文件上数值指标的达成,或是中小学教师参加在线培训只顾培训时长是否达成,而不注重在线培训项目是否适合自身专业发展目标和计划。

在中小学教师线上培训的实施过程中,授课教师大半时间是在进行自我表演,广大学员只是被动接受并没有主动参与进这场演出,授课教师将他们的自我经验认知无感情地强加给学员,这种经验认知没能够与学员内在能量相结合,轻视了其内在需求和经验的作用,对学员面临的实际问题没有实质性帮助,对它们的理解也仅流于表面,这种培训事实上是低效甚至无效的。总而言之,授课教师教授的知识技能看似颇有价值,为学员面临的各种问题提供了完美的答案,事实上这种经验也好,专业知识也好,在没有被学员主动接受、消化并与自身内生力量结合的情况下都是徒劳,培训开发者再精心的课程设计也仅是看起来美好而已。[1]因此,我们的当务之急是将目前外部环境主导的客观化的培训体系转变为扶正教师在培训中的主体地位,以他们实际内在发展需求为主导的模式。这种模式也是尊重教师在培训中的自主选择权利,从他们真正的实际问题出发,以教师的职业成长与发展为目标,以教师协作解决问题、完成任务为实施方式,构建切实有效的培训模式。近年来,我国的中小学教师在线培训模式的设计和开发虽然在内容上注重实践性课程的开发,但实践性课程的实施方式往往以讲座、录像观摩等为主,单纯冠上"在线"的名义,依旧是传统的授课形式。正因如此,利用虚拟现实技术,为参训教师模拟一个真实的教学情境,帮助教师在网络实践中学习并解决问题,建构在线实践共同体和在线学习共同体显得格外重要。

美国中小学教师在线培训为建立高质量的中小学教师队伍以及满足社会对中小学教师终身学习的持续需求提供了便利的实施方式。在线培训环境为中小学教师提供了个性化的、与时俱进的学习内容,以此增强教师内生的学习动力。在《有效在线教学原则》(*Principles of Effective Online Teaching*)中,学者托马斯和马克指出:在线培训已正式跨入第三代,第三代在线培训大量运用社交媒体技术

---

[1] 孙自强,周金山.基于"成长需要"的教师培训需求分析:理论、现实与变革[J].职业技术教育,2019,40(22):36-38.

比如博客、领客等，以及维基、社会书签和互联网、虚拟现实等技术，为参训者提供协作式的、基于项目的、与解决工作问题相关的内容。[1]如 Edcamp，是一种由 Education 与 Camp 组合构成，以开放空间技术（Open Space Technology，简称 OST）为活动组织的核心思想及实施框架，促进 K-12 教育工作者专业知识与能力的新型教师培训模式。[2]Edcamp 通过关注教师主体地位、参与度、认知和情感体验、群体智慧的方式促进教师教学知识与能力的发展从而达到共同成长的目的。第三代的在线培训更好地将不同学习理论、教学方法和参训教师个人需求相融合，改变了教与学的概念，促进参训教师实现在线学习。当前美国中小学教师在线培训模式的学习从泰勒目标原理、行为主义学习理论、线性模型走向更具有建构主义特点的模式。带有建构主义学习理论的教师培训模式更适合利用在线手段来实施，这是因为在线培训可以为参训教师提供基于其经验和已有知识之上的内容，同时模拟日常教育教学情境，利用自我导向的实施方法，达到提高参训教师技能的目的。有不少学者从理论视角出发，分析出当前美国中小学教师在线培训模式的特征体现为以学习者为中心、培训资源可持续发展、连通性强、合作学习等。（如表5-3）

表5-3 在线培训特征的理论分类[3]

认知主义	建构主义	动机理论	在线学习理论
学习者满意度	协作	动机	以学习者为中心
高层次学习成果	交互作用	内在动机	生态可持续性
认知效能	参加	外在动机	成本效能
个人学习	合作	有趣的想法	连接/网络
个性化	投入	自我决定	增加可访问性
成果	沟通	自身能力	根据学习者需求

---

[1] BUZZETTO-MORE N A.Principles of Effective Online Teaching[M].Santa Rosa，，California：Informing Science Press，2007：19-32.
[2] 王立峰.Edcamp 解读及对我国中小学教师培训的启示[J].现代教育技术，2020，30(4)：68.
[3] KUMAR V，SHARMA D.E-Learning Theories，Components，and Cloud Computing-Based Learning Platforms[J].International Journal of Web-Based Learning and Teaching Technologies，2021，16(3)：5.

续表

认知主义	建构主义	动机理论	在线学习理论
自我效能感	建构组合内容	自治	方便
效率提高	同伴互评	相关性	灵活性
技能和知识改进	评估/反馈	自信	学习者自身节奏
			跟踪变化

基于大数据的相关分析显示,美国较多中小学教师在线培训项目的开发和实施都与学习理论有着非常紧密的联系。[1]在线培训开发者可以根据不同学习理论下在线培训模式呈现的特点进行在线培训项目的开发,以满足不同学习习惯、不同学习偏好、不同认知水平的参训教师的差异性需求。

2. 个人发展差异性

马克思认为人的本质不是单个人所固有的抽象物,在其现实性上,它是一切社会关系的总和。人可以通过为社会做出贡献实现其社会价值,通过自身能力的不断提高,得到应有的尊重,从而实现个人价值。[2]

每个职业都有区别于其他职业的特点和需求。中小学教师的需求特点体现在七个方面:一是连续性。教师的职业生涯是一个连续不间断的过程,从踏入学校那一刻直至离开学校当天。他们要通过参加培训来不断提高自身专业水平,满足自己的内生需求。二是客观性。中小学教师也无可避免地有所谓的职业困惑,就像其他行业一样。例如,广大教师总是苦恼于教师这一职业性质决定了达到更高层次的领域比较困难,一般情况下他们的生涯发展空间都较为受限,即使付出再多的时间和精力。三是动态性。时下外部环境,如社会经济和文化发展对中小学教师这一职业会产生动态影响,不同国家乃至不同地域和学校对教师的各种要求会随着社会发展而不断变化。四是主观性。中小学教师这一职业的

---

[1] KUMAR V, SHARMA D. E-Learning Theories, Components, and Cloud Computing-Based Learning Platforms[J]. International Journal of Web-Based Learning and Teaching Technologies, 2021, 16(3): 11-13.
[2] 潘伟华,兰军智. 试析马斯洛与马克思需要理论的差异性[J]. 延安大学学报(社会科学版), 2020, 42(1): 20.

一大特征是它以课堂教学实践为主。在实际的课堂实践中教师一般拥有相当的自主权,能够根据特定学科的特点及学生的个性化需求调整传授知识的方式手段。但就算如此,不同水平、不同社会经历甚至不同年龄的中小学教师在教学实施中,仍会对教学本身产生一定的困惑。五是复杂性。有很多主观、客观的因素都会影响中小学教师参加培训的动机。他们可能在某次评选优秀教师活动中败北,然后陷入关于自己是否真的教学水平不如他人的沉思,因此,有些上进的教师会选择参加培训这种方式来提升自己。[①]总之,不同水平情况的个体都有其促使自己产生培训动机的个性化原因。美国中小学在线培训一直以来都尊重不同教师个体间的差异,同时也看重培训课程中学员与授课老师以及学员间的交互。通过这种富有科学性的人性化课程,参训教师才能解放自己的潜力,提高专业教学水平,切实解决课堂教学活动中真正的问题,同时也适应了外界对他们不断变化的要求,从而实现人生价值。六是阶段性。广大中小学教师对自己的职业发展要求会随着时间推移和自己的个性改变而持续变化。有些人在职业生涯初期对学生的课堂纪律管理感到吃力,有的则对如何让学生更好地吸收所学知识而感到困惑。七是现实性。作为社会人,中小学教师无可避免地面临现实的生存问题。如果教师不满意自己的收入水平,认为其工资横向比较其他职业存在差距,甚至连自己的生存基本需求都不能保障,那么他们便会努力寻求提升,争取多取得职称或者升职,提高工资水平。而取得自我提升的一种途径,就是参加培训。

中小学教师的职业发展路径应该是在实践中学会反思,从而发现问题、提出问题,并有意识地参加培训提高自身知识水平和教学技能,发掘自身潜力,力求不断向上发展。这种"自我更新"的自我发展理念广泛根植于美国中小学教师专业发展的路径中[②],比如,实践反思性教学(Reflective Teaching)在美国中小学教师在线培训中的运用就很普遍。这种教学方法主张参训教师应该要充分了解自己,并不断反思,清楚自己的薄弱环节和有待提升的地方。再根据自身实际情况

[①] 伍文.基于需求层次理论的乡村教师职业发展困惑及对策研究——以赣南地区为例[D].赣州:赣南师范大学,2019.
[②] 叶澜,白益民,王枬,等.教师角色与教师发展新探[M].北京:教育科学出版社,2001:295-302.

和外界环境,如专业知识技能水平和外部环境要求践行适合自己的发展策略。赵俊认为,教师在线生成性学习的过程就是"内化-转化-外化-俗化"的过程,四个转变过程的触发都需要不同在线培训内容和活动的刺激,具有多样性和差异性。

中小学教师能力发展的影响因素也随着其专业发展的程度而变化。美国中小学教师在线培训创设了沉浸式的在线学习环境,身临其境的实践环境,为参训教师在与不同环境的交互中感受实践情境并予之回应提供了机会,将在线培训的必修课程与选修课程相结合,预计参训教师在培训结束后应该具备的能力、知识和思维方式,开发具有个性、动态性、实践性、需求性等为一体的在线培训课程,以增长在实践中面对问题、处理问题的能力,最终实现生成性学习和专业成长。美国中小学教师在线培训还利用菜单式培训内容,依据学员个人职业生涯成长的差异性原则,满足不同学员的需求。中小学教师的职业发展不是单方面专业能力的提高或者教育学知识的增长,而是认知上、情感上、价值观、思维方式上的全面发展,同时也是在职业各个阶段全方位的发展。在信息时代下,各学科间的连接更加紧密,因此,设置跨专业、跨学科的综合课程是有必要的,可以提高中小学教师知识的整合能力,以及对跨学科知识的处理能力,发展教师综合性思维。差异性的教师个人发展显得生成性在线培训课程尤为重要,互联网技术能为参训教师提供实时的生成性内容的支持。

3. 教师个人生命成长

广大中小学教师对于在线培训的需求是他们根据对个体情况的认知产生的,而不是基于外在的普适化标准规定。在一个完整的具有主动性的个体身上,很少产生主体追求行为与过去和当下情形割裂的变化。[1]换句话说,学员对在线培训的需求源自他们每个人的内在动力,会受到当下社会、经济和科技发展的影响,不是外力的强加,而是其自愿追求发展和进步的意图。[2]培训要把外在环境与学员的内在经验融合,并且加大对学员体验的关注,而不是单纯让他们被动接

---

[1] 李晓文.青少年发展研究与学校文化生态建设[M].北京:教育科学出版社,2010:10-15.
[2] 邹莹,申卫革.在生命成长中的小学教师专业发展需求研究[J].现代教育科学,2013(6):114-116.

受。因此，对于广大教师培训需求的分析要关注从他们内心深处生成的需求，要以教师的个人素质发展和专业技能水平发展为服务宗旨，否则教师参加在线培训就仅是为了缓解学校施加的培训压力和完成升职指标，导致整个中小学教师在线培训低效甚至无效。

教师的成长发展过程中充满了各种各样的培训。培训是帮助中小学教师实现自我成长和专业发展的一种手段，是他们自我发展的外部延伸，是对他们量身定制的专业服务，也理所应当地应该基于他们的自身追求和内在需求来开发。[①] 中小学教师在线培训应关注中小学教师自主学习能力的开发和自我发展，因为教师今后的专业能力发展是由教师内生需求推动，是教师自己渴望获得提高变得更加优秀而不是通过别人或者外部环境实现。参加在线培训的中小学教师们是为了通过与外界互动达成自我发展和提升，而不仅是着眼于一些短期利益。所以，分析参训教师的参训动机要将眼光放在教师对自我的职业发展和潜力挖掘要求上，而不是解决短期问题的需求。

中小学教师在线培训的针对群体是有一定教育教学经验的，为了自身专业进一步发展的教师。参训教师的工作经验和参训目的在一定程度上会受到任职地域教学环境的影响。教师的参训目的会随任职地域不同而产生差别，这是受到每个地域对教师要求不同，或面对问题不同造成的。此外，不同地区的"习俗"也或多或少对中小学教师的参训目的产生隐性影响。因此，在设计开发在线培训项目时，在线培训内容不能一味追个性化，内容的构建和课程情境的创设需要符合区域的习俗以及教师实际教学场景。参训教师的知识和经验是不断变化的，中小学教师在线培训的开发和设计应该结合中小学教师参训前的知识掌握情况以及课程管理能力等，分析出最符合当下参训教师需求的在线培训项目，从而从已有在线培训资源库中筛选和整合符合要求的资源。然而，当前我国中小学教师参训的需求主要分为：社会需求、组织需求和教师岗位需求，无一例外的都是外部性的需求。也就是说，我国中小学校教师的参训需求被简单地与上述

[①] 孙自强,周金山.基于"成长需要"的教师培训需求分析：理论、现实与变革[J].职业技术教育,2019,40(22):36-38.

提到的外部要求教师完成的任务画上等号,教师要消耗相当的精力来满足社会和学校对他们的要求,其在培训中的主体地位也不复存在。从教师自身角度出发,在线培训内容应该与满足自身需求相关联,这种把教师从培训主体变为客体的培训内容完全不能让他们产生符合自我的实质性改变。

目前,组织—任务—人员分析模式(Organization-Task-Person Model,简称OTP模式)与绩效模式(Performance Analysis Model)是我国比较流行的两种主要培训需求分析模式。[①]但是,他们的分析起点或多或少都有逻辑偏离的问题。OTP模式从整体上将教师参训需求分为任务、组织和人员三种层次,并认为只要全面、客观地解析他们就能正确地分析出教师的参训需求。绩效分析模式则为分析中小学教师的参训需求定制了一套标准,这套标准看重教师的期望表现和实际表现之间的差距。简单来讲就是设定某个规定工作岗位或拥有某项指定工作任务的教师,将他在这一岗位或完成任务所应该展现的行为能力和专业素质与其实际表现出的行为能力以及最终效果对比,以此确定教师的参训需求。

在这两种模式中,显而易见参训教师的需求是由所谓任务执行和成绩效果所决定的,而不是教师从内心深处自发产生的。也就是说,教师虽是整个培训的主体,但只是位居次要地位。这两种分析模式过于客观,看重教师在实际行为中的客观知识转化能力,即使对他们的个人感情和内在需要有所关注也只是希望他们借此提高专业技能的学习效率,更好地完成工作任务,而不是关心他们由内在情感产生的真正需求。我国在进行中小学教师在线培训项目的设计时,为了使培训项目看起来权威和专业,一味聘请专家进行培训项目的设计,而忽略了作为培训主体的中小学教师的参与。这种专家的视角,是专家想象出的中小学教师参训需求,而往往领域内专家缺乏的正是中小学教师实践性的体验和经验,"专家视角"的问题较为抽象,不是源于参训教师自身真实遇到的实践问题。所以,中小学教师的主体地位在此两种模式中很难切实体现,基于这两种模式的在线培训项目自然难以匹配教师的真正需求,教师的发展也就无从谈起了。

目前的在线培训需求分析模式主要问题在于把教师置于次要的客体地位并

---

① 赵德成,梁永正,朱玉玲.教师培训需求分析研究的回顾与思考[J].教育科学,2010,26(5):64.

忽视教师自身的内在真实情感,由此形成的培训设计理念也只是外部因素导向的。有学者认为,这种富有外部性的培训观存在较多缺陷,比如因为参训教师的职业发展需求、专业知识水平、参训积极性以及实践经验在该种培训观里没有得到很好的体现等原因,一些参训教师很难在日常课堂实践中做出反思,实现专业发展的道路自然困难重重。[①]换句话说,这种培训观预先假设中小学教师不能清晰地了解到底自己该具备何种水平的专业技能才能更好地发展,所以认为借助教师自身内在情感和内生需要产生培训需求是不合理的。因此,上述两种需求分析模式自然地认定外部影响因素才是决定培训需求的关键点,并认定在线培训的目标仅是通过授课教师教授前沿的专业技能和理论知识,只要教师匹配此模式下产生的培训标准,就能成功面对以后职业生涯中的挑战。这种培训价值观还可以理解为:参训教师已有能力与顺利迎接未来挑战所需能力之间存在差距,所以授课教师要向教师教授专业技能和实践经验,帮助他们良好吸收并学会应用。总的来说,这种培训观决定了开发者在进行培训需求分析的时候会主要考虑外部客观因素,把工作的完成标准和外部需求等因素当作分析的前提。它假设教师自身的专业水平跟实际完成任务所需的能力有一定差距,满足不了学校对他们的要求。但这种外部客观化的培训价值观有明显的缺陷:它没有真正透彻地理解并分析教师需求,明确到底教师期望在培训中获得什么,而仅是在表面进行看似合理实则低效的论证。

把参训教师置于客体地位的培训观还主张教师实现发展的主要途径源于达成外部社会为教师安排的任务和绩效标准,单纯地认为外界环境对教师发展起绝对作用。导致现在中小学教师培训体系都是基于"教师只要完成外部的任务,就能实现自我成长和发展"这一理念。其实这是对"教师生命成长"进行了错误解读,片面地以为外部环境影响内在需要就是所谓的"生命成长"。在广大中小学教师漫长的职业生涯中,与包括社会、学校等在内的外界交互行为只是一种平常的行为,外界因素只有通过与教师的内在需求结合才能体现价值。当前在线培训的开发者受片面的需求分析模式影响,在构建培训项目时过度重视外部环

---

① 赵德成,梁永正.培训需求分析:内涵、模式与推进[J].教师教育研究,2010,22(6):9-11.

境,对教师的内在需求关照不足。被如此开发出来的培训项目自然地会以培训专家为主体,而参训教师更像是"工具人",按照外部环境希望的样子被动接受,内心深处的需要被遵照某种"标准"设计出来的培训需求代替。

不同在线培训子系统的关联聚合点,即效能,也是中小学教师在线培训模式开发者所关注的。有效的在线培训必须统筹主要培训要素,形成稳定的在线培训活动结构,确保在线培训的质量。培训实施过程中,学员受到的实践反馈与培训有关信息需要同伴合作、教学领导和行政机构的支持与辅助,而这三类群体又要通过培训辅导活动的中转对整个培训产生影响。此外,中小学教师在线培训需要关注不同学员的不同背景和教学经验。第一步,要打通学员内生需要和外部培训内容与通道。分析教师需求时应重视参训教师的已有经验,在线指导教师要通过数据分析策略梳理参训教师内心的实际需求状态,然后从各种维度总体把控他们的经验类型。第二步,在线培训的实施务必与参训教师所拥有的经验相连接,促进参训教师在已有经验的基础上建构新知识。在培训后,参训教师理应感受到自己的经验逐渐丰富,这种成长过程是学员个体在自己已有经验的基础上吐故纳新,实现经验的成长,而不是被外界环境强行介入。[①]要实现"教师生命成长",就要求教师培训需求的分析与认识要建立在内在生命成长的基础上,由此可见,在对中小学参训教师的参训动机分析中,内在需求是第一位,从而影响外在的各种需求,如社交需求等。"教师生命成长"并不是完全否定外部需求对中小学教师在线培训开发和设计的影响,而是反对将外部需求和内在需求本末倒置,因为内在需求才是教师生命成长最核心的影响因素。在线培训的目标不是所谓的外部需求及一系列社会标准,这些外部因素的价值在于它们可以促进内生需要的成长,而不是强行融合,最终让外部因素成为教师生命成长的"土壤"。总之,合理的在线教育需求分析模式要转变外部因素主导教师需求的现象,应该把教师的内在需求看作是其想要实现专业发展的动机。当然,对于参训教师的需求分析并不是要完全隔离外在环境因素,相反是把外部需求与参训教

---

① 孙自强,周金山.基于"成长需要"的教师培训需求分析:理论、现实与变革[J].职业技术教育,2019,40(22):36.

师的内在需要整合。培训到底是否有成效,最终取决于参训教师的内生需求,至于外部需求与内在需求是否能被融洽地整合,依赖于参训教师对外部需求的把控程度,整合成功后外部需求才实现了它的价值。

(二)外部保障可借鉴分析:兼顾教育技术与资源的统筹和整合

1.人力和物力资本的统筹和整合

纵观美国中小学教师在线培训模式的质量保障体制,除了联邦政府、各州政府、学校、各机构协同合作外,还离不开美国中小学教师在线培训模式开发和实施的详细的标准制定。首先,对有关教育部门来说,建立一个中小学教师的质量标准是首要任务。在中小学教师在线培训市场化的条件下,应该对市场上各类在线培训机构的师资、电子信息技术的软件和硬件等建立明确又详细的标准,只有符合标准的在线培训机构才能拥有实施中小学教师在线培训的资格。其次,较多国家在实施在线培训过程中都伴有第三方,与第三方机构合作考察、评估在线培训的质量和效果也能有效促进中小学教师在线培训模式发展。在在线培训项目质量评估结束后,还应该向社会定期发布结果,让培训机构接受监督。当然,市场化中小学教师在线培训的发展并不代表政府对教师在线专业发展活动的完全"放任"。实际上,这是教育部门从对中小学教师专业发展的直接管理转变为对教师专业发展市场的间接调控,维护教师培训市场的和谐、稳定。中小学教师在线培训活动市场的发展,不仅可以营造各培训机构间的良性竞争关系,还可以促进中小学教师在线培训项目开发和设计的效率提高。但同时也要注意市场机制下将利益和效率放在第一位而忽略培训效果的现象。因此,我国相关部门出台相关法律法规和标准来避免此种现象的发生势在必行。比如,教育部在2013年发布的《关于深化中小学教师培训模式改革全面提升培训质量的指导意见》文件中明确要求各地要积极推进教师网络研修社区建设,推动教师网上和网下研修结合、虚拟学习和教学实践结合的混合学习;开展区域间教师网上协同研修,促进教师同行交流。①同年发布的《关于实施全国中小学教师信息技术应用能力提升工程的意见》强调,各地要根据信息技术环境下教师学习特点,有效利用网络研修社区,推行网络研修与现场实践相结合的混合式培训。②

从理论上说,中小学教师在线培训如若以某一模式为中心,参与主体可分为近端主体和远端主体两类。其中近端主体是中小学教师在线培训模式的直接参与者、在线培训资源的直接提供者和培训收益的直接享受者,包括中小学教师、各中小学校、在线培训教师、在线培训开发专家、在线培训机构、高校培训学院及各级各类教育行政部门。而远端主体则位于"涟漪轮"的外圈,其间接地为中小学教师在线培训提供资源,也同时间接地享受着中小学教师参加在线培训后的红利,包括中小学生、学生家长、社区等。两类主体从中心出发向周围散开,构成了在线培训模式的"涟漪轮"。③从"互联网+"打破时空限制这一特点出发,中小学教师在线培训模式的参与主体不再单一地受时间或空间的限制,而是可以发散到所有网络平台上主动参与的中小学教师中,这种"进入即参与"的全员共享模式推动着中小学教师在线培训模式的"涟漪轮"不断向外围扩展。由此可见,网络场域内的中小学教师参与主体协同合作、互相交流可以将在线培训的收益延展并扩散,激起新一轮的"涟漪轮",从而不断扩大主体范围。

从系统论的观点出发,在追求在线培训质量时,不仅要考虑某个地区整体的培训质量好坏,还要重点关注地区内部呈现的培训质量是否均衡。高质量的中小学教师在线培训既包含某一区域中小学教师培养的概念,也包括区域内不同中小学教师在线培训机构及各个项目的具体质量。中小学教师在线培训的发展与教师的教学能力和学生成绩的提升呈正相关,因此,将中小学教师培训和奖金、晋升机制相联系,可以激发中小学教师参加在线培训的积极性。此外,虽然从形式上看,我国大多数中小学教师在一定程度上都获得过在线培训的机会,也

---

① 中华人民共和国教育部.教育部关于深化中小学教师培训模式改革全面提升培训质量的指导意见[EB/OL].(2013-05-08)[2024-02-08].http://www.moe.gov.cn/srcsite/A10/s7034/201305/t20130508_151910.html.
② 中华人民共和国教育部.教育部关于实施全国中小学教师信息技术应用能力提升工程的意见[EB/OL].(2013-10-28)[2024-02-08].http://www.moe.gov.cn/srcsite/A10/s7034/201310/t20131028_159042.html.
③ 张姝,黄丹.共享理念下教师培训项目的协同实施[J].教学与管理,2022(15):51-52.

顺利完成了在线培训，但参训过程往往流于形式，一方面培训机构将"在线"形式化，另一方面参训教师也将参训的过程形式化。这是我国教师资格证的制度导致的——我国中小学教师一旦获得教师资格证就终身有效，此种资格证制度缺乏对中小学教师自发地追求更高层次的教育教学知识和水平的激励。因此，将教师资格证的制度转变为年限制可以不断促进中小学教师在实践教学中提出问题、发现问题，并根据需求参加对其有用的培训自我提高，从而更新教师资格证，换取更高层次的证书。美国2016年新修订的《高等教育法案》（以下简称《法案》）则从质量均衡角度，展现出了联邦如何透过"层层下伸的手"对各州内部众多教师教育机构及项目产生影响。《法案》基于清晰的指向于单个项目的问责规程，形成了层级明确、内容清晰、后果高风险的评估模式，提升了每个教师培养项目的质量与透明度。[1]

《法案》明确提出了以机构内各个项目为单元的质量报告制度。其中具体涉及四个层级，自下而上分别为"机构—州—教育部—联邦"，包括机构报告卡（IRC）与州报告卡（SRC）以及美国教育部部长向国会的年度报告（The Secretary's Annual Report on Teacher Quality）三项内容。在机构报告卡中，联邦政府并没有要求众教育机构像以前一样报告整体实施情况，而是让它们汇报每个单独教师培养项目的绩效情况。这种突出单个具体项目的做法，可以有效解决个别低质的具体项目被整体质量报告信息所掩盖的问题，促进教育机构将重点转移到内部失衡的项目质量情况中，并进行失衡质量情况的优化和完善。在《法案》中，美国联邦政府建立起了等级式问责机制，赋予培训项目承担问责的风险。一方面，明确要求各州建立起与项目评价直接相关联的等级评定模式，包括基于教师培养项目的项目特点、教师在训后上岗情况和学生成绩提升情况等指标建立合理的评价标准，并通过具体评价标准给每个培训项目的最终表现进行评级，分别为"濒危""有效""低表现"等不同等级。另一方面，与等级式"命名"相连的，是来自国家、州两个层面的剥夺性措施。

---

[1] TATTO M T, SAVAGE C, LIAO W, et al. The Emergence of High-Stakes Accountability Policies in Teacher Preparation: An Examination of the U.S.Department of Education's Proposed Regulations[J].Education Policy Analysis Archives,2016,24(21):2-3.

在州层面上,对于那些被定性为"低表现"的培训项目,之前的教育资金补助和培训许可证会被取消。在国家层面,教育部将收回前期提供的所有教师专业发展活动资助,项目也面临停止招收享有联邦"学院与高等教育机构教师教育帮扶基金"(TEACH Grant)资助学生资格的惩罚。鉴于此,广大教师培训机构为了避免遭受无论是国家还是州层面上的严厉惩罚,保持机构的正常运营,将会不断加强对项目自身的质量保障,提高质量评估效率。[1]推进中小学教师在线培训保障机制的建构不仅需要规范教师在线培训的目标、内容等内部因素,还需要提供必要的外部支持,完善中小学教师在线培训的相关法律法规和标准。在中小学教师在线培训发展与外界环境的交互中,有时会片面地把外部环境当作中小学教师在线培训发展的主导元素,并尽可能地运用外部有利因素,期望以此躲避发展中的所有障碍。这种"单向发展"思路没有全面、综合地考量中小学教师在线培训环境,一定条件下会制约其发展上限。

根据协同理论的观点,想要实现协同效应促进事物发展,不是把每个子系统的作用做加法,而是要将不同子系统进行有机融合,并以此实现效率的提升和资源配置的优化。麦奎尔很早便开始了协同理论的研究,他主张一个系统内部的各个子系统的协同合作必须匹配他们的最终目标。在最终目标的趋同下,各个子系统会突破自我,打破相互间障碍,组建新的共同利益团体和运作模式,完成跨时间和空间的协作,以使系统资源利用最优化和利益最大化。[2]中小学教师在线培训模式的前期开发设计、中期实施以及后期的跟踪评估都需要参与在线培训模式运行的主体间权利共享,具体表现为参训教师及各中小学对培训内容的知晓权和选择权,在线培训模式开发设计参与者享有充分咨询权,各级各类教育行政部门、高校、中小学、中小学教师培训机构、学生家长等主体对在线培训项目效果的监督权和评价权等。如若确实权利共享,则参训教师、培训教师、中小学等会失去在在线培训模式中的存在感,长期则会丧失热情和动力,从而使得与之关联的其他领域落入无由、无序、无法的状态,甚至对中小学教师素质及育人质

---

[1] 王丽佳.政策工具视角下美国教师教育问责的策略及启示[J].教育科学,2020,36(4):90-93.
[2] O'LEARY R,GERARD C,BINGHAM L B.Introduction to the Symposium on Collaborative Public Management[J].Public Administration Review,2006,66(s1):7.

量产生负面影响。①根据前述,美国中小学教师在线培训模式的开发、实施和保障就有显著的整体协作效应,掺杂了众多方面的协同合作,受到各种主体的影响。整个培训从设计开发到结束各个环节相互产生作用,促进了培训的效果实现,反过来培训效果的提升又为其中各环节提供了成功经验从而使其不断优化完善,最终培训实现其核心价值。

美国著名经济学家道格拉斯·诺思提出,制度因素会在一定程度上制约或促进社会经济的发展,应该为社会上的人提供经济的刺激制度。比如将中小学教师在线培训与晋升和奖金制度挂钩,为中小学教师在线培训提供资金补助,从而刺激中小学教师积极参训,提高参训效能。美国联邦政府除了为各州政府提供资金作为中小学教师在线培训顺利运行的保障,还用额外的资金吸引其他渴望收到财政拨款的州重视中小学教师培训并为之投入相应的人力和财力,同时把建立项目报告问责制和推动备选项目发展等手段包含其中,此时独立的政策工具实现互相补充和促进。此外,美国还有众多国际组织、商业团体、基金会、利益集团从经费上支持中小学教师在线培训。1987年,美国国家专业教学标准委员会(NBPTS)成立,该委员会设立项目资金支持中小学教师认证标准的发展。克林顿政府先后出台的《中小学教育法》和《美国2000战略》都要求政府在资金上支持教师培训的改革和发展。②《不让一个孩子掉队法案》还通过了教师减税计划(Teacher Tax Reduction),在贷款豁免(Expanded Loan Forgiveness)等项目中为中小学教师提供优待,因此教师职业的吸引力和在校教师参加在线培训的积极性都得到大幅提高。为了实现对各州教育发展的管控,美国联邦政府在每年都为教师培训项目进行拨款,在2009年《美国复兴与再投资法案》(The American Recovery and Reinvestment Act)下设的《力争上游》(Race to the Top)法案中可见一斑。《力争上游》法案提供了大量资金,用于支持中标的各州进行中小学教师培训发展。要想获得此项资助,各州需要在一个包含"州成功因素""标准与评价""支持教育的数据系统""伟大的教师与领导者"等7项指标在内的500分申请模式中达

---

① 张彦,洪佳智.论发展伦理在共享发展成果问题上的"出场"[J].哲学研究,2016(4):104-105.
② 夏人青.近年来美国师范教育的发展危机与改革趋势[J].上海师范大学学报(教育版),2000,29(5):119.

到一定的分值。[1]

　　试想,我国现有中小学教师在线培训体系可以效仿上述美国的资金激励制度,由各省政府、市政府、教育厅、市场上各培训机构、各个中小学各方共同出资,保障在线培训高质量发展。我国当前的实际情况是,不仅中小学教师自身缺乏内生的参训动力,他们任职的学校也缺乏专项在线培训经费,导致为其教师免费提供在线培训的可能性较低。由此可以看出我国中小学教师在线培训缺乏专项经费的支持以及专门的政策保障中小学教师参加在线培训。反观美国,其推出分级经费资助制度。比如,将不同参训需要的中小学教师进行分类后,美国各州政府、学区管理部门、在线培训机构管理单位、教师协会等组织共同出资,一方面为中小学教师在线培训模式的研发和实施提供经费支持,另一方面为不同层级的中小学教师参加在线培训提供补贴和奖励。

　　此外,美国除了对中小学教师参加在线培训提供资金的保障,还为有需求参加在线培训的中小学教师以及正在参加在线培训的教师适当减少工作量,缓解学工矛盾,营造了一个良好可持续性发展的在线培训体系。因此,美国的中小学教师参加培训时不仅有足够的资金支持,自身专业水平得到了提升,也不会因为参加培训而忽略本职工作,其压力也得到一定缓解。由此看来,我国国家和地方教育行政部门应该从教师质量和学生成绩提高的长远视角出发,为中小学教师持续参加有针对性的在线培训提供政策和资金保障,为中小学教师在线专业发展创设一条畅通无阻的道路。另外,我国各个在线培训商业机构、教师组织协会等相关利益团体都应该为中小学教师在线培训的发展提供适当的资金支持。总之,保障中小学教师在线培训的质量不能仅靠激发参训教师的内生动力,还需要由社会、教育各部门、教师在线培训机构、在线指导教师、各高校、中小学等相互配合才能达到较为理想的效果。[2]从美国中小学教师在线培训资金保障的经验出发,我国可以构建一个以政府为主导的多元经费保障体制。保障中小学教师在线培训的质量除了依靠政府教育行政部门提供经费外,还可以通过与市场化

---

[1] 王丽佳.政策工具视角下美国教师教育问责的策略及启示[J].教育科学,2020,36(4):91.
[2] 胡艳.影响我国当前中小学教师培训质量的因素分析[J].教师教育研究,2004,16(6):12.

的在线培训营利机构以及相关企业和组织联合出资,为中小学教师在线培训项目的相关大数据收集分析、培训内容设计、培训实施技术研发等投入经费。

美国中小学教师在线培训模式还十分注重统筹整合优秀全国优秀师资,比如eMSS项目的在线指导教师都是从优秀教师中选取而来的,教育教学的经验丰富,观察学生以及收集、分析学生信息的能力较强,能较好地组织教学内容并掌握教学进度。不仅如此,eMSS项目还为在线培训指导教师专门开发了导师在线研讨论坛,在线指导教师可以随时在论坛中分享解决问题的经验,更新学科最前沿的知识。在线指导教师是中小学教师在线培训项目的人力资本,只有全方位提高培训师资的能力,才能真正推动参训教师能力的提升。同时,将相关支持服务嵌入在线培训项目中也十分重要,在线培训项目的顺利实施离不开技术人员参与管理和解决问题,因此,不能忽视教育技术人员在线上培训项目中保障项目顺利实施的作用。

我国对中小学教师参训后的评估最关注的因素是学生成绩是否提高,这种一味关注学生最终成绩以及合格率的评估方法忽略了影响学生发展的其他重要因素,比如学生智力的高低,学生学习的努力程度以及家长对孩子的期望等,片面追求成绩的中小学评价的方式不能全面准确地对中小学教师参训效果做出评估。我国在线培训开发者在设计培训评估方法时应该重新审视教师评价与学生成绩的关系,并从中找到平衡点,即找到一种既能促进中小学教师专业发展,又能促进学生发展的考试和评价机制。在当前中小学教师在线培训发展中,参与主体在一定程度上是孤立的:中小学教师在线培训发展准备措施欠缺充分性,各个在线培训机构的参与积极性不佳,政府机构颁布的教育法律法规等政策过于笼统而针对性不足等。系统论对中小学教师在线培训发展指导意义重大:系统内部的众多子系统要为相同的目标跨越边界产生积极交互,各子系统不再孤立存在而是融合为一个有机整体,形成系统整体效应,进而实现利益同步共享。由此可见,当一个复杂系统拥有多种个性化主体时,只要各子系统朝共同的目标通力协作,优化资源配置,营造一个良好组织氛围,就能实现系统运行效率最大化。我国中小学教师在线培训的开发与设计应该发挥政府、学校、各培训机构的协同作用,将人力、物力和已有技术统合,达到为中小学教师提供优质在线培训项目,并最终提升学生成绩的共同目标。

2.教育技术与在线培训项目的协同融合

在互联网技术的影响下,将整体治理与协同治理相结合,转变为"协同智治",其包含两个关键词:"协同"和"智治"。"协同"强调保障中小学教师在线培训运行质量的主体之间的有效协调,这里的公共治理主体包括政府部门、教育组织、高校、教师、市场机构、教育技术研发部门等。"智治"即"智慧治理",强调公共治理主体对互联网以及电子信息技术的广泛运用。"协同智治"不是"协同治理"与"智慧治理"的简单叠加,而是两者的有机结合。"智慧治理"为"协同治理"提供技术支持,帮助中小学教师在线培训体系的顺利开发和运行,以保障在线培训体系的质量。"协同治理"则为"智慧治理"提供方向,引导在线培训模式的参与主体有效协同。

美国中小学教师在线培训模式在开发和设计时除了强调培训目标和内容与参训教师内生需求以及国家社会相关标准协同,还注重相关教育技术与培训项目的融合。比如美国中小学教师电子档案袋的建立可以说是串联各个中小学教师在线培训项目的"纽带"。中小学教师电子档案袋分为"学习型档案"和"证书型档案袋"。其中,"学习型档案"是中小学教师通过对其教学实践具体情况的记录从而分析其专业发展的趋势和过程;"证书型档案"则是美国各州教育部门用以评估中小学教师是否具备获得教师资格认证的能力。电子档案袋在电子信息技术不断发展的时代,已成为美国在大数据平台记录其中小学教师素养、教育教学、教育管理、教学科研、继续教育等多方面信息的必不可少的重要工具。中小学教师可以通过自己的"学习型档案袋"分析自身的短板,从而选择适合自己的在线培训项目。同时,还可以在"学习型档案袋"中记录已参加的在线培训项目,以及参训感受,更直观、更清晰地分析自己适合的在线培训类型、学习喜好和学习习惯等,进而提高在线学习的效率。美国中小学教师在线培训是动态的、开放的,通常国家政治、社会人文和经济发展等外部环境都会或多或少影响在线培训的发展。而在外部环境发生变化时,美国中小学教师在线培训要保持与外界的沟通交流，完成信息互换，并做出符合外部环境变化的优化调整。另外，协同理论还强调系统中各个独立子系统开展协同合作的前提是他们拥有一致的发展目标。以美国中小学教师在线培训为例，无论是政策制定者还是培训的开发者、执行者、分析者或是授课教师、参训教师，都必须在一定程度和意义上跨时空完成协同合作，从而促进在线培训的不断发展，达成"培养高素养的中小学教师，推动学校教学发展和学生成绩的最终提高"的目标。

当前过于笼统和抽象的在线培训评价指标大量存在于我国各个中小学教师在线培训项目中，这导致在线指导教师与参训教师对某一评价标准的理解出现歧义，无法达成统一认识。一方面降低了评价活动的效率，另一方面也拉低了评价的信度和效度。调查显示，我国现存多数在线培训项目的评价活动中，评价作为在线培训的重要组成部分缺失了每项评价标准的权重分配，甚至缺少评价方法和工具的设定。评价内容则是用含糊、抽象的词语表达，比如"教学能力得到较好锻炼""深厚的研究和理论功底""扎实的理论知识基础""突出的成绩""重大贡献""教学实践成绩突出""纯熟地掌握""游刃有余地把控""较好理解""能够胜任""一定的经验/能力"等。以上的描述都缺乏对"好""熟练"的明确定义，什么程度是好，什么程度是熟练，均没有相应答案。缺少清晰、明确的评价流程和评价方法，导致我国中小学教师在线培训的评价活动较为随意和主观。中小学教师在线培训评估的目的是诊断问题和促进教师的持续性专业发展。我国当前对大部分中小学教师在线培训项目的结果评价重点关注培训方案，单纯强调知名专家讲师的重要作用，而没有把学员在培训中的实际表现及他们对项目的意见建议考虑在内，因此导致最终评价结果与学员及其他利益相关单位的实际感受相左，很大程度上不能反映培训项目的实际效果。

复杂系统在由无序状态发展到有序状态的过程中并非处于一种平衡状态，而是在不断的动态变化之中，需要通过子系统的不断协同达到自组织状态，进而取得整体效应。美国中小学教师在线培训作为一种复杂系统也不例外。培训过程中各个主体以及内部和外部环境会产生激烈、频繁的交互，而不是一直保持平衡状态。这是由于，第一，美国中小学教师在线培训受到诸多外部因素，例如之前提到的国家政治、社会文化和经济发展的影响,这些复杂多变的外在因素会时不时冲击在线培训的开展。第二,美国中小学教师在线培训不时也会产生激烈的内部冲突。培训主体间利益分配平衡的打破,培训体制的变化调整,个体协作动机的变化等都会导致在线培训内部的失衡。除了人力和物力资本外,还需将教育技术支持与在线培训项目协同融合。霍姆伯格在《远程教育》中提出为参加在线培训的学习者提供相关支持服务是培训成功的关键要素之一。在线培训的技术支持关系着参训教师能否收获有针对性的培训内容以及在线培训的满意度和体验感,从而达到培训目标,这也直接影响参训教师今后的参训积极性。因此,为参训教师提供基于学习需求的、多样化的、即时性的技术支持是在线培训项目实施成功的影响因素之一。

目前信息科技的普及使传统面授和线上培训趋于融合形成新型培训方式,加上之前提到成功的教师培训要重视教师个体的课堂教学实践,所以这意味着教师培训的开发者要逐渐将培训关注重心从理论变为实践,培训的质量保障也要逐步转向依托新兴技术的方法,以适应当前培训模式的发展。比如多元混合的教师培训模式就要求培训项目效果评价体系紧跟发展变化重点关注培训的多样性和差异性,以及多加关注学员在培训中的实际表现和专业教学能力提升。理论上来讲,成功的评估方法应发挥大数据、互联网技术的优势,重视参训教师专业能力的提高、日常课堂授课效果的提高、个人品德素质的强化、学生及学校的受益情况等在内的多维、多主体的评价,并对教师参训效果进行持续跟踪分析。因此要求评估机构或部门充分、全面地从多种渠道获取有效信息,并凭借互联网技术手段,利用大数据算法和人工智能工具对反映培训结果的信息和数据进行多维度、准确地分析。现今我国对中小学教师乃至其他各级教师的要求越来越高,教师培训自然而然也有了更新更高的追求。如何创新创造适应新时代的培训体系和内容,在提升教师专业教育教学能力的同时注重对教师品德、风气的正确引导,并以评估机制促进完善培训体系建设,引导培训机构重视培训实际效果,开展合理有效的教师培训成为构建教师培训体系和培训评估方法的核心问题。①

本章对美国中小学教师在线培训模式的开发和设计进行了特点分析,从内部模式建构和外部模式保障的视角分别探索了美国模式的普适性,以及美国经验对我国中小学教师在线培训模式发展的效用。并得出以下结论:第一,美国中小学教师在线培训模式的开发和设计始终秉承参训教师作为"个体人"和"社会人"的完整生命成长和专业发展,以及教师个体差异的理念。加之,互联网思维对美国培训开发者的影响,美国中小学教师在线培训模式的开发和设计通常呈现基于大数据技术的在线培训目标收集资料后对潜在参训教师全面分析和预测,以及在线培训内容以"参训教师为中心"的特点。这为解决我国当前中小学教师在线培训模式目标模糊,内容缺乏针对性提供了理论和实践依据。第二,受建构主义学习理论以及协同理论的影响,美国中小学教师在线培训形式重视在线实践共同体和在线学习共同体的构建,并以情境任务为导向,引导参训教师协同合作、运用经验、解决问题、建构知识和经验。第三,美国政府、高校、教育组织、在线平台等协同合作,共同参与教师在线培训模式的质量保障机制,同时增强美国各州中小学教师专业发展标准与在线培训项目设计的耦合度,为我国中小学教师在线培训模式目标清晰化、内容针对性、实施多样化和保障全面化提供了新思路。第四,美国中小学教师在线培训模式注重为参训教师提供一个与学习理论良好融合的培训平台,将行为主义学习理论、认知主义学习理论、建构主义学习理论以及在线学习理论融入在线培训项目和平台的设计中。同时,整合现有的人力、物力、财力及教育技术,利用互联网等技术进行资源优化配置,发挥资源的最大效用,这为我国中小学教师在线培训模式的保障体制建立提供了新的发展路径。

---

① 亓俊国,白华,高美慧.中小学教师培训效果评估的改进策略研究——基于教师持续性专业发展的视角[J].当代教育论坛,2020(6):83-84.

第六章

美国中小学教师在线培训模式的启示

萨德勒提出,以一种正确的精神和研究的治学态度去研究外国教育制度的作用,其实际价值就在于,它能使我们更适于研究和认识本国的教育制度。[①]在线培训作为一种教师职后个性化和专业化发展的重要途径,有较强的实践价值。在我国,在线培训已成为越来越多中小学教师职后培训的选择,虽然我国在线培训开发者和实施者对当前中小学教师在线培训模式存在的问题进行了一系列的改进,但是在线培训的发展仍不完善。基于此,结合美国中小学教师在线培训的成功经验和失败教训,有选择地理解和内化美国的经验,为我国中小学教师在线培训设计和发展提供可行性建议是本章所要讨论的主要内容。

一、目标:创新教师需求分析方法

参考教育部2012年发布的《教育信息化十年发展规划(2011—2020年)》,在线课程需要具备动态持续进化的能力,重视课程活动的生成性资源,以保证课程的持续发展和学生的主动参与。并且,教育部教师工作司、财务司2020年印发的《中小学幼儿园教师在线培训实施指南》提到,要充分利用互联网、大数据等信息技术,以异步、同步、同步与异步相混合的方式开展在线培训。教育部等八部门印发的《新时代基础教育强师计划》提出,到2025年,形成一批可复制可推广的教师队伍建设改革经验,教师培训实现专业化、标准化;到2035年,建立完善的教师专业发展机制。"落实"成为教师工作的关键词和主旋律。发挥电子信息技术和

---

① 赵中建,顾建民.比较教育的理论与方法:国外比较教育文选[M].北京:人民教育出版社,1994:116.

大数据技术的优势,不断在训前、训中收集参训教师的相关数据,才能为参训教师精准画像,在不断生成的动态培训课程的过程中,完善下一次培训项目,越来越贴近参训教师的参训需求。

(一)运用大数据技术多渠道集成数据

生成性的在线培训课程要求中小学教师在线培训将教师参训需求数据作为开发和设计的重要依据。这不仅要求中小学教师在线培训利用大数据技术对参训教师精准画像,还需利用电子信息技术在培训过程中进行持续的、动态的数据集成和分析并以此不断更新、完善课程的内容和培训活动。[①]发挥电子信息技术和大数据技术的优势,不断在训前、训中收集参训教师的相关数据,才能为参训教师精准画像,实现真正的"生成性"动态课程,在不断生成的动态培训课程的过程中,越来越贴近参训教师的需求。

为提升中小学教师在线培训需求分析的科学性和信效度,应该规范训前需求的调查流程。具体可以做到:第一,根据不同参训教师群体,灵活选择参训需求的实施方式以及分析方法。可以通过多维度视角将参训教师的群体分类,比如可以基于参训教师任教科目、任教年级,也可以基于不同班级,甚至实施跨年级、跨学科的分类方式。这是由于不只教师个人之间存在差异,不同岗位、不同学科的教师也存在差异,实际实施的需求分析模式不应该只是一种模式的简单套用,而应该是多种模式综合分析。第二,发挥互联网大数据的功能,从多种渠道收集数据。参训教师的需求分析不应该只来自教师自我评价和认知,也不该只参考社会和学校对教师的要求,而需要从多渠道,比如教师自身、同事、学生、学生家长、学校对教师的要求等方面综合评估。在多渠道收集完数据后,在线培训开发者可以利用大数据分析方式深入分析参训教师的需求。第三,利用软件实施对参训教师需求的量化分析和可视化分析。量化分析以及可视化分析可以以最直接的形式显示出中小学教师在线培训最迫切的需求,急需提高的领域等。

---

① 李烁,李鑫华,赵涛.中小学教师培训生成性网络课程开发研究——基于工作情境的视角[J].教育理论与实践,2015,35(32):42.

如果将中小学教师的参训需求与实际教育教学情境和其所在环境隔离起来,会导致为了分析而分析,分析的结果是不科学的,不合理的。实际上,应该为培训开发者创设一个参训教师日常任教的环境,为在线培训需求分析提供更加有效的依据。此外,在线培训需求分析除了可以为参训教师提供切实有效的培训内容外,还可以激发参训教师的培训热情和参与度,从而促进中小学教师专业发展;培训需求分析还可以为中小学教师在线培训的评估实施提供依据,考察培训前后参训教师的需求有无达成以及实现的程度如何;在线培训需求分析还可以充分调动学校领导、教师同伴、学生家长等多方面因素,为学校的发展以及教师自身专业发展提供良好建议。中小学教师作为成人学习者,其学习方式有成人学习的特点,也即受到自身专业发展或外部要求的驱动,在已有经验之上的自主学习。因此,除了通过大数据外部分析中小学教师参训需求外,还可以在培训前为教师提供前置性学习,比如微课学习和自我测评。前置性学习可以让参训教师全面分析自己的深层培训需求,同时提供正式学习的支架,进而使参训教师更加全面了解即将参加的培训项目的全貌。其中,前置学习的微课内容可以是此次在线培训的教学大纲介绍,或是参加此次在线培训需要提前掌握的知识,加强参训教师的知识衔接。

(二)"全息化"技术为教师精准画像

"全息化"并不是机械式"全息化",而是一个由不同子系统构成的全息系统,子系统间相互联系、相互影响。从在线教师参训需求分析来看,"全息化"的需求分析应该包含对参训教师生理、心理、文化等多个方面的分析,为教师进行较为精确的"画像",从而理解参训教师的培训需求。祝智庭教授认为,智能教育体系需要智能评估体系的支撑,而智能评估要求在对评估数据分析中做到全面、多维度,并使其可视化。[1]在中小学教师的参训过程中,借助电子信息技术和大数据技术,在线培训平台会实时、自动记录和检测其学习的表现、兴趣和行为,再通过对培训过程中和培训结束后成果的分析,对参训教师进行画像。大数据的云端

---

[1] 祝智庭,彭红超.技术赋能智慧教育之实践路径[J].中国教育学刊,2020(10):7.

技术还可以为在线培训平台提供参训教师画像实时更新的服务,这为中小学教师在线培训的设计提供依据。此外,全息化的在线培训需求分析还应该包括对参训教师的表情识别、语音识别等,以此分析参训教师的心理、情绪等。由此可见,全息化的在线培训需求分析不仅局限于对参训教师的行为分析和评估,还有对参训教师的心理评估。由多渠道提供的心理、行为、情感等个体数据被统称为多模态数据。[1]科学的教师在线培训评估能够根据多模态数据,对参训教师进行多维度的、精准的、深度的"全息"画像。

"全息化"的需求分析除了利用大数据技术对中小学教师个人内生的需求进行数据集成和分析外,还需要考虑教师作为"社会人"所面临的当下社会不断发展对中小学教师提出的不断变化的要求。我国中小学教师在线培训项目目标开发和设计存在"以教师专业发展为核心"与"教师培训应直接服务于产业经济发展"两种逻辑起点错位的理念。这两种培训目标机械地将教师的参训需求等同于社会对中小学教师的要求,而忽略了参训教师本身内生性的需求。同时,这两种理念将"效率"置于首位,希望中小学教师参训后可以迅速服务于教师岗位的要求以及满足社会的要求,忽略了教师个人的生命成长。这样,缺乏对中小学教师完满人格塑造的培训目标,就谈不上"全息化"的需求分析。

"全息化"的需求分析还体现在中小学教师在线培训的生成性上,得益于互联网技术的发展,中小学教师在线培训的现有技术可以根据参训教师培训过程中的实际情况,不断完善、修改课程内容以及实施方式和评估方式,最终实现更好的在线培训效果。虽然中小学教师在线培训目标很大程度上受到基于"社会本位论"和"个人本位论"的教育目的的影响,但中小学教师在线培训目标并不是单纯地将教育目的重现,而是在参训教师个人成长需求基础上和在线培训众多利益相关方的要求下将抽象、晦涩的教育目的具象明晰化,特别是前者。诚然,在线培训的开发者不得不把培训机构、参训教师所在学校、当地教育主管部门等利益关联方的各种具体要求作为培训目标设定时重要的参考依据,但中小学教师在线培训最核心最关键的目的在于参训教师在接受培训后有了怎样的提升,

---

[1] 祝智庭,彭红超.技术赋能智慧教育之实践路径[J].中国教育学刊,2020(10):7.

为课堂实践带来怎样的变化。换句话说,中小学教师在线培训的最终成效由参训教师自我成长结果和执教的学生的学习成绩提升情况决定。

二、内容:回归教师专业成长本原

教师作为成人学习者,其认知特征与认知水平与未成年学习者不同,基于需求学习,在自身经验上建构新知识是成人学习者学习的特征。在线培训的开发者应该意识到中小学教师不仅是在社会生存,要达到社会要求的"社会人",也是独立存在,要满足内生需求,实现个人价值的独立个体。开发者关注教师个人生命成长的在线培训内容首先需要转变偏向实用主义的设计理念,平衡实用主义和人文主义在培训内容中的体现。每一位参训教师都有不同的认知能力、认识水平和社会背景,都拥有特殊的性格情感倾向和成长环境,其内生性的需求势必带有其个人不同于他人的特征,因此,培训内容的选择应该与教师个人发展需求相符合。

(一)促进教师个体生命发展

冯建军提出教育应回归生命的本真,同时他还建构了生命化的教育,即:全人的教育内容,自由的教育活动和个性化的教育形式。[1]参训教师学习他人强加的培训内容效果远不如在其自发学习动力下的学习成效。其实,我国当前中小学教师在线培训项目已有前调研,也基于对前调研数据的收集和分析来设计在线培训内容,但是对调研后数据分析的结果运用远远不够。我国当前存在一种普遍的误解,许多教师在线培训开发者将教师参训需求分析简单等同于愿望分析(Training Wants Analysis)。参训教师的需求分析前调查被机械地当作一个问卷调查的流程,即把提前预设的教师参训需求列入问卷中,发放到即将接受培训的中小学教师群体中,表面上给予教师充足的自主选择的机会。这种简单易行、机械化的问卷调查看似体现了对中小学教师的生命关怀,为个性化的在线培训内容提供了充足的依据,实则存在很大程度上的局限性。

[1] 冯建军.生命与教育[M].北京:教育科学出版社,2004:2-11.

首先，教师应从生命而不是从知识的角度来理解自己的专业活动。参训教师对培训内容的需求还可能是与日常教育教学工作关联较小的领域，比如可能来自家庭平衡、个人健康等方面。实施此类在线培训内容可以提高中小学教师的工作归属感和满意度，激发中小学教师的工作热情。其次，不能将中小学教师对培训内容的主观判断简单等同于客观需求。一些教师受到自身专业发展意识、自我认知能力等因素的影响，并不能正确、客观地判断自身需要参加培训的内容，也不能准确发现在日常教育教学中的问题，而一些培训不能给予参训教师充分的选择培训内容的权利，无法有效弥补其教育教学能力的不足，让参训教师满意也就无从谈起了。

亚瑟·W·库姆斯提出，一个好的教师首先是一个人，是一个具有独特人格的人，是一个知道运用"自我"作为有效工具进行教学的人。中小学教师首先是"个人"，然后才是"社会人"，首先要激发教师的角色领悟，培养出教师的职业精神、职业理念、职业道德以及对职业的热爱，这是提高中小学教师主观能动性的关键环节，是中小学教师在线培训提高效率的前提，也是中小学教师在线培训的重要任务。激发教师的角色领悟，才能使教师自身专业发展真正转化为"内需"，而不是受社会对教师不断变化的需求而被动发展，从而为中小学教师不断提高自己提供源源不断的动力。因此，要利用在线培训项目不断促进参训教师的"自我"生成，向内寻求正确的职业理念与价值理想，加强教师角色领悟，实现社会价值和自我价值的统整内化。

（二）体现教师实践性工作逻辑

当前中小学教师在线培训开发者还容易将绩效差距直接等同于教师对培训内容的需求。在线培训开发者通过教师自评、同伴互评、学生对教师的评价等进行综合分析，最后将教师工作中的不足直接等同于教师参训内容。一定程度上，中小学教师的培训需求等同于中小学教师工作预期与实际工作表现的差距，但是若将两者机械对等，则是一种片面化的观点。吉尔伯特在其发表的《识别培训需求的系统方法》中提出，中小学教师工作预期与实际工作表现的差距只是了解教师对培训内容需求的第一层，真正需要分析的是出现差距的原因，并以此作为培训内容开发和设计的依据。中小学教师的日常教育教学不是在真空中发生的，其中绩效差距形成的影响因素较多，比如教师之间专业知识、教学实践水平的差距，教师对自身的专业追求，教师的责任感，教师日常实践所获得的支持等内部因素，以及学校对教师培训的态度，学校组织制度等外部因素。若绩效差距的形成受外部因素的影响大于受内部因素的影响，那么通过教师参加在线培训来弥补绩效差距也只是事倍功半。由此可见，对参训教师的需求分析既不能将培训内容选择权完全给予教师自己选择，这会导致培训内容不能反映教师真正需求的现象；也不能将参训教师的需求简单等同于绩效差距，导致培训事倍功半的现象发生。中小学教师在线培训开发者可以充分发挥互联网的优势，利用大数据将教师自身需求和社会、任职学校的外部要求相结合，深入探寻，判别教师的真正需求，并利用互联网技术，实时对在线培训内容、实施方式进行适当改进。具体来说，可以为参训教师建立电子档案袋或构建学分银行[1]，进而实时关注教师参训效果；也可以利用大数据技术分析教师电子档案袋中内容，为中小学教师提供未来参训建议，保障在线培训内容的可持续发展。我国中小学教师在线培训内容往往重"训"轻"培"，通过线上专家讲座传递知识，在课后开放提问平台，但忽略了教师作为成人学习者的学习特点。因此，训前、训中、训后完善参训教师信息收集和管理，为每位参训教师精准画像，解决数据孤岛问题，有针对性地为参训教师提供培训内容、答疑解惑、反馈指导等支持。

　　中小学教师工作的一大特征就是实践性，有效的中小学教师培训很难忽略让中小学教师身临工作现场，进行实践性培训的内容，但是我国当前中小学教师在线培训项目能为参训教师提供虚拟现实技术来模拟其日常工作场景的少之又少，因此利用混合式的培训模式成为当前我国中小学教师实践性在线培训内容实施的主要形式之一。混合式的培训模式是将在线培训平台学习和利用手机等设备的移动学习以及带领教师亲临工作现场的实践性学习几种方式紧密连接，

---

[1] 郭存，何爱霞.基于结构方程模型的教师培训绩效影响要素测度分析——以TALIS 2018上海调查结果为依托[J].终身教育研究，2023，34(2)：78.

并灵活切换的新型培训方式。①混合式模式既解决了技术手段的滞后导致在线培训项目缺乏实践性，又解决了参训教师在繁重的工作日程下不能空出整段时间进行线下培训的问题。在中小学教师需要解决工作中实践性问题时，进入工作现场观摩学习的方式可以帮助他们更好地内化培训内容，学以致用，而其他培训内容的参训教师则可以利用在线移动设备进行碎片化学习。当前5G技术的发展为我国中小学教师在线培训提供了更多的发展条件，依托5G技术，教师在线培训将不局限于虚拟空间的连接以及虚拟空间和现实空间的连接，还可以实现现实空间之间的交互。此外，5G技术高传输速率的特点使得在线同步授课更加方便、快捷，比如培训课程视频等容量较大的学习资源可以实现快速的云端同步储存，再辅以大数据技术，可以分析出不同参训教师的学习习惯和特点，最终实现在线培训高效、高质地开展。②当前我国中小学教师在线培训内容倾向于"工具理性"，也即注重提升参训教师的外在能力，如PPT制作能力、数字信息处理能力等易观察、易评估的能力。然而，中小学生处于身心发展的关键阶段，教师作为学生成长路上重要的陪伴者、引领者，除了教授知识外，还应关注学生心理健康、关照学生兴趣正向发展。这就要求中小学教师有更高的心理、行为和管理能力。由此可见，我国中小学教师在线培训因发挥电子信息技术的优势，从"基础知识本位"转向"教育的本质"，为我国中小学教师开设个性化的有关心理素质、关系建立、合作精神、学生发展导向等方面的在线培训课程。

  教师职业所涉及知识复杂多样，舒尔曼提出学科教学知识（Pedagogical Content Knowledge，简称PCK）范式，米什拉和科勒将之发展为整合技术的学科教学知识（TPACK），强调优质教学是教师对于技术、教学法和学科内容知识的创造性整合和超越。教师职业的教育性和伦理性本身决定了教师实践中不是将自己掌握的学科知识机械呈现或直接灌输，而是在特定"境脉"（Contexts）中的创造性建构。③仅靠在线培训赋予中小学教师的知识和经验，教师的持续发展很难获得足

---

① 任小媛,王志军,王诗佳.基于MOOCs的混合式培训模式研究:高校新教师专业发展的新途径[J].现代教育技术,2016,26(8):78-81.
② 祝智庭,彭红超.技术赋能智慧教育之实践路径[J].中国教育学刊,2020(10):3-5.
③ 刘洋.AI赋能教师培训:教育意蕴及实践向度[J].电化教育研究,2021,42(1):67.

够的支持,教师在一般培训中学到的知识和理论只是客观存在的东西,他们并不能完全将其与自身经验相结合并运用自如。我们通常认为这种单纯的理论教育培训是低效的,这种培训的内容体系自然也是形式大于内容。而中小学教师在职业发展中,必须面临社会、学校等外部因素对自己的考验,教师只能在亲身与之交互后才能实现对外部环境的认知并使其为自己所利用。所以,中小学教师在线培训的内容不应该仅是聚焦在短期问题的解决上,也要重视参训教师人生经验的丰富。一是鼓励参训教师在培训中努力表达、积极参与。二是要求授课教师在培训中对学员勤加观察,运用先进技术手段收集学员的全面数据并分析,对学员深入了解从而最大限度开发他们的潜能,帮助他们不仅在面临短期棘手问题更在面对今后无数的外界考验时能够游刃有余。

三、实施:优化教师专业发展载体

教育的本质是激发一个人成为内心深处真正的自己,从而实现人生价值。在当下,互联网的发展和电子信息技术的广泛运用使教育在促进被教育者实现个人成长发展中更有效率。毫无疑问,新兴的电子信息技术为我国中小学教师在线培训的发展提供了更多的可能,但是,教育的"富技术化"不等于"教育现代化",在任何中小学教师在线培训情境下,技术只应作为支持教师培训的一部分,而非全部。借助电子信息技术和互联网技术开展中小学教师在线培训的目标是优化在线培训的设计和实施,促进其更高质高效地完成培训使命。

(一)优化参训教师与培训教师的交互方式

事实上,每个参训教师都拥有巨大的教育潜力,这种潜力往往很难被完全挖掘,只能通过培训将潜力转化为真正的专业能力。过去,我国教师在线培训往往是授课教师讲,学员听,授课教师教什么,学员学什么,缺乏学员与授课教师之间及学员互相之间的交互,更没有实践操作的体验环节。[1]在这方面美国中小学教师在线培训有现成的成功做法:一是选择在培训课程中表现优异的学员向其他

---

[1] 陈向明,王志明.义务教育阶段教师培训调查:现状、问题与建议[J].开放教育研究,2013,19(4):16-17.

人介绍自己在培训中的有效做法以及在实践教学中的成功经验和面临的问题，再让其他参训教师发表自己的看法，从而让学员互相沟通交流，学习成功经验，规避问题。二是轮流让参训教师自主设计教学方案和课程模式，让其他参训教师参与体验并用课程开发相关知识对其评价，指出可取之处同时提出问题和建议。在实践中，很多中小学教师将教学设计和课程设计混淆，而让他们反复进行案例分析并评估其他人的设计成果的做法，可以在一定程度上避免这个问题。三是开展诸如日常课堂管理、学生作业批改、学生品德教育、自身学位获取等沙龙活动，为学员提供交流经验，互相解惑的机会，并针对不同的主题沙龙邀请相关专家进行指导答疑，从专业的角度帮助学员解决棘手难题，举一反三，促进其今后的职业成长，同时形成教师在线学习共同体，促进教师群体的共同进步。

基于当前新时代的教学特征，美国中小学教师在线培训的组织开展已经从以培训教师为中心转变为以参训教师为中心，并借助互联网技术和电子信息技术以及多元的外部环境改变了传统的老师教、学生学的培训模式，向注重教学实践、重视学员协作以及引导学员进行自我反思的模式发展。具体来说，美国中小学教师在线培训首先对参训教师在培训中的地位以及扮演的角色，授课老师的上课方式和学员的学习技巧等方面进行了多重变革。在在线培训过程中，授课教师的使命是让参训教师在特定情境中不断学习实践，从而让参训教师灵活运用所学理论知识和技巧探究不同情境下的不同问题，同时引导他们与其他学科的参训教师沟通交流，产生知识技能和实践经验的交流共享，进而让参训教师实现与多样的情境问题、陌生的未知知识技能、不同经验背景的学习同伴以及自身内心深处的多维度交互实践。

此外，美国还实现了培训授课者的多样化，即在线培训不再将授课者局限于传统的培训教师，而是组建多样化、个性化和差异化专家团队。团队不仅包括传统的特定学科教师，还包含在企业任职的技术专家，以及其他相关政府部门和社会机构的跨学科专业人员。多样化的专业教学团队可以根据不同的课程项目和虚拟情境开展从形式内容到内在核心都不同的在线培训活动，从而拓宽参训教师的视野，融合多个领域的精华内容，让培训专家和参训教师能够实现认知和经验的丰富交互并责任共担,促进参训教师养成良好的职业习惯和态度以及社会责任感。同时,人工智能和虚拟现实技术的持续发展有助于形成一种超出符号化环境的拟真环境,帮助教师加强"做中学"的体验。[1]TLE TeachLivE™项目就是利用混合现实教学环境以支持学校体系中教学与管理所需的各种技能的模拟,已在全美及海外多个学校与学区内使用。[2]技术的新发展让我们对教师培训中的真实场景有了更丰富的想象与更高的期待。

(二)建构中小学教师在线学习共同体

如前所述,在教师在线培训中,参训教师不仅是在线指导教师教授对象这一客观存在,更是培训的主体,是有内在需要寻求成长的个体。中小学教师在线培训是参训教师之间、参训教师与培训教师之间交互的过程,在交流之中学习,达到中小学教师群体的理解、共享,促进参训教师之间互相形成联系。

左明章认为,人的发展是教育技术的价值尺度,一切的教育活动、教育过程、教育手段与方法都必须紧紧地围绕这一主题来展开。[3]需求细化是在线培训从粗线条的实施走向精细管理的重要支撑。在线培训如果仅是实体培训在网上的简单移植,表面上可以很廉价地扩大受训群体辐射面,实际效果则备受质疑,因为在课程实施过程中并没有精细化管理。大多数的在线培训缺少人对人的深入交互部分,因此一些看似细小的薄弱环节会被无限放大,最终导致培训满盘皆输。比如,社交讨论是线上培训的重要环节,如果没有需求细化分析,主题的设定以及相应外延问题都会浮于表面,参训教师的讨论基本停留在简单的信息搬运,这都会降低在线培训的效果。个案追踪是调查以外更有效的定制手段,不仅在线培训需要不断改进和完善,参训教师也在不断积累与平台交互的经验,个案追踪可以发现参训教师在线学习的成长轨迹与规律,为定制培训内容和实施方

---

[1] 闫寒冰,单俊豪.从培训到赋能:后疫情时期教师专业发展的蓝图构建[J].电化教育研究,2020,41(6):17.

[2] DIEKER L A,RODRIGUEZ J A,LIGNUGARIS/KRAFT B,et al.The Potential of Simulated Environments in Teacher Education: Current and Future Possibilities[J].Teacher Education and Special Education,2014,37(1):25.

[3] 左明章.论教育技术的发展价值——基于技术哲学的审视[D].武汉:华中师范大学,2008.

式提供鲜活的样本。此外,成效累积分析法指出当下参训教师虚拟群体并不是零起点,对于信息化技能的掌握无论在方式上还是范围上都有明显的提升。在线培训开发者对此要有高度的敏感,培训实施的过程中才会得到参训教师的高度配合。比如教师虚拟群体可以分为兴趣型、从众型、求知型,从结构上又存在活跃、稳定、松散的状态,审慎辨识这些特征,培训课程方能顺利展开。同时,还应关注正式学习和非正式学习对教师培训的双重作用,为参训教师创设双重环境,力求培训效果最大化。

在线学习共同体理念强调依托电子信息技术,突破时空限制,将不同学科、不同专长、不同地域的中小学教师结合起来,交流互动、解决问题,从而提升学习能力和专业能力。教师专业发展不仅是中小学教师日积月累,不断提高自己专业能力的纵向过程,也是个体跨越多个社会系统横向的学习过程。因此,中小学教师在线学习共同体中除了教师间的互动,还可以包括参训教师与培训教师的互动,专家与参训教师的互动,促进跨界学习和新知识的学习和内化。如鼓励参训教师分享日常教学活动遇到的问题或成功案例,其他参训教师提供解决方案,专家进行点评,在参训教师和专家间构筑起"交互式"的培训模式,"交互式"的在线培训模式一方面可以使参训教师不断吸取其他同行的优秀经验以及处理教育教学问题的方法,还可以吸收专家理论化的知识;另一方面,专家也可以了解中小学教师在教学实践中遇到的问题,理论联系实际,为开发设计中小学教师在线培训项目提出针对性建议。为了确保中小学教师在线学习共同体的有效性,可以采用异质分组的形式,为不同年龄段、不同类型的教师搭建学习平台,以此促进教师教育的文化转向。美国文化人类学家米德提出三种文化类型,即晚辈向长辈学习的"前喻文化"、同辈之间互相学习的"并喻文化"和长辈向晚辈学习的"后喻文化",不同年龄段的教师互相学习,有利于打破中国历史上长期以来存在的"长者为师"的传统,破除年长教师的文化权威,帮助教师切实体验"并喻文化"。[①]

---

① 卢秀.教师在线培训课程设计的问题及优化——基于全视角学习理论的分析[J].中国成人教育,2022(12):43.

我国大规模私有在线课程(Massive Private Online Course,简称MPOC)开发团队的决策可以立足以上两个定制模块之间,即教育行政定制与参训教师个体定制之间的在线课程设计存在一个战略的连续体,分成三类定制方式:一是协同定制,指培训团队通过与教育行政部门进行交流和合作,准确设计尽可能满足参训教师需要的个性化课程,是一种以行政部门为主导、参训教师参与的定制。二是调整定制,指行政主管部门提供一种可以调整的培训标准,培训实施过程中,能够自动调整或参训教师根据个性化需求调整选项或重新设置,在此种定制中参训教师对在线培训项目的开发设计参与度较低。三是预测定制,在线培训的开发者通过与中小学或教育主管部门持续沟通交流保持合作,多维度、深入研究中小学参训教师的个性化、多样化需求,再根据各中小学和教育主管部门的期望建立预测模型,为中小学教师在线培训定制个性化的培训目标。协同定制是MPOC的主导方式,培训团队开发在线培训课程从外部考虑教育行政部门的导向、计划、政策因素,从内部培训数据衡量区域教师的教学水平、需求、虚拟群体结构,再把内外部数据整合,筛选出与课程开发有关的内容进行中小学教师参训需求分析,最后完成培训课程设计。调整定制主要服务于教育行政主管部门,完成既定的培训任务,主要适应参训教师群体对于在线培训不熟悉或不适应,主管部门财力受限又特别想推行在线培训的情况。现下很多在线培训具有调整定制的意味,满足参训教师需求即课程的调整空间,要看培训团队开发在线课程的平台具有多少适应性功能。预测定制是MPOC的高级阶段,主管部门、教师对于在线培训已经非常适应,达到"无在线不培训"的境界,培训团队通过多层次、多维度的动态培训数据,进行训前设计并以人性化方式呈现,引领、细化、服务培训,其中积累培训数据是基础。值得一提的是,中小学教师在线学习共同体的建构对于中小学教师这一群体共生有积极促进的作用。[1]因此,中小学教师在线培训应从中小学教师的学习特点和认知特点出发,让教师自发地从工作和生活的问题中激发学习需求,并从自身经验出发构建新知识。所以,在设计中小学教师在

---

[1] INGVARSON L,MEIERS M,BEAVIS A.Factors Affecting the Impact of Professional Development Programs on Teachers' Knowledge, Practice, Student Outcomes & Efficacy[J].Education Policy Analysis Archives,2005,13(10):8-9.

线培训的相关活动时，应该以实践性问题为导向，组织参训教师相互交流、共享、帮助，利用自身已有经验解决问题，建立教师间的联系，达到建构中小学教师在线学习共同体的目的，增强教师群体的凝聚力。

  一个符合实际以及适合教师群体的在线培训组织形式也是建立有效培训的关键因素之一。弗朗西斯卡在《教育效能研究与教师专业发展》中提到，成功的中小学教师在线培训包含两方面：一是心理，包括参训教师对教育事业的认知水平和参训教师实现职业生涯发展的内生动机。二是组织，包括培训技术运用、学员学习机会、培训机构工作人员沟通与关系水平、学员合作程度和培训机构领导水平五个因素。上述两方面在中小学培训中互相作用：培训组织方如果组织得当，中小学教师很大程度上会改变对培训的看法，意识到培训在教学经历中是必不可少的，从而强化自身的参训动机。美国中小学教师在线培训妥善处理好了这两个要素间的关系，将其有机结合，设计开发出多样化、差异化和个性化的培训课程。总而言之，成功有效的中小学教师在线培训对参训教师颇有吸引力，能够激发唤醒参训教师的人生经验，并且是多形态富有变化的。所以，对培训项目的开发者来说，怎样设计并组织一场培训活动值得深究，这也是培训最终成功与否的重要因素。

四、保障：建立多维在线培训保障体系

  要想建立多方支持的中小学教师在线培训质量保障体制，应该整合影响我国中小学教师在线培训开发、设计和运行的相关团体，包括各省政府、区政府、各级教育行政单位、在线培训机构、研发中心、相关企业、第三方评估机构、参训中小学教师等。其中，各级政府、教育行政单位、研发中心及第三方评价机构等可以从外部对我国中小学教师在线培训的质量进行制度保障、资金保障和技术保障；在线培训机构、各中小学等可以从内部对我国中小学教师在线培训的质量进行培训内容的保障、培训技术的保障、培训教师的保障等。

(一)多元整合质量保障团体

　　我国中小学教师在线培训质量保障模式依赖于政府颁布的相关法律法规等政策性文件,并制定有关标准。政府在我国中小学教师在线培训发展过程中起着重要的引领和调控作用,是我国中小学教师在线培训发展的引领者、调控者和支持者。对于中小学教师在线培训模式发展来说,各中小学和培训机构是最重要的两大利益相关者。中央和各级地方政府须从加强制度建立及资本投入两方面保障职业教师资格培训质量。由于中小学教师在线培训质量保障体系与教师在线培训机制、教师认证制度以及教师专业化发展标准相关,故中小学教师在线培训机构运营资格的相关法律法规,在线培训项目的合格标准,中小学教师的职业发展标准,在线培训技术保障标准等都需要提前制定。制定我国中小学教师在线培训质量保障的标准可以规范在线培训市场,在线培训课程进度、所用课件和教材、在线培训实施的技术手段都需要在通过质量标准的认定后,才能提供给中小学教师进行选择。当然,在不偏离国家标准的前提下,我国各地、各学区可以根据自身特点和需要制定更具地方特色的在线培训项目质量标准。多样化、层次化的标准模式是由中小学教师在线培训质量保障模式的需要决定的。此外,规范中小学教师在线培训机构的资质认证是中小学教师在线培训市场化导向下的有效调控手段,需要从中小学教师在线培训机构的师资配套,支持中小学教师在线培训运行的技术手段和技术设备等方面认证在线培训机构是否具有培训资质,取消不达标机构的培训的资格。我国政府还应尽快推动将终身制中小学教师资格认证制度向分级制、年限制的中小学教师资格认证制度转变,以此促进中小学教师积极参加真正有效的在线培训项目,提升中小学教师参训效果。同时,应该意识到,正如教师资格认证,中小学教师在线培训机构的认证也不应该是终身制的,而应该在一定年限内,对中小学教师在线培训机构进行重新筛查,保证中小学教师在线培训机构的质量始终保持在标准之上。

　　中小学教师在线培训质量保障机制的建立和运行需要强大的资源支撑,因此充足的财政资金是我国中小学教师在线培训质量保障机制顺利运行的保障。政府可以为在线培训机构开发和运行中小学教师在线培训项目提供资金支持,促进在线培训机构合理运用资金在训前调研参训目标群体,为潜在参训教师精准画像;在训中通过收集参训教师形成性评价的数据,适时对生成性培训课程做出修改和完善;在训后集成参训教师终结性评价的数据以及教师参训前后变化的数据,进行全面的分析和整理,进一步全面地完善在线培训项目。政府还可以通过对业内口碑好或者新兴的在线培训机构施行适当的税收减免政策,或给予优秀在线培训机构适当的成果奖励。1993年,中共中央、国务院印发的《中国教育改革和发展纲要》指出,对师范教育的质量保障有层次之分,可见,不仅国家层面上需要对中小学教师在线培训的开发和设计给予资金支持,各级政府、教育管理机构也要将资金层层落实,保障中小学教师在线培训的开发和运行有充足支持。另外,政府除了对我国中小学教师在线培训质量保障机制提供资金支持外,还可以利用互联网技术,对已有的优质在线培训资源进行优化配置,比如将优秀课件上传到公共平台,将在线培训技术使用权授予优秀在线培训机构等。当前,中华全国总工会下属的教育工会(即中国教科文卫体工会)以及中国教育学会是我国两个规模最大的教育组织,应该发挥监督作用,对中小学教师在线培训项目的质量进行监督和管控。同时,也应该继续完善我国教育组织的架构,一方面成立更多地方性的教育组织,基于当地特色对地方中小学教师在线培训模式的开发、设计和发展进行监督;另一方面成立更加多样化的教育组织,比如教师组织、在线培训技术机构、在线教育组织等。各教师组织和教育团体还可以加强与政府间的合作,共同监督中小学教师在线培训模式的设计和运行质量。此外,我国中小学教师在线培训内容中所涉及的语言文字、视频音频、链接等信息都要严格遵照《中华人民共和国国家通用语言文字法》《互联网信息服务管理办法》《音像制品管理条例》等国家相关法律法规范使用。

全面的培训质量保障监管系统是中小学教师在线培训组织与运行的重要基础与关键环节。健全的中小学教师在线培训质量保障体系的建立与在线培训质量评估的理念息息相关。我国当前中小学教师在线培训项目质量的评估理念可以概括为:资源型评估理念。这是指从开发、运行、保障中小学教师在线培训项目的资源上来评估在线培训的质量,比如,在线培训项目开发的资金投入,运行的技术支持,参训教师培训结束后学习成果的数量等。显然,资源性的评估理念缺乏动态性和持续性。事实上,合理的在线培训质量评估方法应该树立"增长性"的理念,即通过动态的视角,评估中小学教师参训前后的变化和该次在线培训项目运行的技术支持是否比上次有所提高等。当然,在开发中小学教师在线培训质量评估机制时应该考虑到,只有投入足够的"资源",才能为当下的中小学教师提供高效的在线培训,如果缺少了对当前"资源"投入的评估,则谈不上对未来培训"增值"的预判,因此,资源性和动态性相辅相成,不可顾此失彼。[①]从美国中小学教师在线培训的演变过程就可看出,其培训评价已从"输入式"转变为"产出式",即从对在线培训师资的质量评价转变为对参训教师培训结果的评价。中小学教师培训效果的好坏,最终还是体现在回到教学岗位后,是否将所学内容转化到课堂教学实践中,从而提高学生成绩。比如,美国佐治亚州就非常重视评估参训教师回到工作岗位后学生成绩的变化,并出台相关评价标准来检测培训效果。

(二)互联整合质量保障技术

微认证作为近几年美国成人学习评估研究的重点对象,已有20多个州开始使用微认证评估中小学教师在线培训的效果。与普通教师资格认证相比,微认证更倡导对独立、具体、明确的专业能力进行评估,关注成人工作中"小而实"的专业实践能力。微认证之所以"微",就是将中小学教师复杂的教育教学能力分解成大量的细小部分,并分别进行评估检测,保证了评估的针对性、客观性及实践性。[②]魏非和闫寒冰等学者指出,将中小学教师微认证能力分解需要满足反映核心要求、体现发展需要、绩效成果导向、能力粒度相当的基本要求。[③]我国中小学教师在线培训模式的质量保障体系可以引入微认证模式,明晰中小学教师实

---

① 申文缙,周志刚.职教师资培训全面质量保障体系研究[J].中国职业技术教育,2013(32):41-42.
② 魏非,闫寒冰,李树培,等.基于教育设计研究的微认证体系构建——以教师信息技术应用能力为例[J].开放教育研究,2019,25(2):98.
③ 魏非,闫寒冰,李树培,等.基于教育设计研究的微认证体系构建——以教师信息技术应用能力为例[J].开放教育研究,2019,25(2):98.

践教学所需能力、绩效标准、社会对中小学教师的期望、中小学教师自身专业发展的规划等，从而制定有针对性的评估计划和标准，促进我国中小学教师个性化发展。此外，还可以利用互联网和大数据技术，为参训教师提供训前、训中、训后全过程各环节的支持服务，如通知提醒、签到打卡、内容推送等。落实培训项目全过程数据留痕，从而实现对培训项目全流程的数字化监测。例如，通过在培训过程中随机加入小测试等交互活动或采用浏览器状态监测等"防挂机"技术，[①]提高培训效率和监管精准度。

中小学教师在线培训还应该加入第三方评估机构来保障和监管培训系统正常运转。第三方评估机构的加入有两个优势：第一，第三方评估机构已有专业且成熟的评价运行方案，进行评估的都是经过专业训练的评估人员；第二，第三方评估可以增加中小学教师在线培训评价的客观性，第三方评估机构的人员以旁观者的视角观察和评估中小学教师在线培训项目的运行质量，可以较好地避免参训教师或培训教师这些利益相关团体将个人主观色彩带入评估的现象发生。比如，美国的SIU教师培训项目就加入了第三方评估机构：高升教育咨询（Goshen Education Consulting）。高升教育咨询的评估人员以旁观者的视角，将全程参与到该项目当中，并观察、记录参训教师的感受和表现，跟踪参训教师参训前后的变化，以及评估培训教师的培训进度把控、是否能调动参训教师的积极性等方面。同时，还会对该项目的相关服务支持、技术支持是否到位进行评估，最后发布一份评估报告。由此推论，引入第三方评估机构对完善我国中小学教师在线培训质量评估体系有重要的促进作用。此外，我国还可以借鉴美国经验，利用大数据系统和互联网优势，建立一个中小学教师在线培训的大型数据库，比如，"教师和校长有效性电子平台"就是一个美国佐治亚州建立的专门进行教师和校长评价的平台，也是一个大数据储存系统，每一位参训教师的评价数据都储存在该平台中。数字化、信息化、可视化的信息处理平台不仅可以提高评价数据处理分析效率，还可以对参训教师专业化发展的趋势做比较分析和预测。教师和校长有效性电子平台的数据是公开的，任何中小学教师、学校管理人员、学生家长等

---

① 任友群，冯晓英，何春.数字时代基础教育教师培训供给侧改革初探[J].中国远程教育，2022(8)：4.

都可以查看相关数据分析,以及每位教师的自评和他评。这也从一定程度上发挥大众监督的作用,促进了中小学教师选择合适的在线培训项目,提高自身的参训积极性,避免为了完成培训要求学时而选择简单已完成的培训项目的现象发生,同时提高教师参训效率,完成对中小学教师在线培训机构实施教师在线培训的实时质量监督。

  本章结合美国中小学教师在线培训模式设计和发展的经验以及我国国情,为我国中小学教师在线培训模式的发展提出几点建议。第一,培训目标的分析应该基于"全息化"技术为参训教师精准画像;第二,培训内容需将教师个人生命成长与外部要求结合;第三,培训的实施要注重在线学习共同体的建构,促进教师群体共同发展;第四,培训质量保障团体应协同合作,环绕支持在线培训的顺利运行。

结束语

（一）研究回顾

在终身教育思潮影响下，中小学教师参加培训的需求大大增加。相较线下培训，线上培训具有跨时空学习、碎片化学习、个性化学习等优势。在新冠疫情的冲击下，数字化、智能化技术加速渗透到教育领域，进一步推动了我国中小学教师在线培训领域的需求和发展。[1]祝智庭和彭红超认为当前的在线培训已经不再受制于电子信息技术的发展水平，线上和线下的学习已没有明显的边界，也就是说"线上空间实体化、线下空间虚拟化"，即OMO（Online Merge Offline）模式。基于OMO模式的在线培训环境可以帮助培训参与者拥有更好的"沉浸式""体验式"的学习。[2]我国刚刚发展起来的在线培训属于基于O2O（Online To Offline）架构的在线培训环境，也就是说，其主要教学活动是在线下完成的，线上主要起"补充"的作用，比如翻转学习。[3]然而，受制于培训目标模糊、培训内容缺乏针对性、培训实施趋于形式化和评价方式缺乏可持续性等问题，我国中小学教师在线培训效果并不理想。反观美国中小学教师在线培训模式正是在发现问题和解决问题的过程中发展起来的。因此，在面临相似问题时，美国的经验可以为我国中小学教师在线培训模式的发展带来一定启示。同时，在梳理已有文献后发现，专门针对"中小学"教师在线培训模式的研究还不够丰富，且现有研究并未很好地解

---

[1] 李敏谊.后疫情时代,学前教育供给侧结构性改革路向何方[EB/OL].[2023-07-30].https://article.xuexi.cn/articles/index.html?art_id=12355095152305769726&source=share&study_style_id=feeds_default&share_to=wx_single&study_share_enable=1&study_comment_disable=0&ptype=0&item_id=12355095152305769726&from=timeline&isappinstalled=0.

[2] 祝智庭,彭红超.技术赋能智慧教育之实践路径[J].中国教育学刊,2020(10):5.

[3] 雒亮,祝智庭.创客空间2.0:基于O2O架构的设计研究[J].开放教育研究,2015,21(4):38-39.

决我国中小学教师在线培训模式的问题。基于此，本研究借助文献法、案例法和比较研究法，探索了美国小学教师线上培训不同模式的形成过程，现实样态，并分析其特点、普适性和可借鉴性，为我国中小学教师在线培训模式发展提出了可行性建议。

（二）研究结论

1.美国中小学教师在线培训模式的三个发展阶段

美国中小学教师在线培训模式从20世纪40年代开始进入萌芽期，第一批婴儿潮出生的婴儿在20世纪50年代后普遍成为入学适龄儿童，美国中小学入学人数因此大幅提升，对中小学教师需求也相应增加。为了迅速扩充中小学教师规模，美国各中小学都相应降低了教师聘任标准，导致一批不合格的中小学教师进入了教育行业，致使美国中小学学生成绩下降。此外，该时期电视机普及率不断提升，同时行为主义学习理论盛行，在线培训主要表现为通过电视机远程播放培训内容，中小学教师完成培训任务来刺激教育教学能力提升的方式。因此，萌芽期的美国中小学教师在线培训模式呈现出：以提升中小学教师教学质量为目的，以电视机为媒介，以肯普模式为主导的样态。

20世纪70年代到80年代，美国信息技术的快速发展在对其中小学教师在线培训提出新要求的同时，也为在线培训的发展提供了丰富的物质条件和硬件基础。越来越多的新技术被应用于美国中小学教师在线培训的设计和实施中，中小学教师对现代化技术的学习和运用也一度成为该时期在线培训内容的关键。此外，当时盛行的认知主义学习理论也较大改变了中小学教师在线培训模式的设计理念，在线培训的开发者开始将参训教师内部的认知特征和认知水平纳入考虑范围，也就是说，处于发展期的美国中小学教师在线培训主要将基于认知主义学习理论的、线性的史密斯-雷根模式作为设计基础。

20世纪90年代至今，得益于科学技术和电子信息技术的不断创新和发展，美国的中小学教师在线培训进入成熟期。同时，美国教育界不断意识到由于知识背景、知识水平以及实践教学面临的问题不同，中小学教师的参训目的和参训需求具有多样化和个性化特征。尼文在进行一系列计算机设备辅助教学的研究后，结合线性和非线性模式的特点，提出了尼文模式。自此，美国中小学教师在线培训不再以单一目标或内容框定某一固定培训模式，而是以互联网技术为媒介，充分发挥在线培训个性化、沉浸式、全息化的优势，呈现出尼文模式以及与时俱进的肯普模式、史密斯-雷根模式并行的发展形态。

2. 美国三类中小学教师在线培训模式的理论建构和现实样态

肯普模式发布初期主要基于行为主义学习理论，随社会不断发展，肯普模式经多次修改后，逐步完善。肯普模式的设计理念和设计过程可以概括为三句话：强调四个基本要素，解决三个主要问题，适当安排九个教学环节。本研究选取同样呈现非线性特征的eMSS项目作为肯普模式的实际运用案例。该项目专为工作1—3年的新任教师设计，其在线学习环境相互独立又相互联系，参训教师可以按照需求选择任意学习空间。此外，eMSS项目还参照肯普模式的教学设计环节，将参训教师和培训教师进行分层、配对，实现相同年级、相同学科和处于相同场域的教师互相交流。

史密斯-雷根模式作为第二代教学设计的代表模式，充分考虑了学习者的认知水平和认知特征，并在此基础上进行教学三大策略设计，从而达到学习者高效接受知识、内化知识、迁移知识的目的。美国人民大学在线教育硕士计划作为史密斯-雷根模式的实际运用案例，重视培训策略的设计，同时强调在培训实施过程中参训教师对不同教学策略的探索和运用，促进其在情境中建构知识和经验并在日后工作遇到相同情境时能够准确迁移。

带有线性和非线性特征的尼文模式则在教学设计中重视计算机设备以及电子信息技术的辅助运用。佐治亚州教育者准备计划作为尼文模式的现实案例，致力于为不同层级的中小学教师提供初级准备和高级准备等课程，注重将教育技术融于教育者准备计划各阶段的实施过程，并强调用教育技术协助参训教师查询、学习、探索、解决问题和分享经验。

3. 美国中小学教师在线培训模式具有普适性和可借鉴性

第一，受互联网思维的影响，美国中小学教师在线培训的目标设计从发展趋势和使用技术上都紧跟社会的发展趋势，依托大数据技术和互联网技术，使目标趋于多样化。第二，美国中小学教师在线培训模式的设计秉承参训教师作为"个体人"和"社会人"都需要完整生命成长和专业发展的理念，将参训教师作为在线培训的主体，为其提供多样化、多层次化、个性化的在线培训内容。第三，美国中小学教师在线培训的实施注重在线实践共同体的建构，其要求参训教师在问题交流、经验共享、情境学习的基础上，跳出共享圈，利用自身独特的经验进行实践创造，激发教学创造性思维，同时反思教学过程，成为独立、个性化的教学个体。第四，美国中小学教师在线培训强调运用多元化的评价体系来检验培训目标的实现程度，并将评估结果运用到后期培训的优化完善中。同时，联邦政府、各州政府、学校、教育机构、在线平台等组织协同合作保障教师在线培训质量，培训开发者也紧跟中小学教师专业发展标准不断完善培训项目。由此可见，美国中小学教师在线培训重视参训教师的内生需求以及个人发展差异性，并注重将认知主义、建构主义等学习理论融入在线培训项目和平台的设计。此外，美国在线培训项目还利用互联网技术对现有的人力、物力、财力等资源优化配置。这都为我国中小学教师在线培训模式的发展提供了新思路。

4. 美国中小学教师在线培训模式的四点启示

我国在设计在线培训模式时虽关注了教师参训的个性化需求以及教师个人发展的差异性，也对教师在线实践共同体的建构做出一定尝试，同时将政府、培训机构和学校等几方纳入中小学教师在线培训模式的质量保障体系当中，但尚有目标模糊、内容缺乏针对性、实施形式化以及评价缺少可持续性的不足之处。基于此，本研究提出四点建议：第一，创新教师需求分析方法，从多维度、多主体的视角出发，集成中小学教师的参训需求的相关数据，并利用"全息化"技术为参训教师精准"画像"。第二，在线培训的开发者应该意识到中小学教师不仅是要达到社会外部要求的"社会人"，也是独立存在，满足其内生需求，实现个人生命价值的独立个体。因此,我国中小学教师在线培训的设计应该回归教师专业发展本原,为参训教师提供既符合社会要求又符合教师内生需求的定制化在线培训内容。第三,为参训教师提供实践性的培训情境,促进其在特定情境中不断学习实践,灵活运用理论知识和技巧探究不同情境下的不同问题,同时引导参训教师间沟通交流,产生知识技能和实践经验的交流共享,促进中小学教师在线学习共同体的建构。第四,政府、教育机构、中小学应重视中小学教师在线培训模式的设计与发展,引入第三方和微认证评估机制,协同建立多方支持的在线培训质量保障体系。

(三)研究不足和展望

纵观整个研究,由于时空和能力限制,笔者并未到美国实地体会、感受、调查和记录美国中小学教师在线培训。因此,在后续研究中,需在已有研究基础上,去美国进行实地调研,争取访谈参与在线培训项目的中小学教师,了解其对在线培训项目的真实反馈,以及教师参训前后的变化。通过实地调研获得更多的一手信息,深入探索美国当下中小学教师在线培训模式的形成原因和运行机制等。去实地调研的同时,还应在研究中融入更多中国文化特色,从中国本土、地方特色的实际情况的视角出发,总结美国中小学教师在线培训模式失败教训和成功经验,将其经验真正内化和本土化。

"十四五"规划强调:推动社会化高质量在线课程资源纳入公共教学体系,推进优质教育资源在线辐射农村和边远地区薄弱学校,发展场景式、体验式学习。城乡发展不平衡,东西部发展不平衡是我国当前需要解决的首要问题。本研究在内化美国经验形成启示时,对解决城乡和东西部发展不平衡问题涉及较少,主要是从整体的视角出发,提出关于中小学教师在线培训模式的建构设计、实施运行和质量保障的建议。在线培训可以优化资源配置,偏远地区的中小学教师也可以通过互联网与发达地区优秀教师进行经验的交流和知识的共享,因此,推出中小学教师在线培训平台,聚集东西部和城乡中小学教师,形成在线学习共同体可以在一定程度上解决资源配置不均和发展不平衡的问题。

教育数字化是数字中国战略的重要组成部分，习近平总书记指出，要发展信息网络技术，消除不同收入人群、不同地区的数字鸿沟，努力实现优质文化教育资源均等化。从党的十八大以来我国教育信息化走上发展的快车道，依托互联网技术，就可以使城乡地区、东西部地区共享优质教育资源。党的二十大报告继续提出，要推进教育数字化，建设全民终身学习的学习型社会、学习型大国。本研究较少从共享资源，促进教育公平的视角分析如何内化美国教师在线培训的经验。在线培训可以整合全国优秀教师培训案例供全国教师共享，一定程度上解决教育资源分配不均。

此外，本研究对美国中小学教师在线培训模式的研究主要针对教师职后的发展，并不涉及教师职前的培养和培训，因此，对这部分内容关注较少。其实，中小学教师在线培训不仅要为职后中小学教师提供有针对性的培训项目，也需要关注中小学教师的职前培养和入职培训，将中小学教师在线培训模式的职前和职后发展高度贯通一致，建立教师职前职后一体化的在线培训体系。另外，我国不止中小学教师需要定制化的在线培训，高校教师也有相同需求。因此，今后在分析教师在线培训模式时应将不同层级教师纳入研究范围，以此促进在线培训模式的联动发展，在整体上帮助我国各学段教师提高教育教学能力，最终提高教育质量。针对上述存在的不足，在后续研究中，本研究将在已有成果的基础上，进一步拓展和深化现有研究，为我国中小学教师在线培训的发展提供更成体系的理论与实践层面的支持。

参考文献

一、中文文献

(一)著作类

[1]阿瑟·林克,威廉·卡顿.1900年以来的美国史:下册[M].刘绪贻,李世洞,韩铁,等译.北京:中国社会科学出版社,1983.

[2]埃德蒙·金.别国的学校和我们的学校:今日比较教育[M].王承绪,邵珊,李克兴,等译.北京:人民教育出版社,2001.

[3]艾萨克·康德尔.教育的新时代:比较研究[M].王承绪,等译.北京:人民教育出版社,2001.

[4]LEVIN B.教育改革:从启动到成果[M].项贤明,洪成文,译.北京:教育科学出版社,2004.

[5]陈德云.美国优秀教师专业教学标准及其认证:开发、实施与影响[M].北京:北京师范大学出版社,2012.

[6]陈俊珂,孔凡士.中外教育信息化比较研究[M].北京:科学出版社,2007.

[7]陈时见.教师教育课程论:历史透视与国际比较[M].北京:人民教育出版社,2011.

[8]谌启标.教师教育大学化的国际比较研究[M].福州:福建教育出版社,2008.

[9]单中惠,王晓宇,王凤玉,等.西方师范教育机构转型:以美国、英国、日

本为例[M].济南:山东教育出版社,2012.

[10]郭志明.美国教师专业规范历史研究[M].北京:中国社会科学出版社,2004.

[11]郝艳萍.美国联邦政府干预高等教育机制的确立[M].杭州:浙江教育出版社,2015.

[12]玛丽莲·科克伦-史密斯,沙仑·费曼-尼姆塞尔,D.约翰·麦金太尔.教师教育研究手册:变革世界中的永恒问题:第3版[M].范国睿,等译.上海:华东师范大学出版社,2017.

[13]王洁,顾泠沅.行动教育:教师在职学习的范式革新[M].上海:华东师范大学出版社,2007.

[14]闫寒冰,魏非.教师培训与发展·领域报告[M].上海:华东师范大学出版社,2019.

[15]赵勇,王安琳,杨文中.美国中小学教师[M].北京:北京师范大学出版社,2008.

[16]周钧.美国教师教育认可标准的变革与发展:全美教师教育认可委员会案例研究[M].北京:北京师范大学出版社,2009.

[17]朱旭东.教师专业发展理论研究[M].北京:北京师范大学出版社,2011.

(二)论文类

[1]丁庆梅.教育信息化视角下美国教师在线专业发展研究[D].北京:北京理工大学,2015.

[2]纪宏茹.美国中小学教师继续教育实施保障体系研究[D].保定:河北大学,2008.

[3]李芳.美国教师资格证更新制度实施研究[D].开封:河南大学,2018.

[4]王凤玉.美国师范教育机构的转型:历史视野及个案研究[D].上海:华东师范大学,2007.

[5]王萍.美国中小学教师教育发展研究[D].武汉:华中师范大学,2012.

(三)期刊类

[1]陈韬婕.基于马斯洛需求层次理论的高校学生组织队伍可持续化建设[J].高教学刊,2019(15):127-129.

[2]程明喜.基于库伯学习圈理论的教师培训师培训课程设计[J].中小学教师培训,2020(2):1-5.

[3]杜志强.走向"互联网+个性化"的中小学教师培训[J].教育科学研究,2021(2):93-96.

[4]段晓明.精准专业学习趋势下美国微认证的发展图景[J].中小学教师培训,2020(1):70-73.

[5]胡华.我国中小学科学教育研究的现状与未来发展——基于2009~2018年期刊论文的分析[J].上海教育科研,2020(1):29-34.

[6]卢雄,涂勋志,郭平.教师培训的目标管理及其组织实施[J].中国成人教育,2020(12):86-88.

[7]亓俊国,白华,高美慧.中小学教师培训效果评估的改进策略研究——基于教师持续性专业发展的视角[J].当代教育论坛,2020(6):77-85.

[8]任友群,冯晓英,何春.数字时代基础教育教师培训供给侧改革初探[J].中国远程教育,2022(8):1-8+78.

[9]单俊豪,闫寒冰.教育新基建赋能数字化教师培训资源建设[J].现代教育技术,2022,32(3):32-41.

[10]王丽佳.政策工具视角下美国教师教育问责的策略及启示[J].教育科学,2020,36(4):90-96.

[11]于维涛,孙福胜.多重制度逻辑下中小学教师培训的协同治理[J].教师发展研究,2022,6(3):65-70.

[12]余新.教师培训一体化设计的模型建构与"国培"实践[J].中小学管理,2021(6):56-58.

[13]朱旭东,宋萑.论教师培训的核心要素[J].教师教育研究,2013,25(3):1-8.

[14]朱益明.改革中小学教师培训的原则与策略[J].教师教育研究,2017,29(2):55-60.

[15]朱忠明,常宝宁.学习者中心:中小学教师培训的转型发展[J].中国教育学刊,2018(4):76-80.

二、英文文献

[1]MERRIAM S B.Adult Learning Theory for the Twenty-First Century[J].New Directions for Adult and Continuing Education,2008(119):93-98.

[2]BORKO H.Professional Development and Teacher Learning: Mapping the Terrain[J].Educational Researcher,2004,33(8):3-15.

[3]BROWN M,MCCORMACK M,REEVES J,et al.2020 EDUCAUSE Horizon Report, Teaching and Learning Edition[M].Louisville,CO:EDUCAUSE,2020.

[4]Council for the Accreditation of Educator Preparation.2013 CAEP Standards[EB/OL].[2023-08-07]. http://caepnet. org/~/media/Files/caep/standards/caep-standards-one-pager-0219.pdf?la=en.

[5]CAI J,HWANG S.Learning to Teach Through Mathematical Problem Posing: Theoretical Considerations, Methodology, and Directions for Future Research[J].International Journal of Educational Research,2020(102):101391:1-8.

[6]DARLING-HAMMOND L,HYLER M E,GARDNER M.Effective Teacher Professional Development[EB/OL].[2023-12-21]. https://files. eric. ed. gov/fulltext/ED606743.pdf.

[7]FUKKINK R G,LONT A.Does Training Matter? A Meta-Analysis and Review of Caregiver Training Studies[J].Early Childhood Research Quarterly,2007,22(3):294-311.

[8]DUNCAN-HOWELL J.Teachers Making Connections: Online Communities as

a Source of Professional Learning[J].British Journal of Educational Technology,2010, 41(2):324-340.

[9]FISHMAN B J, MARX R W, BEST S, et al. Linking Teacher and Student Learning to Improve Professional Development in Systemic Reform[J].Teaching and Teacher Education,2003,19(6):643-658.

[10]LUFKIN R.How COVID Changed Higher Education Forever[EB/OL].[2023-12-21].http://www.ednewsdaily.com/how-covid-changed-higher-education-forever/.

[11]GIANNINI S. Distance Learning Denied[EB/OL].(2022-01-27)[2023-06-11].https://gemreportunesco.wordpress.com/2020/05/15/distance-learning-denied/.

[12]GERHART N, PEAK D, PRYBUTOK V R.Encouraging E-Textbook Adoption: Merging Two Models[J].Decision Sciences Journal of Innovative Education,2017, 15(2):191-218.

[13]Grunwald Associates LLC and Digital Promise.Making Professional Learning Count: Recognizing Educators' Skills with Micro-credentials[EB/OL].[2023-05-20]. https://grunwald. com/pdfs/GRUNWALD--DIG_PROMISE_PD+MICRO-CREDENTIALS_PUBLIC_REPORT.pdf.

[14]U.S.Department Education.Our Future, Our Teachers: The Obama Administration's Plan for Teacher Education Reform an Improvement[EB/OL].[2023-05-20]. https://files.eric.ed.gov/fulltext/ED524556.pdf.

[15]PAPE L, WICKS M, the iNACOL Quality Standards for Online Programs Committee.National Standards for Quality Online Programs[S].Vienna: International Association for K-12 Online Learning,2009.

[16]PELLETIER S G. The Evolution of Online Program Management[EB/OL]. [2023-05-20]. https://unbound. upcea. edu/leadership-strategy/continuing-education/the-evolution-of-online-program-management/.

[17]SCHAFFHAUSER D.Digital Shift in Education Escalating Rapidly[EB/OL]. (2018-06-08)[2023-05-20].https://thejournal.com/articles/2018/06/08/digital-shift-

in-education-escalating-rapidly.aspx.

[18]JONES R, FOX C.Navigating the Digital Shift 2018: Broadening Student Learning Opportunities[R].Washington, D.C.: State Educational Technology Directors Association, 2018.

[19]TATTO M T, SAVAGE C, LIAO W, et al.The Emergence of High-Stakes Accountability Policies in Teacher Preparation: An Examination of the U.S.Department of Education's Proposed Regulations[J].Education Policy Analysis Archives, 2016, 24(21): 1-57.

[20]U.S.Congress, Office of Technology Assessment.Power On! New Tools for Teaching and Learning[R].Washington, D.C.: U.S.Government Printing Office, 1988.

[21]The Web-Based Education Commission.The Power of the Internet for Learning: Moving from Promise to Practice[R].Washington, D.C.: The Web-Based Education Commission, 2000.

[22]TSVETANOVA K, SLAVEV S.BLITAB — the Innovative Tablet for the Blind[EB/OL].[2023-04-20].https://starts-prize.aec.at/en/blitab-the-innovative-tablet-for-the-blind/.

[23]UNESCO.Education: From disruption to recovery[EB/OL].(2023-04-20)[2023-05-20].https://www.unesco.org/en/covid-19/education-disruption-recovery.

[24]SHAH R.White Paper: Transforming Systems in Times of Adversity: Education and Resilience[R].Washington, D.C.: USAID, 2019.

[25]World Economic Forum.4 Ways COVID-19 Could Change How We Educate Future Generations[EB/OL].(2020-03-30)[2023-05-20].https://www.weforum.org/stories/2020/03/4-ways-covid-19-education-future-generations/.

[26]World Economic Forum.3 Ways the Coronavirus Pandemic Could Reshape Education[EB/OL].(2020-03-13)[2023-05-20].https://www.weforum.org/stories/2020/03/3-ways-coronavirus-is-reshaping-education-and-what-changes-might-be-here-to-stay/.

[27]National Research Council.Enhancing Professional Development for Teachers: Potential Uses of Information Technology.Report of a Workshop[R].Washington,D.C.:The National Academies Press,2007.

[28]WERTH E, WERTH L, KELLERER E.Transforming K-12 Rural Education Through Blended Learning:Barriers and Promising Practices[R].[S.l.:s.n.],2013.

附录

附录一：美国人民大学在线教育硕士计划课程

To increase the amount of highly skilled teachers across the world, the University of the People (UoPeople) and the International Baccalaureate (IB) have launched a tuition-free, online Master of Education (M.Ed.) program.

EDUC 5995 IB Internship: Students who meet the selection requirements will have the opportunity in their last term of study to integrate theoretical knowledge and professional practice and refine their own philosophy of teaching under the tutelage of outstanding teachers skilled in the methodology of the International Baccalaureate schools. They simultaneously enroll in EDUC 5910 Applied Professional Inquiry and conduct their applied research project in the internship setting. Prerequisites: EDUC 5470; final term of study.

M.Ed. - Advanced Teaching at the Elementary and Middle School Level (grades K-8):

·Students wishing to focus on advanced teaching at the elementary and middle school level complete the following program of study.

·Specialization Core Courses (2 courses required): EDUC 5410 Child Development; EDUC 5270 Instructional Techniques for the Elementary and Middle School Classroom.

·Electives (1 course required): EDUC 5271 Advanced Practices for Teaching Elementary and Middle School Literacy; EDUC 5272 Advanced Practices for Teaching the STEM Fields at the Elementary and Middle School Levels.

M.Ed. - Advanced Teaching at the Secondary Level (grades 6-12):

·Students wishing to focus on advanced teaching at the secondary level complete the following program of study.

·Specialization Core Courses (2 courses required): EDUC 5420 Adolescent Development; EDUC 5280 Instructional Techniques for the Secondary School Classroom.

·Electives (1 course required): EDUC 5281 Advanced Practices for Teaching Literature and Writing at the Secondary Level; EDUC 5282 Advanced Practices for Teaching the STEM Fields at the Secondary Level Levels.

While our internship is not mandatory; those who take the internship must complete a total of 42 credits if enrolled in one specialization, or 51 credits if enrolled in both specializations.Students who do not take the internship will be required to take a total of 39 credits if enrolled in one specialization, or 48 credits if enrolled in both specializations.

附录二：佐治亚州教育者准备计划相关标准、教师访问以及工资补贴

The Georgia Teaching and Certification Resource

There are several routes aspiring teachers can follow to earn Georgia teacher certification. The Georgia Professional Standards Commission (GaPSC) oversees the certification process, which is explained in detail on this page.

How to Become a Teacher in Georgia?

The first step in the process to teacher certification in Georgia is to complete a teacher preparation program that has been approved by the Georgia Professional Standards Commission (GaPSC). An alternative route to teacher certification in Georgia is an option for those who already hold a bachelor's or master's degree who have not completed a teacher preparation program, especially for candidates who are looking to teach subjects considered "high need" areas.

The four-tier certification process for beginning teachers in Georgia includes a Pre-Service certification, which is required for candidates to complete the mandatory student teaching assignment. Candidates who successfully complete a bachelor's degree, a teacher preparation program, and the Pre-Service requirements will be eligible for an Induction certificate for beginning teachers.

After three years of successful teaching, candidates will become eligible apply for a Professional teaching certificate. After five years, highly qualified teachers who earn National Board for Professional Teaching Standards (NBPTS) certification or an advanced degree and who have high performance ratings in the classroom may be eligible for the highest level of teacher certification in Georgia, Advanced/Lead Professional.

Finding Approved Teacher Education Programs in Georgia

The first and most important step to becoming a teacher in Georgia is the completion of an approved Georgia teacher preparation program. To be considered for certification, the program a candidate attends must be approved by the Georgia Professional Standards Commission (GaPSC) as well as accredited by the regional accreditation body that serves Georgia, the Southern Association of Colleges and Schools (SACS). You can find a list of approved programs through the GaPSC website. You can also compare key metrics for these state-approved teacher preparation programs by using the sortable table on our Georgia schools page.

The GaPSC may also evaluate and accept out-of-state teacher preparation programs, provided that the program holds regional accreditation from the appropriate accrediting body and/or the state board of education for the state in which it is located. If a school does not hold these accreditations, graduates will not be considered eligible for educator licensure.

Additionally, schools that offer Georgia teacher preparation programs may be accredited by the Council for Accreditation of Educator Preparation (CAEP). CAEP is a nationally recognized agency that is the result of the consolidation of the National Council for Accreditation of Teacher Education (NCATE) and the Teacher Education Accreditation Council (TEAC). Although this is not mandatory, CAEP accreditation is seen as a distinguished standard of teaching excellence in the educational field.

Georgia Teacher Education Requirements

Individuals seeking teaching certification in Georgia through the traditional route must attend an accredited teacher preparation program approved by the state and complete a bachelor's degree or higher in the subject they wish to teach. This route leads to what Georgia refers to as an Induction certificate. Georgia, like most US states, has specific requirements that must be completed before a teacher can obtain certification. These requirements, such as student teaching and content area testing, are typically incorporated into the required teacher preparation programs.

Georgia Teacher Testing Requirements

Georgia-state-seal The Georgia Department of Education uses the Georgia Assessments for the Certification of Educators (GACE) as the main content area and teaching knowledge exams for initial certification. The testing objectives are designed to assess candidates' readiness to teach effectively in Georgia public schools. There are no exemptions for the GACE Content Assessment and all candidates must pass all parts of the assessment for certification. Candidates must also pass the Georgia Educator Ethics Exam as part of pre-service certification (e.g., typically during their teacher preparation program).

Types of Alternative Teaching Licenses in Georgia

The Georgia Professional Standards Commission requires that prospective teachers hold a bachelor's degree (except in certain career and technical education subjects) and complete an approved teacher preparation program. Through alternative routes to licensure, teachers can work to complete a teacher preparation program while teaching in Georgia public schools.

Georgia Teacher Academy for Preparation and Pedagogy (GaTAPP) Pathway

The most direct route to earning alternative teacher certification in Georgia is the Georgia Teacher Academy for Preparation and Pedagogy (GaTAPP) pathway. This pathway is designed to encourage highly qualified prospective teachers to switch careers to the classroom. To be eligible, candidates must have a bachelor's degree with a major in the subject that they wish to teach. Candidates apply to a Georgia approved educator preparation program and then complete the program requirements while teaching under individualized mentorship and professional coaching. Candidates must complete the program requirements within three years of entry. Upon completion, program graduates are eligible for an Induction certificate, the entry-level teaching certification in Georgia.

Georgia Non-Renewable Certificate (Induction Pathway 4)

Prospective teachers who hold a bachelor's degree or higher in a content area, have not completed teacher preparation, but are otherwise eligible for an initial teaching certificate may receive a temporary, non-renewable certificate or teaching permit while they work to fulfill the remaining certification requirements.Candidates must be employed by a Georgia school, post a passing score on the Georgia Assessments for the Certification of Educators (GACE) Program Admission Assessment and appropriate content assessment(s), and pass the Georgia Educator Ethics Assessment.Once issued, the Non-Renewable Certificate allows the individual to teach for three years while completing a Georgia Professional Standards Commission (GaPSC)-approved teacher preparation program.

Note that in Georgia, prospective career and technical education teachers typically follow the Georgia Non-Renewable Certificate route.However, educators in this field may not always be required to hold a bachelor's degree.Instead, the Georgia Professional Standards Commission (GaPSC) may accept an equivalent combination of education, experience, and industry certification.See the rules on career and technical specializations for further details.

Testing Requirements for Georgia Alternative Certification

Before teaching in a classroom as part of pre-service training through a teacher preparation program, candidates must take and pass the Georgia Educator Ethics Assessment.In order to earn initial teaching certification upon completion of a teacher preparation program, candidates must also post passing scores on the Georgia Assessments for the Certification of Educators (GACE) Program Admission Assessment and appropriate content assessment(s) for the subject(s) to be taught.

Transferring Teaching Licenses from Another State

It is possible to earn Georgia teacher certification through reciprocity if the applicant holds a current and valid professional (not temporary or provisional) teaching license or certificate in another state.Candidates seeking reciprocity must take and pass the same set of exams as all other Georgia educators.For more information on the process applicants should contact the Georgia Professional Standards Commission.

sessments for the Certification of Educators (GACE) as the main content area and teaching knowledge exams for initial certification. The testing objectives are designed to assess candidates' readiness to teach effectively in Georgia public schools. There are no exemptions for the GACE Content Assessment and all candidates must pass all parts of the assessment for certification. Candidates must also pass the Georgia Educator Ethics Exam as part of pre-service certification (e.g., typically during their teacher preparation program).

Types of Alternative Teaching Licenses in Georgia

The Georgia Professional Standards Commission requires that prospective teachers hold a bachelor's degree (except in certain career and technical education subjects) and complete an approved teacher preparation program. Through alternative routes to licensure, teachers can work to complete a teacher preparation program while teaching in Georgia public schools.

Georgia Teacher Academy for Preparation and Pedagogy (GaTAPP) Pathway

The most direct route to earning alternative teacher certification in Georgia is the Georgia Teacher Academy for Preparation and Pedagogy (GaTAPP) pathway. This pathway is designed to encourage highly qualified prospective teachers to switch careers to the classroom. To be eligible, candidates must have a bachelor's degree with a major in the subject that they wish to teach. Candidates apply to a Georgia approved educator preparation program and then complete the program requirements while teaching under individualized mentorship and professional coaching. Candidates must complete the program requirements within three years of entry. Upon completion, program graduates are eligible for an Induction certificate, the entry-level teaching certification in Georgia.

Georgia Non-Renewable Certificate (Induction Pathway 4)

Prospective teachers who hold a bachelor's degree or higher in a content area, have not completed teacher preparation, but are otherwise eligible for an initial teaching certificate may receive a temporary, non-renewable certificate or teaching permit while they work to fulfill the remaining certification requirements. Candidates must be employed by a Georgia school, post a passing score on the Georgia Assessments for the Certification of Educators (GACE) Program Admission Assessment and appropriate content assessment(s), and pass the Georgia Educator Ethics Assessment. Once issued, the Non-Renewable Certificate allows the individual to teach for three years while completing a Georgia Professional Standards Commission (GaPSC)-approved teacher preparation program.

Note that in Georgia, prospective career and technical education teachers typically follow the Georgia Non-Renewable Certificate route. However, educators in this field may not always be required to hold a bachelor's degree. Instead, the Georgia Professional Standards Commission (GaPSC) may accept an equivalent combination of education, experience, and industry certification. See the rules on career and technical specializations for further details.

Testing Requirements for Georgia Alternative Certification

Before teaching in a classroom as part of pre-service training through a teacher preparation program, candidates must take and pass the Georgia Educator Ethics Assessment. In order to earn initial teaching certification upon completion of a teacher preparation program, candidates must also post passing scores on the Georgia Assessments for the Certification of Educators (GACE) Program Admission Assessment and appropriate content assessment(s) for the subject(s) to be taught.

Transferring Teaching Licenses from Another State

It is possible to earn Georgia teacher certification through reciprocity if the applicant holds a current and valid professional (not temporary or provisional) teaching license or certificate in another state. Candidates seeking reciprocity must take and pass the same set of exams as all other Georgia educators. For more information on the process applicants should contact the Georgia Professional Standards Commission.

Additional Georgia Teacher Certification Requirements

As in all US states, all prospective Georgia public school employees must submit to state and federal background checks. Georgia also employs an additional screening method called the National Association of State Directors of Teacher Education and Certification (NASDTEC) National Clearinghouse, which is a national searchable educator discipline system. If applicants have been disciplined by another state, Georgia will honor the sanctions imposed by that state, which could result in the rejection of an application for Georgia teaching certification.

Georgia Teachers Licensing Application Process

Once a candidate has completed a bachelor's degree, teacher preparation program, and pre-service internship, he or she may apply for the Induction certificate through the Georgia Professional Standards Commission. The supporting documents required include: Official transcripts showing proof of bachelor's degree, Proof of completion of an approved teacher preparation program, Passing score on the appropriate Georgia Assessments for the Certification of Educators, Completed application for certification, Payment of non-refundable processing fee.

The Georgia Professional Standards Commission uses an online processing system for all certificates, MyPSC. Visit the Georgia Professional Standards Commission for further details on teaching certification in Georgia.

Georgia Teacher Outlook, Salary, and Jobs

There were an estimated 1.76 million students enrolled in Georgia's 2,300 K-12 public schools during the 2016-2017 school year.3 With a reported 114,762 public school teachers, this gave Georgia a 15:1 student-to-teacher ratio.

Through 2026, projections estimate that there will be 4,630 average annual job openings for elementary school teachers, 2,430 average annual job openings for middle school teachers, and 2,230 average annual job openings for secondary school teachers in the state.3 Excluding special education, in Georgia, the average annual salary for elementary school teachers is $56,360, for middle school teachers $58,190, and for secondary school teachers $58,050.4 Visit the Georgia Association of Educators for more information on teaching opportunities and policy in the state.

Type	Number Employed	Average Annual Salary
Preschool Teachers	14,430	$30,910
Preschool Teachers, Special Education	220	$52,360
Kindergarten Teachers	4,720	$54,080
Elementary School Teachers	53,940	$56,360
Special Education Teachers, Kindergarten and Elementary School	5,180	$55,160
Middle School Teachers	24,530	$58,190
Middle School Teachers, Special Education	4,040	$59,410
Secondary School Teachers	27,620	$58,050
Secondary School Teachers, Special Education	3,410	$58,260
Secondary School Teachers, Career/Technical Education	1,400	$64,420

Data from the US Bureau of Labor Statistics as of May 2018.4

Georgia Teacher Interview

Teacher Quote: "Be prepared for anything. While my best friend was getting her degree, she swore she would never need geometry because she would never teach it. Her first teaching assignment included three geometry classes. Anything can happen and it's best to be ready."

Frequently Asked Questions

Question: How do I become a substitute teacher in Georgia?

Answer: The state of Georgia requires that short-term substitute teachers have a minimum of a high school diploma, 4 hours of special training, and be able to pass a background check. Each district may set further requirements, such as a college degree or teacher certification. Note that in some districts, such as Atlanta public schools, substitute pay rates are scaled to the level of education and certification achieved.In addition, for long-term substitute positions, state certification is generally required.

Question: What types of teachers are needed in Georgia?

Answer: For the 2019-20 school year, Georgia declared teacher shortages in special education, early childhood, science, and mathematics. Teachers specializing in these areas may be in higher demand in the state.

Question: How much do teachers make in Georgia?

Answer: In Georgia, average salaries for teachers range from $30,910 per year for preschool teachers to $64,420 per year for high school career and technical education teachers.4 Teacher salaries depend on factors such as years of experience, level of education achieved, and school location.

Schools with Alternative Certification Programs in Georgia

The below list of school-based alternative certification programs in Georgia includes programs that result in the award of a certificate or master's degree which have been approved by the Georgia Professional Standards Commission (GaPSC).In order to ensure that you qualify for licensure, it's important to complete an alternative certification program that is approved by the state. Albany State University, Augusta University, Berry College, Brenau University, Brewton-Parker College, Clark Atlanta University, Clayton State University, Columbus State University, Covenant College, Dalton State College, Emmanuel College, Fort Valley State University, Georgia College and State University, Georgia Southern University, Georgia Southwestern State University, Georgia State University, Kennesaw State University, LaGrange College, Mercer University, Middle Georgia State University, Piedmont College, Reinhardt University, Savannah State University, Shorter University, Spelman College, Thomas University, Toccoa Falls College, University of Georgia, University of North Georgia, University of West Georgia, Valdosta State University, Wesleyan College, Young Harris College.

附录三：美国中小学教师职后发展相关标准

Standards for [Accomplished] Teacher Educators（Source: 2008.ATE）

Standard 1: Teaching Model teaching that demonstrates content and professional knowledge, skills, and dispositions reflecting research, proficiency with technology and assessment, and accepted best practices in teacher education.

Standard 2: Cultural Competence Apply cultural competence and promote social justice in teacher education.

Standard 3: Scholarship Engage in inquiry and contribute to scholarship that expands the knowledge base related to teacher education: discovery, integration, application, and teaching.

Standard 4: Professional Development Inquire systematically into, reflect on, and improve their practice and demonstrate commitment to continuous professional development.

Standard 5: Program Development Provide leadership in developing, implementing, and evaluating teacher education programs that are rigorous, relevant, and grounded in theory, research, and best practice.

Standard 6: Collaboration Collaborate regularly and in significant ways with relevant stakeholders to improve teaching, research, and student learning.

Standard 7: Public Advocacy Serve as informed, constructive advocates for high quality education for all students.

Standard 8: Teacher Education Profession Contribute to improving the teacher education profession.

Standard 9: Vision Contribute to creating visions for teaching, learning, and teacher education that take into account such issues as technology, systemic thinking, and world views.